Wolfgang Seidel

Wie kam der Sturm ins Wasserglas?

Zitate, die zu Redewendungen wurden

Deutscher Taschenbuch Verlag

Von Wolfgang Seidel ist
im Deutschen Taschenbuch Verlag erschienen:

Woher kommt das schwarze Schaf? (34688)
Die alte Schachtel ist nicht aus Pappe (34449)
Wo die Würfel fallen (34524)
Es geht um die Wurst (34584)

Ausführliche Informationen
über unsere Autoren und Bücher
finden Sie auf unserer Website
www.dtv.de

Originalausgabe 2011
2 Auflage 2012
© 2011 Deutscher Taschenbuch Verlag GmbH & Co. KG,
München
Das Werk ist urheberrechtlich geschützt.
Sämtliche, auch auszugsweise Verwertungen bleiben vorbehalten.
Umschlagkonzept: Balk & Brumshagen
Umschlagbild: Markus Spang
Satz: Greiner & Reichel, Köln
Gesetzt aus der Lino Letter
Druck und Bindung: C.H. Beck, Nördlingen
Gedruckt auf säurefreiem, chlorfrei gebleichtem Papier
Printed in Germany · ISBN 978-3-423-34666-5

Inhaltsverzeichnis

Ach wie gut, dass niemand weiß
Zitate aus Märchen, Fabeln & Sagen

Redewendungen aus Märchen & Fabeln

Ach wie gut, dass niemand weiß

Jeder, der meint, seine Identität verbergen zu müssen, kann sich in einer poetischen Anwandlung des berühmten Satzes aus dem Grimm'schen Märchen (KHM 55)* bedienen. Rumpelstilzchens unbändige Freude darüber, dass die Königin seinen Namen niemals erraten wird, erweist sich allerdings als verfrüht.

Königin ist die schöne Müllerstochter nur geworden, weil ihr Vater vor dem König damit geprahlt hat, sie könne Stroh zu Gold spinnen. Der König bedroht die junge Frau mit dem Tod, falls ihr das nicht über Nacht gelingt. In ihrer verzweifelten Lage taucht ein zwergenhafter Dämon auf, mit dessen Hilfe sie es tatsächlich schafft. Beim ersten Mal verlangt der Zwerg als Gegenleistung ihr Halsband, beim zweiten Mal ihren Ring. Das waren alle ihre weltlichen Besitztümer. Der König will sie zur Frau nehmen, wenn es ihr noch ein drittes Mal gelingt, Stroh zu Gold zu spinnen. Deshalb verspricht sie dem Zwerg für seine Hilfe auf dessen Verlangen hin ihr erstes Kind.

Ein Jahr später, als der Dämon kommt, um das Kind zu holen, will sie es nicht hergeben, und der Zwerg erklärt sich bereit, es ihr zu lassen, falls sie seinen ungewöhnlichen Namen errät. Den aber hört ein Bote der Königin, als der siegessichere Rumpelstilz sich unbeobachtet wähnt, um ein Feuer tanzt und dabei seinen Namen ausspricht.

---

* Für die redensartliche Verwendung von Märchenzitaten spielen in den deutschsprachigen Ländern die von den Brüdern Grimm gesammelten Märchen eine überragende Rolle. Verweise auf die *Kinder- und Hausmärchen* werden wie in der Literatur üblich als KHM abgekürzt und hier nach der Ausgabe von 1857 zitiert.

(»Heute back ich, morgen brau ich, übermorgen hol ich der Königin ihr Kind. Ach wie gut, dass niemand weiß, dass ich Rumpelstilzchen heiß.«) Mit diesem Wissen rettet die junge Frau ihr Kind und sich selbst: Mit der Nennung seines Namens ist der Dämon gebannt.

Daraufhin stampft der Rumpelstilz vor Wut so heftig mit dem Fuß auf, »dass er bis an den Leib in die Erde« hineinfährt und schreit: »Das hat dir der Teufel gesagt!« Dann reißt er sich selbst entzwei. Auf diese Szene bezieht sich die Redewendung **sich wie Rumpelstilzchen aufführen**. Die Figur des Rumpelstilz ist übrigens auch in anderen Sprachen ein Inbegriff für einen vor Wut außer sich geratenen Menschen. Auf Englisch heißt er *Rumpelstiltzken*.

Den Grimms war das Märchen aus verschiedenen Quellen zugetragen worden, deren Herkunft allerdings nicht bekannt ist. In einer der frühen Fassungen hieß der Zwerg auch *Rumpenstünzchen*.

Auch das Motiv, **Stroh in Gold verwandeln** zu können, ist sprichwörtlich.

Als das Wünschen noch geholfen hat

»In den alten Zeiten, wo das Wünschen noch geholfen hat« (*Der Froschkönig*) ist als Eröffnungsformel sehr bekannt, obwohl diese Formulierung bei Weitem nicht so häufig vorkommt wie »Es war einmal«. Welche Zeiten damit gemeint sein könnten, deutet sich in einer Variante am Beginn des *Zaunkönigs* (KHM 171) an: Dort ist die Rede von »den alten Zeiten, [als] jeder Klang noch Sinn und Bedeutung hatte und als man noch die Vogelsprache verstand«. Gemeint ist also eine längst vergangene Zeit eines mythisch-magischen Einklangs mit der Natur. Die Formulierung ist sicherlich deshalb so bekannt, weil das erste Märchen der Grimm'schen Sammlung, *Der Froschkönig*, damit anfängt. Außerdem ist sie im Märchen *Der Eisenofen* (KHM 127) zu finden.

Da beißt die Maus keinen Faden ab

Die Maus hat den Faden tatsächlich durchgebissen. Es waren einige Fäden des Netzes, in dem der mächtige Löwe hilflos gefangen war. Da kam ihm die Maus zu Hilfe. In der Fabel des antiken Dichters Äsop *Der Löwe und die Maus* war das Mäuschen dem schlafenden

Löwen kurz zuvor aus Versehen über die Pranken gelaufen und hatte ihn aufgeweckt. Er hätte es mit Leichtigkeit fressen können, doch das Mäuschen flehte ihn an, es am Leben zu lassen, es wolle ihm dafür immer dankbar sein. Der Löwe ließ es daraufhin laufen.

Als der Löwe dann gefangen war, befreite die Maus ihn als Gegenleistung für seine Wohltat. Weil sie die Fäden des Netzes durchbiss, konnte er sich aus seiner eigentlich hoffnungslosen Lage befreien. Beißt die Maus hingegen keinen Faden ab, gibt es auch keinen Ausweg aus einer verzwickten Lage.

Der antike Fabeldichter Äsop aus dem 6. Jahrhundert v.Chr. gilt als »Vater« der gesamten europäischen Fabeldichtung. Als historische Gestalt ist er kaum fassbar; er könnte ein Sklave von der Insel Samos gewesen sein.

Fabeln sind, wie Märchen, uralter Erzählstoff und haben gerade durch Äsop einen pädagogischen Charakter. Sie enthüllen oder charakterisieren eine typische menschliche Verhaltensweise und wollen eventuell eine »Moral von der Geschicht'« vermitteln.

Eigene Aufzeichnungen eines Äsop gibt es natürlich nicht. Seine Fabeln und erst recht er selbst als Fabeln dichtende literarische Figur wurden seit der römischen Kaiserzeit vermittelt, vor allem durch seinen bedeutendsten »Nachfolger« Phaedrus. Die Fabeln waren im Mittelalter sehr populär, aber auch die Aufklärung wusste sie zu schätzen. Gotthold Ephraim Lessing schuf eine wirkungsmächtige Übersetzung aus einer englischen Sammlung, und die Erinnerung an die Äsop'schen Fabeln ist aufgrund vieler Redewendungen noch immer allgegenwärtig.

Den Bogen überspannen

In der Fabel *De Lusu et Severitate – Über das Spiel und den Ernst* des lateinischen Fabeldichters Phaedrus tritt der legendäre griechische Fabeldichter Äsop selbst auf. Er spielt mit Nüssen, umgeben von Kindern. Ein Athener tritt hinzu und lacht ihn aus. Da legt Äsop einen abgespannten Bogen auf den Weg und fragt den Mann und weitere Umstehende, was das zu bedeuten habe. Keiner weiß die Antwort. Dies scheint eine Art Stegreif-Wettbewerb gewesen zu sein à la *Schlag den Raab*, allerdings mit nur einer Wissensfrage. Da niemand eine Antwort auf das »Rätsel« geben kann, wird Äsop jetzt als *victor* = Sieger bezeichnet. Er gibt folgende Auflösung: *Cito rumpes arcum, semper se tensum habueris* (Schnell wirst du den Bogen zerbrechen, wenn du ihn immer gespannt hältst).

Gemeint ist mit dem Bogen der menschliche Geist. Man kann ihn nicht ständig angespannt halten. Man muss sich auch entspannen können.

Phaedrus, über dessen Leben kaum etwas bekannt ist, kam wohl als junger Sklave aus Makedonien nach Rom. Er ist also griechischer Herkunft und wurde um 15 v.Chr. geboren. In Rom ließ Kaiser Augustus selbst ihn frei, nachdem Phaedrus in dessen Familie oder am Hof – vielleicht als Hauslehrer oder Ähnliches – gedient hatte. Die berühmten Fabeln des legendären Griechen Äsop (um 600 v.Chr.) dienten ihm als Anregung und Vorbild. Er hat viele von ihnen, die in Prosa geschrieben waren, in Versform gebracht. Die meisten Phaedrus-Fabeln sind aber wie bei Äsop Tierfabeln.

In Dornröschenschlaf versetzt

Weil sie endlich das lang ersehnte Kind bekommen haben, veranstalten König und Königin im Märchen *Dornröschen* (KHM 50) ein Fest, zu dem sie auch die weisen Frauen des Landes einladen. Es sind deren dreizehn im Lande, aber weil Königs nur zwölf goldene Teller haben, laden sie nur zwölf Frauen ein, die als Gastgeschenke gute Gaben wie Tugend und Schönheit für das Kind mitbringen. Die nicht eingeladene dreizehnte erscheint ebenfalls und verkündet: »Die Königstochter soll sich in ihrem fünfzehnten Lebensjahr an einer Spindel stechen und tot hinfallen.« Dieses Todesurteil wird von der zwölften Frau, die ihren Glückwunsch noch nicht geäußert hat, zu hundertjährigem Schlaf abgemildert. Das ist der Dornröschenschlaf.

Konkret sieht er so aus, dass in dem Augenblick, als sich das äußerst wohlbehütete Dornröschen an der Spindel sticht, der gesamte Hofstaat wie tiefgefroren in eine Schockstarre verfällt, auch »die Fliegen an der Wand«. Sogar »der Braten hört auf zu brutzeln«. Alles wächst mit einer undurchdringlichen Dornenhecke zu, die kein wissbegieriger Königssohn vor Ablauf der vorbestimmten Zeit durchdringen kann. Aber nach hundert Jahren ist mit perfektem Timing wieder einer zur Stelle, der den Ökowall mühelos durchdringt und die Prinzessin wachküsst, und alle Bewegung wird genau dort fortgesetzt, wo sie hundert Jahre zuvor stehen geblieben ist.

Von einem Prinzen **wachgeküsst** zu werden, ist eine in einen freundlichen Begriff gekleidete klassische sprachliche Metapher in der Alltagssprache, die aus verschiedenen Märchen stammt. Damit ist das Erkennen der Realität gemeint, nachdem sich jemand mehr oder weniger lange Zeit Illusionen hingegeben hat, ähnlich wie bei der Redewendung »es fällt mir wie Schuppen von den Augen«. Auch der Prozess des Erwachsenwerdens kann damit gemeint sein. Psychologisch gedeutet ist der Kuss natürlich ein Symbol für den Beischlaf. *Dornröschen* stammt, wie einige andere der Grimm'schen Märchen, aus der Sammlung des Franzosen Charles Perrault (*La belle au bois dormant* = Die schlafende Schöne im Wald). Ähnlich strukturiert ist übrigens in der nordischen Sage das Geschehen um Brünhilde, die von Wotan mit einem Feuerwall umgeben, erst nach langem Schlaf durch den Kuss Siegfrieds, der als Einziger den Wall durchdringt, in einer neuen Realität – nicht mehr als Göttin, sondern als Frau – erwacht. Auch der tumbe Tor Parsifal wird bei Richard Wagner im 2. Akt durch Kundry »wachgeküsst« und endlich zur Realitätswahrnehmung befähigt: »So war es mein Kuss, der welthellsichtig dich machte?«, genauso wie die Königstochter in dem Grimm'schen Märchen vom *Froschkönig* (s. S. 25).

Es war einmal

Die als »klassische« Märcheneröffnung geltende Formel geht zurück auf die antike Redewendung *In illo tempore*. Am vertrautesten ist sie uns in dieser Form aus den Evangelien. In klangvollem Deutsch heißt es dort: »Es begab sich aber zu jener Zeit [= *in illo tempore*], dass ein Gebot des Kaisers Augustus ausging ...« Damit beginnt die Weihnachtsgeschichte nach Lukas (2,1). Auch sie ist ganz in die Form eines Märchens beziehungsweise einer mythologischen Geschichte gekleidet. *In illo tempore* war wohl in der Tat einmal ein Verweis auf eine uranfängliche »heilige« Zeit, in der das Wünschen beziehungsweise das rituelle Beschwören noch geholfen hat. Aber bereits die spätantiken Evangelienautoren verwenden diese Formel, so wie wir heute »Lang ist's her« oder »Dann passierte das und das«. Etwa 40 Prozent der Grimm'schen Märchen beginnen mit »Es war einmal«, also bei Weitem nicht alle.

Das hässliche Entlein

Einen besonderen Rang unter den Märchenautoren des 19. Jahrhunderts nimmt der aus sehr armen Verhältnissen stammende, aber mit einem Stipendium des dänischen Königs geförderte Hans Christian Andersen (1805–1875) ein, der viele andere bedeutende Schriftsteller inspirierte wie etwa Theodor Fontane, Franz Kafka, Oscar Wilde und Thomas Mann. Seine Kunst bestand darin, Ideen und Stoffe für Erwachsene aufzugreifen und »sie dann den Kleinen« zu erzählen, wie er selbst sagte. Andersen verfasste insgesamt 160 Märchenerzählungen. Weitere berühmte Andersen-Märchen neben den hier behandelten sind *Das kleine Mädchen mit den Schwefelhölzern* und *Die kleine Seejungfrau*, deren Skulptur von Edvard Eriksen ein Wahrzeichen Kopenhagens ist.

Das hässliche Entlein heißt im Original *Den grimme Ælling*. Aus einem Ei, das größer ist als die anderen Eier einer Entenmutter, kriecht endlich ein großes und hässliches Junges hervor. Der Außenseiter wird von der übrigen Entenschar verspottet und drangsaliert. Weil er so hässlich ist, überlebt er eine Enten- und Gänsejagd, findet Unterschlupf in einer ärmlichen Kate, dann auf einem Bauernhof. Im Herbst hatte er schon schöne weiße Schwäne beobachtet und sich zu ihnen hingezogen gefühlt. Im Frühjahr fliegt und schwimmt er erneut zu ihnen hin, entdeckt sein verwandeltes Spiegelbild im Wasser und findet als junger, prächtiger Schwan bei seinen Artgenossen allseitige Anerkennung.

Hannemann geh du voran

Mit »Hannemann« ist »Hannes/Hans« gemeint, also der früher sehr verbreitete Vorname Johannes. In dem von den Brüdern Grimm in ihre Sammlung aufgenommenen Märchen *Die sieben Schwaben* (KHM 119) gehen sieben Schwaben mit einem Spieß gemeinsam gegen einen »Drachen« vor, der sich als Hase entpuppt.

Zu den sieben Schwaben gehören ein Veitli und ein Hans. Bei den

Brüdern Grimm heißt es noch: »Gang, Veitli, gang, gang du voran, /
i will dahinte vor di stahn.« Später wird formuliert: »Hannemann,
geh du voran! / Du hast die größten Stiefel an, / dass dich das Tier
nicht beißen kann.« Jedenfalls wird immer ein anderer in einer heik-
len Angelegenheit vorgeschickt.

Die Höhle des Löwen

In der Äsop-Fabel *Der kranke Löwe und der Fuchs* zieht sich ein
Löwe, der alt und krank ist und nicht mehr jagen kann, in seine Höhle zurück und lässt nun verbreiten, er werde bald sterben. Die Tiere
des Waldes kommen, um sich zu verabschieden und vielleicht noch
einen Vorteil zu erlangen. Der Fuchs beobachtet, dass viele Tiere
in die Höhle des Löwen hineingehen, aber keines wieder herauskommt. Obwohl ihn der Löwe ausdrücklich in sein Büro bittet, lehnt
der Fuchs dankend ab.

Des Kaisers neue Kleider

ist ein Märchen des bedeutenden Autors Hans Christian Andersen.
In die Stadt eines sehr eitlen Kaisers, der sein ganzes Geld für teure
Garderobe ausgibt, kommen zwei betrügerische Weber und behaupten, die feinsten Gewänder weben zu können, die nur für Dumme
unsichtbar seien. Sie weben aber gar nichts und stecken das gelie-
ferte kostbare Seidengarn sowie die Goldfäden in die eigene Tasche.
Der gesamte Hofstaat behauptet immer wieder, die Farben und Muster des erlesenen Tuches zu sehen, um nicht für dumm gehalten zu
werden, alle einschließlich des Kaisers. Unbekleidet begibt er sich
schließlich auf einen öffentlichen Umzug, die Kammerherren tragen
die imaginäre Schleppe. Erst ein unschuldiges Kind sagt: »Aber er
hat ja gar nichts an!« Trotzdem tun weiterhin alle so, als ob …

Die Kastanien aus dem Feuer holen

Bertrand, ein Affe, und Raton, ein Kater – beide Haustiere ihres
Herrn –, entdecken in der Glut des Kaminfeuers leckere Kastanien.
Bertrand meint, Gott hätte nicht den »Affen Kastanien aus der Glut
zu scharrn erschaffen« und packt den Kater so bei der Ehre. Der
stolze Raton macht sich vorsichtig daran, einige Kastanien aus der

Glut zu holen, wobei er sich die Pfoten ansengt. Bertrand knackt die von Raton mühsam herausgescharrten Nüsse alle auf und verspeist sie genüsslich.

Der große französische Barockdichter Jean de la Fontaine (1621–1695), der die meisten seiner zahlreichen Fabeln in eleganten Versen verfasst hat und daher als einer der großen Dichter Frankreichs gilt, fügt am Schluss von *Der Affe und der Kater* hinzu: »So sind es meistens auch die Prinzen, / die, stolz des Amts, wozu man sie ernannt, / für einen König sich in den Provinzen / die Finger haben arg verbrannt.«

Kein Wässerchen trüben können

Die Geschichte *Der Wolf und das Lamm* ist eine der berühmtesten Fabeln von Äsop. Die beiden Tiere kommen gleichzeitig an einen Bach. Der Wolf trinkt weiter oben, das furchtsame Lamm weiter unten. Trotzdem fragt der Wolf das Lamm, wie es dazu komme, ihm das Wasser zu trüben. Zitternd erwidert das Lamm zwar, es könne dem Wolf das Wasser nicht trüben, da es ja weiter flussabwärts stehe. Dieses »Vernünfteln« will der Wolf aber nicht gelten lassen und zerreißt das Lämmchen.

Gegen rohe, despotische Gewalt, folgert Lessing im Zusammenhang mit seiner Übersetzung der Äsop-Fabeln, hilft auch nicht die reinste Unschuld. Kein Wässerchen trüben zu können ist aufgrund dieser Fabel ein anderer Ausdruck für »unschuldig sein«.

Den Löwenanteil erhalten

Äsop erzählt, wie ein Löwe, ein Esel und ein Fuchs, die gemeinsam auf die Jagd gingen, übereinkamen, die Beute in drei gleiche Teile zu teilen. Nachdem sie einen Hirsch erlegt hatten, teilte der Esel ihn in drei Teile und überließ dem Löwen die Wahl, welchen er gerne hätte. Der ergrimmte Löwe zerriss daraufhin den Esel und forderte den Fuchs auf, die Teilung der Beute vorzunehmen. Der Fuchs überließ alle drei Teile dem Löwen und begnügte sich mit einigen Eingeweiden. Nun fragte der Löwe den Fuchs, wer ihn so gut teilen gelehrt hätte. »Der Esel«, antwortete der Fuchs.

Eine Milchmädchenrechnung machen

Während das Bauernmädchen Lisette in der Fabel *Der Milchtopf* von
La Fontaine »Auf ihrem Kopf / auf rundem Kissen einen Topf« voll
Milch in die Stadt trägt, rechnet sie sich bereits aus, was sie sich von
dem Erlös kaufen kann: hundert Eier, aus denen sie hundert Küken
brüten will. Von den Hühnern will sie sich dann ein junges Schwein
erhandeln, dieses mästen, dafür eine Kuh kaufen, die ihr ein Kälb-
chen bringen wird. Bei dem Gedanken daran beginnt Lisette vor lauter Freude zu springen – »Da tanzte ihr vom Kopf / der milchgefüllte
Topf – / Ade, ihr Hühner, Schweine, Küh und Kälber«.

Nach jemandes Pfeife tanzen

Ein Fischer, erzählt Äsop, glaubte, er könne mit seiner Flöte besser umgehen als mit seinem Netz. Aber mit seinem Pfeifen fing er
keinen einzigen Fisch, also warf er doch das Netz aus und zog eine
große Menge Fische an Land, die nun im Netz zappelten. »Jetzt, da
ich nicht pfeife, tanzen [zappeln] sie«, dachte er.

Die Prinzessin auf der Erbse

gehört zu den bekannten Märchen Hans Christian Andersens. Ein
Prinz ist schon lange auf der Suche nach einer wirklichen Prinzessin, die er heiraten kann, als eines Tages eine angebliche Prinzessin
völlig durchnässt vom Regen sehr unköniglich vor dem Tor steht und
um Unterkunft bittet. Die Königin bettet sie auf zwanzig Matratzen
und zwanzig Eiderdaunendecken, hat aber ganz zuunterst eine Erb-
se auf das Bettgestell gelegt. Am nächsten Morgen befragt, erklärt
die Prinzessin, sie habe ganz schlecht geschlafen, weil sie auf »etwas
Hartem gelegen« und »ganz braun und blau über [ihrem] ganzen
Körper« sei. So viel exquisite Empfindlichkeit gilt der gastfreund-
lichen Königsfamilie als untrüglicher Beweis hochadeliger Ab-
kunft – offensichtlich hielt sie es nicht für besondere Zickigkeit.

Rapunzel, lass dein Haar herunter

ist einer der meistzitierten und bekanntesten Sätze aus der
Grimm'schen Sammlung (KHM 12), wird aber kaum in übertragener
Bedeutung verwendet. Rapunzel (= Feldsalat), die in den ursprüng-

lichen italienischen und französischen Fassungen übrigens noch »Petersilie« (Petrosinella) hieß, muss ihren langen Haarzopf aus dem oberen Turmgemach herunterlassen, damit die Hexe, in deren Obhut sie lebt, und später der Königssohn, der sie liebt, daran zu ihr hinaufklettern können. Eine andere Funktion hat der Zopf nicht. Als die Hexe oder Zauberin hinter Rapunzels Techtelmechtel kommt, schneidet sie den Zopf gleich ab. Zu ihrem Namen war Rapunzel/Petrosinella gekommen, weil ihre Mutter während der Schwangerschaft einen gierigen Heißhunger auf das Grünzeug entwickelt hatte. Rapunzel ist das Opfer einer überbehütenden Mutter, denn die salatgierige leibliche Mutter und die Turmzauberin sind im Grunde ein und dieselbe Person. Mutter und Tochter, nach außen hin extrem kontaktgestört, leben im Turm in einer Symbiose, die auch der sensible, aufmerksam und geduldig auf Rapunzels Gesang lauschende Königssohn nicht zu durchbrechen vermag. Die glückliche Verbindung mit dem abgestürzten Liebhaber kommt am Schluss ganz zufällig, ohne Rapunzels eigenes Zutun zustande, als der beim Sturz vom Turm erblindete Königssohn durch die Welt irrt und Rapunzel, die von der Zauberin verbannt wurde, an ihrem Gesang wiedererkennt. Nicht alle Männer sind so gute Zuhörer.

Eine Schwalbe macht noch keinen Sommer

In der Äsop-Fabel *Der verschwenderische Jüngling und die Schwalbe* hat ein Jüngling all sein Hab und Gut vertan und kein Geld mehr. Nachdem er eine Schwalbe gesehen hat, verkauft er auch noch seinen Mantel, seinen letzten Besitz. Als die Schwalbe erfriert, schimpft er frierend über die Schwalbe, nicht aber über sein eigenes verschwenderisches Verhalten.

Die bildhafte Redewendung, die zum Ausdruck bringt, dass man aus ungewöhnlichen Vorkommnissen keine voreiligen Schlüsse ziehen sollte, ist in vielen europäischen Sprachen verbreitet.

Sesam öffne dich!

Die Zauberformel zum Öffnen verschlossener Lifttüren (arabisch *iftah ya semsem*) stammt aus der 270. Geschichte *Ali Baba und die vierzig Räuber* der europäischen Fassung von *Tausendundeine Nacht.*

Sie ist nicht in der arabischen Ursprungssammlung enthalten. Dieses in der westlichen Welt berühmteste arabische Märchen ist vielmehr eine spätere Zutat des ersten *Tausendundeine-Nacht*-Übersetzers, des Franzosen Jean-Antoine Galland (1646–1715) aus einer anderen arabischen Quelle. Manche behaupten sogar, Galland habe *Ali Baba* selbst erfunden.

Der arme Holzfäller Ali Baba belauscht zufällig von einem Baumwipfel aus, auf den er sich beim Herannahen eines Reitertrupps geflüchtet hat, wie die Karawanenreiter mithilfe der magischen Formel ihre Horthöhle betreten. Anschließend bedient er sich in der Höhle, wo haufenweise kostbare Waren und Schätze lagern, selbst. Zu Hause erregt er den Neid seines wohlhabenden Bruders Kasim, der ihm die Zauberformel und den Höhlenstandort entlockt. Mit »Sesam« ist tatsächlich das Getreide gemeint, denn nachdem Kasim selbst in die Höhle eingedrungen ist, hat er das richtige Stichwort vergessen und versucht es mit allerlei anderen Getreidenamen. Doch die Höhle geht nicht auf – bis die Räuber zurückkommen und Kasim vierteilen.

Die Räuber wollen sich natürlich rächen, aber Ali Baba gelingt es mithilfe der klugen Sklavin Morgiane, die Bande zu beseitigen. Zum Dank verheiratet er sie mit seinem Sohn. Erst als alter Mann geht Ali Baba wieder zu der Höhle, findet alles unverändert und weiht seinen Sohn in das Sesam-öffne-dich-Geheimnis ein.

Sich mit fremden Federn schmücken

Das tat bei Äsop eine Dohle, die allerlei Federn zusammensammelte, um sich damit herauszuputzen. Die Folge war, dass die anderen Dohlen über sie herfielen und sie ordentlich rupften. Danach sah sie nicht nur so armselig aus wie vorher, sondern sie wurde auch zum Gespött ihrer Artgenossen.

Sieben auf einen Streich

lautet das Motto des tapferen Schneiderleins (KHM 20), nachdem es gleich zu Anfang des Märchens sieben lästige Fliegen, die sich auf seiner mit süßem Mus bestrichenen Brotscheibe niedergelassen hatten, mit einem Schlag seines Tuchlappens auf einmal getötet hat. Diesen Satz stickt es sich auf einen Gürtel, zieht in die Welt hinaus und erlangt Respekt, weil jeder, einschließlich des Königs, meint, der mickrige Schneider sei ein Kriegsheld. Nachdem der Schneider mit viel List, aber ohne Kraftaufwand drei Proben seiner Tapferkeit bestanden und zwei Riesen, ein Einhorn und ein Wildschwein überwältigt hat, erhält er vom König, zwar widerstrebend, doch wie versprochen »seine einzige Tochter zur Gemahlin ... und das halbe Königreich zur Ehesteuer«. Einem letzten Anschlag auf sein Leben entkommt der Schneider im Königspalast ebenfalls mit seiner prahlerischen List. Die erfolgreiche Kombination von Dreistigkeit und Bluff ist auch in der modernen Welt nicht ausgestorben, insbesondere nicht in den Unternehmensetagen und Parteizentralen.

Siebenmeilenstiefel

sind zauberische Verwandte von Zauberpantoffeln (*Der kleine Muck* von Wilhelm Hauff), Zaubersätteln (*Der Trommler* KHM 193), Zaubermänteln (*Die lange Nase* KHM 122) und fliegenden Teppichen, mit denen man sich schnell und mühelos fortbewegen kann. Sie kommen in einer Vielzahl von Grimms Märchen und etlichen Kunstmärchen vor. Das Flitzeschuhwerk gab es schon in der Antike. So finden wir etwa geflügelte Schuhe beim Götterboten Hermes sowie beim Medusa-Töter, Pegasus-Reiter und Andromeda-Befreier Perseus, der auch ziemlich viel unterwegs war.

Spieglein, Spieglein an der Wand ...

Anders als das Aschenputtel hat das Mädchen Schneewittchen niemanden, der ihm beisteht. Ursprünglich war es als Wunschkind konzipiert: mit schneeweißer Haut (die berühmte »vornehme Blässe« – damals waren Sonnenstudios zum Glück noch verpönt), blutroten Lippen und schwarzen Haaren. Damit entspricht es einem adeligen Schönheitsideal. Doch nach dem Tod der Mutter wird Schneewittchen von der eifersüchtigen Stiefmutter, die sich selbst »für die Schönste im ganzen Land« hält, verstoßen. Die Stiefmutter engagiert sogar einen Jäger für einen Auftragsmord, den er aber nicht ausführt. Der Zauberspiegel enthüllt der Stiefmutter den Betrug mit unbestechlicher Härte, denn er liefert nichts als Fakten, Fakten, Fakten – und zwar in einprägsamer Versform, wie ein Werbeslogan.

Der Rest des Märchens ist wiederum eine Selbstfindungsstory: Schneewittchen findet bei den sieben Zwergen Zuflucht, von denen es brüderlich geliebt wird, weil es sich für sie einsetzt. Ursprünglich waren ihre Gastgeber Riesen, Drachen oder Menschenfresser, also stets ziemlich lebensfeindliche Gesellen. Erst die Grimms machten daraus harmlose Kleinmenschen. Aber alle erkennen die Selbstlosigkeit Schneewittchens an. Die Zwerge wiederum beschützen sie zweimal vor den Nachstellungen der Stiefmutter, der Inkarnation von Neid und Bösartigkeit. Erst dem Giftmordanschlag mit dem Apfel fällt das vertrauensselige Schneewittchen zum Opfer. Seine Auferstehung erlebt es dann durch den Kuss des Königssohns, Ausdruck wahrer, umfassender Liebe.

Der standhafte Zinnsoldat

Der aus Zinn gegossene und bemalte Spielzeugsoldat im Zimmer eines Knaben steht nur auf einem Bein und verliebt sich in eine aus Papier ausgeschnittene Figur einer Tänzerin, die auch nur auf einem Bein steht und zu einem anderen Figurenensemble unter all den Spielsachen gehört. In der Nacht spielen die Spielsachen in Hans Christian Andersens Märchen miteinander, aber gerade diese beiden verharren standhaft und finden nicht zueinander. Am nächsten Morgen wird der Zinnsoldat ans Fenster gestellt, fällt durch einen Luftzug auf die Straße, landet schließlich im Rinnstein und weil gerade ein starker Regen niedergeht, wird er in die Kanalisation gespült, von einem Fisch verschluckt, und ausgerechnet dieser Fisch landet als Speise wieder in dem Haus, aus dem der Zinnsoldat kommt. Dieser wird in den Ofen geworfen, doch bevor er aus seiner standhaften Pose zu einem Zinnklumpen schmilzt, weht ein Luftzug die Tänzerin ebenfalls in den Ofen, wo sie gemeinsam verglühen.

Tausendundeine Nacht

Auch der Titel der weltberühmten Sammlung orientalischer Märchen ist sprichwörtlich: Die Nennung von »Tausendundeiner Nacht« beschwört in den westlichen Sprachen wie ein Zauberwort schlagartig den Reichtum und die farbenprächtige und »wundersame« Welt des Orients herauf, ist also ein Schlüsselbegriff des europäischen Orientalismus. Im Englischen wird übrigens ein anderer Titel verwendet, er hat aber dort den gleichen magischen Klang, weckt die gleichen Orient-Assoziationen: *The Arabian nights.*

Das größte Verdienst an dieser Kulturübertragung gebührt dem Franzosen Jean-Antoine Galland (1646–1715), einem Zeitgenossen Ludwigs XIV., dem »Entdecker« der Sammlung und ersten umfassenden Übersetzer. Seine Ausgabe erschien in Paris 1704–1708 und bildete bis zum Einsetzen der systematischen Erforschung orientalischer Literaturen durch die europäische Gelehrsamkeit im 19. Jahrhundert die Grundlage der anderen europäischen Übersetzungen. Die Kenntnis von *Tausendundeine Nacht* in Europa stammt also nicht etwa aus der Kreuzfahrerzeit, sondern erst aus der Zeit des Barock. Galland, der aus ganz einfachen Verhältnissen stammte, war ein Sprachgenie und lernte als Begleiter französischer Gesandtschaften ins Osmanische Reich den Orient kennen. Dort lernte er auch dessen Hauptsprachen Türkisch, Persisch und Arabisch.

Tausendundeine Nacht (arabisch *Alf laila wa-laila*) beruht im Kern auf einer indischen Sammlung, die auch schon den Titel *Tausend Märchen* trug. Sie wurde nach 800 ins Persische übertragen, im 10. Jahrhundert dann ins Arabische. Auch für die Araber hatte die Sammlung bereits den Reiz der Exotik, denn auch für sie stammten die Erzählungen aus dem »Orient«. Persien war jahrhundertelang ein wirtschaftlich blühendes Kulturvermittlerland zwischen Ost und West, und die Araber unter dem Abbasiden-Kalifat im Gelehrtenzentrum Bagdad sogen begierig alles erreichbare Kulturgut auf (zur gleichen Zeit übrigens auch das der griechischen Spätantike). Die Sammlung wurde immer wieder ergänzt, auch mit persischen, syrischen und ägyptischen Märchen, Fabeln und Legenden. Sie gewährt Einblick in die Sitten und Gebräuche der arabischen Hochkultur des Mittelalters mit ihrer zeremoniellen Höflichkeit, ihren Ehrbegriffen, ihrer Frauenklugheit – aber auch ins Alltagsleben.

Ausgerechnet die allerberühmtesten Geschichten, die von Sindbad, Aladin und von Ali Baba, stammen nicht aus der indisch-persischen Kernfassung, sondern aus syrischen Quellen. Erst Galland hat sie in seine – sozusagen europäische – Grundfassung integriert.

Der »klassische« deutsche Übersetzer von *Tausendundeine Nacht* aus Gallands Werk ist der aus Brandenburg stammende Sprachkünstler Johann Heinrich Voß (1751–1826), der es vom Enkel eines Leibeigenen bis zum Professor ohne Lehrverpflichtung in Heidelberg brachte. Voß ist in Deutschland vor allem berühmt für seine *Odyssee-*, *Ilias-* und Shakespeare-Übersetzungen. Die sprachmächtige *Tausendundeine Nacht*-Übersetzung entstand ab 1780 fast nur nebenbei als Erwerbsauftrag und wurde wenig beachtet. Nur Goethe erkannte ihren Rang.

Tischlein deck dich

Weil sie vermeintlich die Familienziege schlecht versorgt haben, prügelt in KHM 36 ein Schneider seine drei Söhne aus dem Haus. Der erste lernt Schreiner und bekommt nach Abschluss seiner Lehrzeit von seinem Meister ein unscheinbares Tischchen geschenkt. Auf den Zuruf »Tischchen deck dich« serviert es aber die besten Speisen und Getränke. Der zweite Sohn lernt bei einem Müller und bekommt nach Abschluss seiner Lehre einen Esel. Wenn der Esel auf einem Tuch steht, speit er auf den Zuruf »Bricklebrit« vorn und hinten Dukaten (Goldmünzen) aus, das ist der sprichwörtliche **Goldesel**. Der dritte Sohn lernt Drechsler und bekommt einen Sack mit einem Knüppel darin, der auf Zuruf »**Knüppel aus dem Sack**« jeden gründlich verprügelt. Da der Drechsler von seinen beiden Brüdern erfahren hat, dass ihnen ihre wertvollen Geschenke von ein und demselben Herbergswirt abgeluchst worden sind, kehrt er dort ein und lässt den Wirt so lange verprügeln, bis er Tischlein und Goldesel wieder herausgibt.

In den beiden geläufigen Redewendungen vom »Tischlein deck dich« und vom »Dukatenesel« wird der Märcheninhalt bezeichnenderweise auf die beiden Zaubergaben reduziert, die Wohlstand spenden und von Sorgen befreien. Die ersten beiden Söhne prahlen damit leichtfertig vor allen Leuten und lassen sich die Wunderdinge, die wir alle so gerne hätten, wieder abnehmen: Sie können ihren Wohlstand nicht bewahren. Das Mittel ihrer narzisstischen Wunscherfüllung behandeln sie zu unreif. Erst der jüngste Sohn mit dem »unscheinbarsten« Geschenk gewinnt den Reichtum wieder zurück: Er bleibt bescheiden und dank des Knüppels kann er sich seiner Haut und der Begehrlichkeiten Dritter erwehren. Ein Stück Lebensweisheit.

Das Märchen stand an erster Stelle in Giambattista Basiles *Pentamerone* (ca. 1634), der ersten bedeutenden Märchensammlung Europas. Basile (1575–1632) war ein neapolitanischer Adeliger. Im *Pentamerone* finden sich erste schriftlich fixierte Fassungen von *Aschenbrödel, Der gestiefelte Kater, Schneewittchen, Die Schöne und das Biest, Der Froschkönig* und *Rapunzel.*

Die Trauben hängen zu hoch

Hoch an einer Mauer erspäht ein Fuchs in der Äsop'schen Fabel *Der Fuchs und die Trauben* einen Weinstock voll köstlicher Trauben. Eine Schar Vögel beobachtet, wie er ein paarmal hochspringt, um an die Trauben zu gelangen. Um sich nicht vollends zu blamieren, macht der Fuchs schließlich kehrt und spricht: »Was soll ich mir viel Mühe nehmen? / Sie sind ja herb und taugen nicht.«

Im Trüben fischen

Da ein Fischer seine Beute mit Stockhieben aufs Wasser ins Netz treibt, beschweren sich seine Nachbarn, er verunreinige ihnen ihr Trinkwasser. Nach der von Äsop selbst erklärten Moral bezieht sich die sehr kurze Fabel auf den Gelderwerb zu Lasten Dritter – damals wie heute.

Von einem, der auszog, das Fürchten zu lernen

Von zwei Brüdern ist der eine klug und geschickt, der andere dumm und zu nichts zu gebrauchen, aber ihn gruselt vor nichts. Genau dies will er gerne lernen – wie einen Beruf. Sein Vater warnt ihn, damit könne er sich seinen Lebensunterhalt nicht verdienen, aber es gelingt seinem Sohn, weil alle möglichen Leute Wetten darauf abschließen, dass sie ihm einen Schrecken einjagen können – und diese Wetten verlieren. Schließlich wacht »der schöne Mensch« drei Nächte lang in einem verwunschenen Schloss, wo es vor grauenhaften Spukgestalten nur so wimmelt. Er gruselt sich aber nicht und erhält die Hand der Königstochter, weil er das Schloss erlöst hat. Sie ist es, die schließlich doch noch dafür sorgt, dass er das Gruseln lernt: durch einen Eimer kalten Wassers mit zappelnden Fischen, den sie nachts beherzt über ihm ausschüttet.

Die zahlreichen Gespenster, denen der junge Mann begegnet, sind allesamt Totengeister, also kennt er die Todesangst (das Gruseln) nicht. Erst seine Gemahlin schafft es, ihn zu einem vollwertigen Menschen zu machen.

Und wenn sie nicht gestorben sind, dann leben sie noch heute

Die gängige Märchenschlussformel findet sich bei vielen von Grimms Märchen. Sie taucht in kleinen sprachlichen Abwandlungen immer wieder auf. So in *Der treue Johannes* (KHM 6), *Brüderchen und Schwesterchen* (KHM 11), *Rapunzel* (KHM 12), *Das Mädchen ohne Hände* (KHM 31), *Allerleihrauh* (KHM 65), *Jorinde und Joringel* (KHM 69) und etlichen weiteren. Die »klassische« Formulierung steht am Ende des Märchens *Fundevogel* (KHM 51).

Auch die Abschlussformel »Ich wollte, du und ich, wir wären auch dabei gewesen« wird mehrmals verwendet. Allerdings ist sie viel seltener und das »Dabeigewesensein« bezieht sich immer auf eine Hochzeitsfeier wie etwa in *König Drosselbart* (KHM 52) oder *Die sechs Diener* (KHM 134).

Wer einmal lügt ...

Der Wolf beschuldigt den Fuchs des Diebstahls, was der Fuchs abstreitet. Darüber hat der Affe zu richten. Die Fabel trägt auch den Titel *Lupus et vulpis iudice simio* – Der Wolf und der Fuchs vor dem Affen als Richter. Der Affe verkündet an den Wolf gewandt folgenden Richtspruch: »Du scheinst nicht verloren zu haben, was du begehrst.« Und zum Fuchs sagt er: »Ich glaube aber, dass du heimlich wegnahmst, was du aber geschickt abstreitest.« Mit anderen Worten: Der Affe glaubt, der Wolf habe den Fuchs zu Unrecht beschuldigt; gleichzeitig erscheint ihm die Verteidigung des Fuchses auch nicht ganz glaubhaft. Somit sind beide gewarnt. Man wird beiden keinen Glauben mehr schenken. In der Vorrede zu dieser Fabel weist Phaedrus ausdrücklich selbst darauf hin, dass jeder, der einmal durch Betrug bekannt wurde, die Glaubwürdigkeit verliert, auch wenn er die

Wahrheit spricht. Die Formel »Wer einmal lügt ...« veranschaulicht er dann mit der Wiedergabe der Äsop'schen Fabel.

Wie ein Phönix aus der Asche

Die Sage von der Wiedergeburt des Wundervogels findet sich bei dem bedeutenden spätantiken Dichter Claudian. Der langlebige Vogel baut gegen Ende seines Lebens ein Nest, verbrennt darin, hinterlässt aber ein Ei, aus dem der neue Phönix schlüpft.

Claudian (370–404 n.Chr.) stammte wahrscheinlich aus Alexandria und lebte am weströmischen Kaiserhof zu der Zeit, als die Westgoten unter Alarich durch Italien zogen und die Grenze am Rhein unter dem Druck der Völkerwanderung zusammenbrach. Bei spätantiken Autoren wie Claudian galt Indien als die Heimat des Phönix.

Die Sage stammt wahrscheinlich aus der ägyptischen Mythologie. Der Phönix ist ein Sinnbild für die Wiederauferstehung, also die Unsterblichkeit. Im alten Ägypten wurde jedenfalls eine ähnliche Vogelgottheit als Sonnensymbol gesehen. Im Christentum wurde der Phönix als Wiederauferstehungssymbol auf Jesus Christus bezogen. Das Motiv des Feuervogels gibt es auch in persischen und chinesischen Mythen.

Der Wind, der Wind, das himmlische Kind

Hänsel und Gretel (KHM 15) werden von ihren eigenen Eltern im »Wald ..., wo er am dicksten ist« ausgesetzt, weil die armen Holzhacker zu »wenig zu beißen« haben. Als Hänsel und Gretel am dritten Tag von dem Hexenhäuschen naschen, ertönt von drinnen die Frage: »Knusper, knusper, kneischen, / wer knuspert an meinem Häuschen?« Die beiden antworten: »Der Wind, der Wind / das himmlische Kind.« Will heißen: »Mach dir keine Gedanken, es ist nichts passiert« oder »Wir sind es nicht«. In diesem Augenblick sind die Kinder aus der ärgsten Ernährungsnot direkt in den größten Nahrungsmittelüberfluss und Luxus gelangt, das Verführungsmittel der Menschenfresserin. Nach einer Weile der Gefangenschaft nimmt die anfangs etwas hilflose Gretel die Sache in die Hand und überlistet die Hexe, indem sie sich dumm stellt und die Hexe bei der eigenen Gier packt. So gelingt es ihr, die Kannibalin in den Backofen zu stoßen.

Märchenfiguren, die zum Begriff wurden

Aladin

ist sozusagen der arabische Prototyp der Geschichte »vom Tellerwä-
scher zum Millionär«, denn der arme Junge entdeckt in einer Wun-
derlampe, die er einem Zauberer abgeluchst hat, einen dienstbaren
Geist, der ihm alle Wünsche erfüllt. Aladin wird reich und schließlich sogar Schwiegersohn des Sultans. Zuvor muss er aber noch zwei
raffiniert eingefädelte Attentate auf seine Lampe abwehren. Das
Märchen ist aber mehr als eine reine Karrieregeschichte. Aladin
wandelt sich vom unreifen Knaben, dem der Geist in der Lampe jeden narzisstischen Wunsch erfüllt, zum reifen Erwachsenen, der seine Grenzen, die Grenzen seiner Wünsche und Möglichkeiten kennt.

Aschenputtel

(französisch *Cendrillon*, englisch *Cinderella*) ist eines der beliebtesten und bekanntesten Märchen überhaupt, das sich bereits in der
ersten Ausgabe der Grimms findet. Von ihrer Stiefmutter und deren
fiesen Töchtern zu einfachster Hausarbeit verdonnert und mit Lin-
sensortieren regelrecht schikaniert (»die Guten ins Töpfchen, die
Schlechten ins Kröpfchen«) erwächst Aschenputtel aus dem Hasel-
reis auf dem Grab ihrer Mutter ein Wunderbaum, der ihr Hoffnung
auf eine bessere Zukunft macht. Nur nachts und heimlich kann sie
dreimal in immer hellere und kostbarere Kleider schlüpfen, um zum
Brautwahlball des Königssohns zu gehen, der auch folgerichtig ihre
wahre Identität erkennt. Der verlorene goldene Schuh führt ihn
schließlich zu ihr. Damit findet auch Aschenputtel gegen große Widerstände ganz zu sich selbst und lässt ihr armseliges Dasein hinter
sich. Im Trivialmythos wurde »Aschenputtel« so zum Inbegriff einer
Mädchenkarriere »from rags to riches« – heutzutage dargestellt in
der Fernsehshow *Germanys next Topmodel*.

Der Froschkönig

Der Froschkönig stand in der Grimm'schen Sammlung der *Kinder-
und Hausmärchen* immer schon an der ersten Stelle und hatte in der

ersten Fassung 1812 noch den Titel *Die Königstochter und der verzau-
berte Prinz*. Die Figur der Ekel-Amphibie, die sich der Königstochter
als Gespiele und sogar als Bettgenosse aufdrängt und sich nach einem Weitwurf an die Wand in einen Prinzen verwandelt, ist gerade
in der jüngeren, mittlerweile nicht mehr so feministischen Gegenwart fast omnipräsent – als ob sich alle Frauen einen unscheinbaren
Typen wünschten, der sich dann (im Bett) als verzauberter Prinz
erweist.

Die beiden lernen sich kennen, als der Prinzessin der goldene
Spielball in einen Brunnen fällt und der Frosch anbietet, das teure
Stück wiederzubeschaffen. Als Gegenleistung möchte er, dass sie
Tisch und Bett mit ihm teilt. Die Aussage ist völlig klar: Durch ihren
Wurf, ihre erste wirklich eigenständige Handlung, und das Erken-
nen der wahren Natur des Mannes verwandelt sich die bis dahin
kindlich spielende Königstochter in eine mannbare Frau.

Im Übrigen ist der Froschkönig bis in die Werbung und die Un-
terhaltungsparodie hinein gegenwärtiger denn je: als Symbolfigur
für den Unterschied zwischen Vorstellung und Wirklichkeit und das
wahrhaft schlagartige Erkennen dieser Wirklichkeit. Parodistisch
gewendet, wenn etwa ein hübscher *Playboy*-Jüngling sich am liebsten in einen Frosch zurückverwandeln möchte, wenn vor seinen Augen eine hängebusige Alte ihre verführerischen Hüllen fallen lässt.

Der gestiefelte Kater

Ein Kater ist sozusagen das einzige »Erbstück«, das der jüngste Müllersohn von seinem Vater erhält. (Der Älteste erbt die Mühle, der
Zweitälteste den Esel.) Der Müllersohn lässt dem Kater auf dessen
Bitte hin ein Paar Stiefel machen. Dank des Respekts, den ihm die
Stiefel verschaffen, und seiner Gewitztheit gelingt es dem Kater, erstens die Gunst des Königs zu erlangen und zweitens einen reichen
Zauberer zu überlisten und dessen Ländereien und Schloss als Besitz des Müllersohns auszugeben. Er hat den eitlen Zauberer unter
anderem aufgefordert, sich in eine kleine Maus zu verwandeln, die
der Kater flugs fraß. Der Müllersohn avanciert auf diese Weise zum
Grafen, dann zum Schwiegersohn des Königs und damit zum Thronerben. Der gestiefelte Kater wird später »Premier ministre«.

Auch heute noch sind wirklich gute Schuhe sehr teuer und damals erst recht. Sie genügen dem Kater, einer typischen sogenannten Trickster-Figur, um erfolgreich sein ergötzliches Spiel mit Schein und Sein zu treiben und seinem Schützling zu dessen wirklich märchenhafter Karriere zu verhelfen, in deren Kielwasser sich sein eigener gesellschaftlicher Aufstieg vollzieht. Im Grunde ist wohl der Kater die überaus gewitzte Seite des Müllersohns selbst, dem es gelingt, mit allerlei Tricks und Täuschungen den Nachteil seiner armseligen Existenz nach dem ungleichen Erbgang mehr als zu kompensieren.

Die Überlistung des Zauberers findet sich übrigens fast wortgleich in Richard Wagners Oper *Rheingold*, in der Szene, als Loge den eitlen Zwerg Alberich auffordert, sich erst in einen Drachen und dann in eine Kröte zu verwandeln, die er und Wotan schnell fassen und fesseln, um ihm so den geraubten Nibelungenschatz abzupressen.

Goldmarie und Pechmarie

Eine der komplexesten Sagen- und Märchengestalten Mitteleuropas ist die *Frau Holle* (KHM 24). Hinter ihr verbirgt sich Hulda, die archaische Mutter-Erde-Göttin beziehungsweise die Große Göttin der frühen vorindogermanischen ackerbauenden Gesellschaften. Zu ihr gelangt man, indem man in den tiefen Brunnen, also mitten in die Erde, also in die Unterwelt oder Anderswelt hinabsteigt – psychologisch gesprochen in das Unterbewusste.

Eine stets zurückgesetzte Stieftochter wird von ihrer ungeliebten Stiefmutter gezwungen, in einen Brunnen zu springen, um eine verlorene Spindel heraufzuholen. Das Mädchen verliert im Fallen die Besinnung, doch beim Erwachen eröffnet sich ihm die Frau-Holle-Welt, in der es verschiedene Aufgaben zu erfüllen hat, was es auch brav tut: Brot aus dem Ofen holen, reife Äpfel ernten, Betten ausschütteln. Dafür wird das Mädchen schließlich mit einem Goldregen belohnt und wieder in die Oberwelt entlassen: »Kikeriki, unsere goldene Jungfrau ist wieder hie!« Sie ist die Goldmarie.

Daraufhin schickt die Stiefmutter ihre leibliche Tochter in den Brunnen. Die – man kann annehmen, verwöhnte – Göre weigert sich, die ihr aufgetragenen Dienste zu übernehmen, und wird deswegen am Ende mit Pech überschüttet. So wird durch dieses Märchen nicht nur die Sinnhaftigkeit der weltlichen Pflichtenordnung erklärt, sondern auf einer höheren Ebene auch der Sinn von Leid und Ungerechtigkeit mit Verweis auf eine jenseitige, ausgleichende Gerechtigkeit beinahe schon theologisch, aber vollkommen laienhaft verständlich gefasst. Goldmarie und Pechmarie stehen für das Gut- und Bösesein, anständiges und unanständiges Verhalten, Bescheidenheit und Hochmut, die Frau Holle für die Bewahrung einer letztinstanzlich intakten Weltordnung. Die typologisch simple, zwiegesichtige Ausprägung in Goldmarie und Pechmarie ist natürlich nichts anderes als die beiden Seiten der gleichen Medaille: der unterschiedlichen moralischen Kräfte in jedem einzelnen Menschen.

Hans im Glück

Hans erhält in diesem Grimm'schen Märchen (KHM 83) von seinem Herrn einen kopfgroßen Klumpen Gold für sieben Jahre treue Dienste und will zu seiner Mutter heimkehren. Unterwegs tauscht er den Goldklumpen bei einem Reiter gegen dessen Pferd ein. Das Schleppen des Goldklumpens fällt ihm nämlich so schwer wie das Zufußgehen. Er findet es bequemer zu reiten und ist froh über den Tausch. Nachdem das Pferd ihn aber abgeworfen hat, hält er es für einen glücklichen Zufall, dass gerade ein Bauer mit seiner Kuh daherkommt. Wieder wird getauscht und wieder ist Hans »eine Sorge los«. Weiter tauscht er Kuh gegen Schwein, Schwein gegen Gans und die Gans gegen einen Schleifstein, erhält also immer wertlosere Dinge. Der Schleifstein fällt ihm schließlich versehentlich in einen Brunnen. Glücklich und »frei von aller Last« kehrt Hans nach Hause zurück.

Hans ist der klassische, einfältige Antiheld, der sich dumm anstellt und alles verliert – aber trotzdem oder gerade deswegen glücklich wird. Das wird bei der redensartlichen Verwendung meist übersehen. Hier gilt genau im Gegenteil der »Lottogewinner«, der Profitmacher oder der unverhoffte soziale Aufsteiger, ja selbst mancher unscheinbare Ehemann einer »tollen Frau« als »Hans im Glück«.

Hexe

Das weibliche Gegenstück zur gütigen Hulda/Frau Holle (s. a. »Goldmarie und Pechmarie, S. 27) ist im Märchen die Hexe. Anfangs
waren Hexen als »weise (= kluge, »wissende«) Frauen keineswegs
von vornherein als böse abgestempelt. Von diesem Zusammenhang
zeugt noch das englische Wort *witch*, verwandt mit *wit* (Klugheit)
und *wisdom* (Weisheit, Wissen). Aber die nicht ganz eindeutig ge-
klärte deutsche Wortherkunft vom althochdeutschen *hagizussa*, das
als »Zaunhockerin« verstanden wird, deutet schon auf die »böse
Dämonin« hin, die den Frieden der eingezäunten Bezirke bedroht,
das Vieh »verhext« und dergleichen. Der komplexe Hexenglaube ist
sehr alt. In Europa reicht er weit zurück in archaische Zeiten.

Mit der frühneuzeitlichen Hexenverfolgung hat die Märchenhexe
kaum mehr als den Namen gemein. In diesem Verfolgungs-Wahn
wurden überwiegend Frauen angeklagt, die oftmals nur aus reiner
Missgunst oder aus Neid denunziert worden waren.

Auch der »Hexensabbat« ist kein Märchenthema. Er ist vielmehr
ein Ritual, in dem uralte, prähistorische Geister- und Totenkult-
vorstellungen Ausdruck finden. Ein bekanntes Märchen mit einem
Bezug zum Hexensabbat ist überraschenderweise *Aschenputtel*
(s. S. 25), in dem gar keine Märchenhexe vorkommt. (Aschenputtel
gehört nämlich zum Typus der *monosandaloi*, der »gehbehinderten«,
»einbeinigen« Mythen- und Märchenfiguren wie Ödipus, Achilles
und der Teufel. Dieser Typus ist auf der ganzen Welt verbreitet von
Afrika über Asien bis Europa.

Die Hauptbeschäftigung der Märchenhexen hingegen besteht darin zu verwünschen, zu verzaubern und zu verwandeln. Vor allem
wegen dieser Verwandlungskünste sind sie echte Märchenfiguren.
Am Wort Hexe ist der böse Aspekt hängen geblieben, positive Verwandlungskünste aller Art beherrschen nämlich die guten »Feen«.
Vom Typus her ähneln sie den Hexen (denn es gibt ja auch böse
Feen).

Rotkäppchen

stammt aus Frankreich (*Le Petit Chaperon rouge*), ist natürlich auch
in England und Amerika bekannt (*Little Red Riding Hood*) und figu-

riert im ungarnnahen österreichischen Burgenland als *Piroschka*. Rotkäppchen ist wie Aschenputtel eine der bekanntesten Märchenfiguren der westlichen Welt. Im gleichnamigen Märchen (KHM 26) ist die rote Samtkappe ein Geschenk der geliebten Großmutter an ihre Enkelin. Im Haus der Großmutter angekommen wird Rotkäppchen vom Wolf verschlungen, der ihr zuvor schon im Wald begegnet ist. Er hat auch bereits die Großmutter verspeist. Der Wolf als Großmutter-Travestie mit Nachthemd und Haube in deren Bett ist eine der unfreiwillig komischsten Szenen der gesamten Märchenliteratur und gibt immer wieder Anlass zur Freude (»Großmutter, was hast du für große Ohren? ... Großmutter, was hast du für ein entsetzlich großes Maul?«). Die Rettung von Rotkäppchen und der Großmutter aus dem Bauch des schnarchenden Wolfs ist eine Grimm'sche Zutat; im französischen Original endet das Märchen nach dem Wolfsfraß, in einer frühen italienischen Version mit dem bezeichnenden Titel *Die falsche Großmutter* befreit sich zumindest Rotkäppchen selbst.

Natürlich ist der »Wolf« in diesem Märchen nicht als Wolf zu sehen, sondern als Mann. Da Rotkäppchen schon beim Aufbruch von der Mutter eindringlich gewarnt wurde, nur ja nicht vom Weg abzugehen, kann man auch schließen: Er ist der befürchtete Sittenstrolch. Und tatsächlich begegnen sich die beiden unterwegs. Dabei schmeichelt sich der Wolf bei Rotkäppchen ein und verleitet es zum Blumenpflücken – und damit eindeutig dazu, im Sinne des Wortes vom vorgeschriebenen Weg abzuweichen. So wird er bereits an dieser Stelle als Verführer charakterisiert. Die Großmutter-Travestie ist daraufhin eine gesteigerte Form von Verführung, um das volle Vertrauen des Mädchens zu gewinnen. In frühen, weniger »bereinigten« Fassungen wird es vom Wolf sogar aufgefordert, sich nackt zu ihm ins Bett zu legen. Das ist in solchen Erzählungen eine unverhohlene Aufforderung zum Sex. Die Tötung Rotkäppchens zur Vertuschung seiner Straftat »Verführung Minderjähriger« ist nachgerade logisch.

Die ausbuchstabierte Moral von der Geschicht' mit dem Jäger, der den Wolfsbauch aufschneidet, Rotkäppchen und die Großmutter befreit und den Bauch getreu dem Muster aus *Der Wolf und die sieben Geißlein* mit Steinen beschwert, woran der Wolf zugrunde geht und worauf das Rotkäppchen steten Gehorsam gelobt, ist eine Hinzufügung Wilhelm Grimms.

Scheherazade

Auch die Rahmenerzählung der Märchen aus *Tausendundeine Nacht* (s. S. 19) verweist auf den indischen Ursprung der Sammlung. Enttäuscht von der Untreue seiner ersten Frau, die ihn mit einem schwarzen Sklaven betrog, »heiratet« König Schahrijar jede Nacht eine neue Frau, die er am Morgen nach der »Hochzeitsnacht« umbringen lässt – damit sie ihn nicht betrügen kann. Eine demografisch ungünstige Form von Rache. Nach drei Jahren werden die Jungfrauen allmählich knapp, und immer mehr, die bis dahin überlebt haben, fliehen aus dem Reich Schahrijars. Dem muss Einhalt geboten werden. Der klugen Tochter des Wesirs, Scheherazade, gelingt es, den König mit ihren Geschichten, die sie immer an einer spannenden Stelle abbricht (Filmdramaturgendeutsch: »Cliffhanger«), Nacht für Nacht so zu fesseln, dass er ihr so lange Aufschub gewährt, bis er schließlich von ihrer Treue überzeugt ist. (Sie haben am Ende drei Kinder.) So wurde Scheherazade zum Inbegriff für unermüdliches spannendes Erzählen und Fabulieren, für orientalische Frauenklugheit und natürlich für das stets exotisch-faszinierende Haremsleben.

Die Schöne und das Biest

La belle et la bête ist natürlich um ein Vielfaches klangvoller als der deutsche Titel, und im deutschsprachigen Raum hat sich diese auch nie richtig als Redewendung eingebürgert. Ludwig Bechstein nahm die Erzählung 1845 in sein *Deutsches Märchenbuch* auf. Durch zahlreiche Bearbeitungen für Oper, Film (Jean Cocteau 1946), den Disney-Zeichentrickfilm (1991) und das darauf basierende Musical (1994) wurde der Stoff teilweise erst im 20. Jahrhundert zu einem der weltweit bekanntesten Märchen überhaupt.

Wie im *Froschkönig* (s. S. 25) ist das Tier ein verwunschener Prinz. (Die allzu enge Wortübersetzung von *bête* = Bestie, Biest führt wegen der damit verbundenen Assoziationen in die Irre. Im Französischen meint *bête* einfach wertneutral das »wilde Tier« – im Gegensatz zum Haus- oder Nutztier.)

Die Schöne ist die jüngste und grundgute dreier Schwestern, die älteren Schwestern sind böse und arrogant. Damit ist die Außenseiterstellung der Schönen wie die des Tiermenschen vorgezeichnet und klar, dass sie füreinander bestimmt sind. Im Märchen wird wie beim *Froschkönig* kein Grund für die Verwünschung des Prinzen angegeben, im Zeichentrickfilm ist es aus Gründen der Plausibilität für das Publikum Kaltherzigkeit gegenüber einer Bettlerin, die eine Zauberin ist und die Verwünschung bewirkt. Die Schöne gerät in das verwunschene Schloss im Wald, in dem ihr Vater festgehalten wird, der sich dorthin verirrt hat. Sie bittet den vermeintlich hässlichen Prinzen, anstelle des Vaters im Schloss bleiben zu dürfen. Sie ist also bereit, sich für den Vater zu opfern und in dieser »Unterwelt« zu bleiben. Der Prinz wiederum kann nur erlöst werden, wenn es ihm trotz seiner »Entstellung« gelingt, innerhalb einer vorgegebenen Frist die unverbrüchliche Liebe einer Frau zu gewinnen. Eine welkende Rose ist dafür der Zeitmesser, und kurz bevor das letzte Blatt von ihr abfällt, kommt es zu dieser Herzenswandlung.

Sindbad der Seefahrer

ist eine Gestalt aus *Tausendundeiner Nacht*. Allerdings ist er nicht in der ursprünglichen indisch-persischen Sammlung zu finden, sondern eine Hinzutat des ersten europäischen Übersetzers Jean-Antoine Galland (s. a. »Tausendundeine Nacht«, S. 19), der die aus syrischer Quelle stammende Geschichte in seine Ausgabe integrierte. Sindbad erzählt von sieben Abenteuerreisen, dazu gehört auch sein bekanntes Abenteuer mit dem Riesenvogel Rock, einer Art Jumbojet der arabischen Märchen, der auch schon mal Elefanten transportierte.

Historisches Vorbild für die Sindbadfigur könnte der chinesische Admiral Cheng Ho sein (1371–1433), ein zwei Meter großer Eunuch muslimischen Glaubens, der nach 1400 im Auftrag des bedeutenden Ming-Kaisers Yongle mit einer riesigen chinesischen Dschunkenflotte, beladen mit wertvollen Handelsgütern, nach Westen aufbrach. Er unternahm ebenfalls sieben Expeditionsreisen, erreichte den bedeutenden Handelsplatz Kalikut an der Südwestküste Indiens und erkundete den gesamten Küstenraum des Indischen Ozeans mit Arabien und der Ostküste Afrikas, womöglich bis hinunter in die Gegend des heutigen Simbabwes. So wurde er rund einhundert Jahre vor dem Portugiesen Vasco da Gama – aus chinesischer Sicht in Richtung Westen – zum Entdecker des Seeweges nach Indien und Arabien.

Die Sindbad-Geschichten haben vor allem die Fantasie der Filmindustrie nachhaltig beflügelt, angefangen mit dem ersten *Sindbad-*Film von 1947 mit Douglas Fairbanks und Anthony Quinn. Sindbad ist daher aus europäischer Perspektive die morgenländische Abenteurerfigur schlechthin.

Sprichwörtliche Märchen- & Fabeltiere

Der böse Wolf

Das Märchen von den durch einen Unhold bedrohten Kindern ist sehr beliebt. *Der Wolf und die sieben Geißlein* (KHM 5) ist so eingängig erzählt, dass man oft vergisst, dass es sich um ein reines Tiermärchen handelt. Obwohl die Junggeißen von ihrer Mutter gewarnt wurden, gelingt es dem Wolf, sie im dritten Anlauf zu überlisten, als die Muttergeiß kurz fort ist, um Besorgungen zu machen. Nach dem gescheiterten ersten Versuch, ins Haus zu gelangen, muss er die sprichwörtliche **Kreide fressen**, um seine verräterisch raue Stimme zarter zu machen. Als er sich auch noch die schwarzhaarigen Füße mit Mehl weiß bestäubt, ist die Tarnung perfekt und die Geißlein lassen ihn herein. Ohne große Umstände verschlingt er die Kleinen bis auf das Jüngste, das sich im Uhrenkasten versteckt, bis die Mutter zurückkommt.

Wie in *Rotkäppchen* (s. S. 29) ist der Wolf ein Trickster, der sich verstellt (verkleidet), wie es sonst nur böse Zauberer und der Teufel tun. Die grundsätzliche Verwerflichkeit der Täuschung wird damit deutlich, sie ist das Böse, Schlechte, Gemeine.

Warum gelingt es dem Wolf, die Kinder erfolgreich zu täuschen? Er verspricht ihnen jedes Mal beim Anklopfen, er habe jedem von ihnen etwas mitgebracht. Die Gier der Geißlein gewinnt daraufhin die Oberhand und wird letztlich von der Gier des Wolfs verschlungen. Es gehört zur Gier, dass sie sich immer weiter steigert.

Weil sie im Ganzen verschlungen wurden, können die jungen Geißen alsbald von der Mutter gerettet werden, die dem schlafenden Wolf den Bauch aufschneidet. Damit aber nicht genug, wird sein Bauch mit Wackersteinen gefüllt und zugenäht. Als er wieder aufwacht, fällt der durstige Wolf in den Brunnen und ertrinkt. Dieses Märchen zeigt, dass das Böse mit einem eigenen Handlungsakt bezwungen werden muss.

Der Dukatenesel

Das unendlichen Reichtum speiende Tier kommt in *Tischlein deck dich* (s. S. 21) und *Eselshaut* vor. In *Eselshaut* lässt der König seinen Dukatenesel, dem er all seinen Reichtum verdankt, sogar schlachten. Das geschieht auf Wunsch seiner Tochter. Die Prinzessin hätte aber nie gedacht, dass er den Esel ihr zuliebe opfert.

»Dukatenesel«, die goldene Eier legende Gans und sonstige Gegenstände oder Figuren, die mühelosen Reichtum versprechen oder sogar gewähren, sind immer Ausdruck eines naiven, unreifen »Haben-Wollens«. Manchmal lernen die Märchenfiguren, damit verantwortungsvoll umzugehen.

Die Gans, die goldene Eier legt

In *La poule aux œufs d'or* von Jean de la Fontaine (1621–1695) hat ein Mann eine Gans, die goldene Eier legt. Da er noch mehr davon haben will, schneidet er ihr den Bauch auf, womit die Goldquelle natürlich versiegt.

Hase und Igel

Im Märchen *Der Hase und der Igel* (KHM 187) gewinnt der krummbeinige »kleine« Igel wider Erwarten den »Wettlauf« mit dem arroganten sprintstarken Hasen, weil sich Frau Igel an das andere Ende der Ackerfurche setzt. Jedes Mal wenn der Hase ankommt, ruft einer der beiden Igel, die sich sehr ähnlich sehen, das sprichwörtliche »Ick bün all hier!« (Ich bin schon da!). Daraufhin hetzt der Hase, der in seiner hochfahrenden Art nicht so genau hinsieht und es nicht verwinden kann, nicht Erster zu sein, so lange hin und her, bis er tot umfällt. So siegen »die Kleinen« (Leute) mit etwas List über die Großen – die Adeligen und die Vornehmtuer aus der Zeit der Entstehung des Märchens. Die Fabel und das Sprachbild haben indes nichts von ihrer Anschaulichkeit verloren.

Sprichwörtliche Sagen- & Legendengestalten

Herkules & Ikarus

sind die beiden bekanntesten Sagengestalten der Antike. Herkules (griechisch Herakles) biss als Baby etwas zu fest zu, als die Göttin Hera ihn säugte. Sie riss ihn sich von der Brust, so dass daraus die »Milchstraße«, die Galaxis, hervorspritzte (griechisch *gala* = Milch). Dem Biss in die Brust der Hera verdankte Herakles seine übernatürliche Stärke. So erwürgte er schon in der Wiege von Hera geschickte Schlangen. Die Göttermutter hatte ihm die Schlangen geschickt, da sie sehr eifersüchtig auf ihn war, denn er war ein Bastardsohn ihres Gatten Zeus, was sie anfangs noch nicht erkannt hatte. Herakles steht für mutige, kriegerische Stärke und einen tugendhaften Charakter. In der gesamten abendländischen Emblematik gilt er daher als Idealbild eines guten Herrschers. Deshalb ließen sich die bedeutendsten Herrscher als Herkules darstellen und (in heute nicht mehr so populären Oden) loben: standhaft und siegreich im Krieg und weise und gerecht im Frieden – wie gesagt, ein Idealbild.

Ikarus war der Sohn des legendären Labyrinth-Erbauers Dädalus. Der Bauherr, König Minos, hielt Vater und Sohn in dem Bauwerk gefangen, nachdem Theseus, ebenfalls ein Grieche, mithilfe des Ariadnefadens entwischt war. Dädalus konstruierte daher zwei Paar Flügel aus feinstem Metallgestänge und Federn. Damit gelang den beiden vorerst die Flucht. Doch Ikarus schwang sich entgegen dem dringenden Rat seines Vaters zu hoch in Richtung Sonne hinauf, das Wachs, mit dem die Federn befestigt waren, schmolz und Ikarus stürzte ins Meer. Übermut tut selten gut.

Drachentöter

sind uralte und mythologisch auf dem ganzen eurasischen Kontinent verbreitete Helden, die das Böse besiegen. Das ist auch gemeint, wenn man das Wort redensartlich verwendet. Hinzu kommt manchmal noch die wichtige Aufgabe, Jungfrauen zu retten. Den Typus des Drachentöters gibt es in vielerlei Gestalt: Der babylonische Marduk wird zum Hauptgott, indem er die Urschlange Tiamat besiegt. Apollon tötet den Drachen Python in Delphi, wo seitdem die Pythia weissagt. Der antike Heros Perseus ist ein zweifacher Drachentöter, denn er befreit die angekettete Andromeda vor dem Ungeheuer und schlägt in einem anderen Abenteuer der Medusa das schlangenwirre Haupt ab. Auch der Erzengel Michael ist ein Drachenbekämpfer: Er stürzt Luzifer/Satan, den sprichwörtlichen **gefallenen Engel** aus dem Himmel auf die Erde (Offenbarung 12, 7–9 und andere Stellen in der Bibel). Auch die germanische Mythologie kennt Drachentöter, am bekanntesten ist Siegfried. Der wichtigste christliche Drachentöter ist der heilige Georg, eine aus vielen Komponenten und unterschiedlichen Erzählsträngen zusammengesetzte Figur. In der *Legenda aurea* des Dominikanermönchs Jacobus de Voragine (Ende 13. Jh.) besiegt Georg einen Drachen und rettet damit eine Jungfrau, die diesem zum Fraß vorgeworfen worden war. Dies ist ein antikes Motiv. Anschließend führt Georg den besiegten Drachen am Halsband zum Kaiser (Diokletian) und bekehrt diesen dadurch zum Christentum. Ursprünglich wurde Georg als Märtyrer der diokletianischen Christenverfolgung (um 300 n.Chr.) gerühmt. Im Mittelalter wird er als Ritter dargestellt und sogar zum Idealbild des christlichen Ritters im Sinne der Kreuzzüge. In England wird er besonders verehrt. Dort gilt er als Patron. Das rote Georgskreuz auf weißem Grund wird zum ersten Nationalsymbol Englands und ist bis heute Bestandteil der britischen Nationalfahne (zusammen mit dem Andreaskreuz Schottlands = weißes Kreuz auf blauem Grund), dem Union Jack.

Der Rattenfänger von Hameln

ist die bekannteste und bedeutendste deutsche Sagengestalt. Durch Übersetzungen ist der Rattenfänger wie keine andere Sagenfigur

weltweit bekannt (vor allem in der angelsächsischen Welt) und als
Verführer sprichwörtlich geworden.

Zeitlich und örtlich wird die Sage im späten 13. Jahrhundert in
der Weserstadt Hameln lokalisiert. Ein auffallend bunt gekleideter
Mann soll der Bürgerschaft versprochen haben, die Stadt von einer
Mäuse- und Rattenplage zu befreien, was er mit seiner Pfeife oder
Flöte auch tat. Die Plagetiere stürzten sich in die Weser. Da dem
Rattenfänger allerdings der versprochene Lohn vorenthalten wurde,
kehrte er in Jägerkleidung und mit einem roten Hut auf dem Kopf
zurück. An die 130 Kinder unter vier Jahren folgten wie die Ratten
und Mäuse wiederum dem Klang seines Blasinstruments und ver-
schwanden auf Nimmerwiedersehen. (Die Erwachsenen waren alle
gerade in der Kirche, als es passierte.) Das Rattenfänger-Ereignis
ist mit der spätmittelalterlichen Ostkolonisation, den Kinderkreuz-
zügen oder einem Sektenführer in Verbindung gebracht worden,
aber eine schlüssige Erklärung gibt es dafür nicht.

Heinzelmännchen

»Wie war zu Cölln es doch vordem / mit Heinzelmännchen so be-
quem! /Denn, war man faul, ... man legte sich / hin auf die Bank
und pflegte sich« ... und dann kamen nachts die Heinzelmänner
und verrichteten die ganze ungeliebte Hausarbeit. So beginnt das
bekannteste Heinzelmännchen-Gedicht von August Kopisch (1799–
1853) aus dem Jahr 1836. Wie Goethe schwankte Kopisch in seiner
Jugend lange zwischen seiner künstlerisch-malerischen und seiner
schriftstellerischen Begabung. Ein schwerer Schlittschuhunfall, bei
dem er sich die rechte Hand brach, beendete alle malerischen Ambitionen. Ebenfalls wie Goethe bereiste Kopisch Italien, auch Neapel.
Als guter Schwimmer entdeckte er 1826 die Blaue Grotte auf Capri.

Heinzelmännchen sind gutmütige und hilfreiche Hausgeister und
sogar Hausbeschützer, sozusagen eine Untergattung der Kobolde,
Zwerge, Poltergeister und dergleichen. Im Volks- und Aberglauben
reicht ihre Tradition über die Frühantike bis weit in die Vorgeschichte zurück, als die gesamte Natur und Umwelt noch mythisch belebt
war. Aus diesem Urgrund stammen auch die Märchen, Mythen und
die kultischen Vorstellungswelten der Antike.

Sprichwörtliche Märchenländer

Schlaraffenland

Auch wenn es bei den Grimms ein *Märchen vom Schlaraffenland* gibt (KHM 158), so ist dort kaum von der Faulenzer- und vormodernen Urlaubsutopie die Rede, wie sie schon auf einem Gemälde Pieter Bruegels von etwa 1567 dargestellt ist (Alte Pinakothek, München). Bei den Grimms handelt es sich um eine Metamorphosen-Welt, in der Tiere, Pflanzen und manche Gegenstände höchst ungewöhnliche Dinge tun: Ein Schwert zerteilt eine Brücke, ein Habicht schwimmt, Fische machen Lärm, auf einer Linde wachsen heiße Fladen, Frösche dreschen Getreide, Mäuse weihen einen Bischof und so weiter.

Die im deutschen Sprachraum prägende »Geschichte vom Schlaraffenland« stammt aus dem *Narrenschiff* (1494) von Sebastian Brant. Darin wird, wie stets im Narrentum, eine verkehrte Welt beschrieben, in der vor allem Trägheit und Faulheit, sonst üblicherweise als Todsünden gebrandmarkt, als Tugenden gelten. Einen Zugang gewinnt man nur, indem man sich durch einen Wall aus Brei und Teig hindurchfrisst. Man muss nichts arbeiten, es gibt Nahrung im Überfluss – hier fliegen einem die sprichwörtlichen **gebratenen Tauben** in den Mund. Die vorhandene Flora und vor allem die Fauna sind in erster Linie im Hinblick auf ihre Essbarkeit erwähnt und befinden sich überwiegend in einem bereits vorgegarten Zustand. Auch die Vorstellung vom **Jungbrunnen**, in den man alt und gebrechlich hineinsteigt und aus dem man verjüngt und gesund wieder herauskommt, wird in einigen Geschichten mit dem Schlaraffenland verknüpft. Der Jungbrunnen war natürlich in Zeiten, als es so gut wie keine zuverlässige medizinische Behandlung und kaum schmerzstillende Mittel gab, ein sprachmächtiges Bild und ist es bis heute.

Der Begriff »Schlaraffenland« kommt von mittelhochdeutsch *sluraffe*, was so viel wie »Faulenzer« bedeutet. Man zeichnete von Schlaraffia auch Fantasiekarten mit Orten und Provinzen wie Schlampania, Ludermania, Bierheim, Zapfenzell, Schweinsbratl, Lausleben, Käsundbrod, Gutnudel, Leyerntanz, Schallmei, Dudelsack, Klein Luder, Groß Luder, durchflossen von dem Brandenwein-Fluss und dem Bierstrom. Mit anderen Worten, es war ein einziges großes Oktoberfest. Und das jeden Tag!

Alices Wunderland

Die während des Vorlesens eingeschlafene kleine Alice gerät im Traum in eine absurde Welt, die in vielen Details etwas Neues in der literarischen Welt darstellt. Sprechende Tiere gab es zwar schon in den Fabeln und Märchen, aber in Alices Wunderland agieren auch Spielkarten wie »menschliche« Figuren. Dauernd kommt es zu Vergrößerungen und Verkleinerungen. Fische spazieren an Land. Die normale Welt mit ihren Naturgesetzen ist außer Kraft gesetzt. Aber es ist keine »verkehrte Welt«, in der alles nur unkonventionell oder umgekehrt läuft, sondern eine surreale Nonsens-Sphäre, in der alles und nichts möglich erscheint. Der stotternde englische Mathematiker und Schriftsteller Charles L. Dodgson (1832–1898, Dichtername: Lewis Caroll) erfand diese in künstlerischer Hinsicht in vielerlei Weise auf die Moderne vorausweisende Welt 1862/63 sowie weitere einfallsreiche Figuren wie Humpty-Dumpty (das sprechende Ei auf der Mauer) und den alienhaften Jabberwocky.

Mittelerde

Verglichen mit Alices Wunderland wirkt John Ronald Reuel Tolkiens Mittelerde etwas bieder und rückwärtsgewandt. Hier tummeln sich die Hobbits und ähnliche Fantasiegestalten, die aber alle durch die traditionelle Mythenwelt einschließlich der griechischen Göttermythen vorgeprägt sind. Diese Prägung manifestiert sich vor allem in Tolkiens (1892–1973) kolossal erfolgreichen Romanen *Der kleine Hobbit* (1937) und *Der Herr der Ringe* (1954/55). Auch Mittelerde ist ein vorsintflutlicher Kontinent in einem sehr fiktiv anmutenden »Erdmittelalter«. Die Mittelerde in den Verfilmungen lag in Neuseeland, das dank dieser Naturkulisse einen gewaltigen Aufschwung seiner Tourismusbranche verzeichnen konnte.

Als die Bilder laufen lernten
Zitate aus Filmen

Als die Bilder laufen lernten

war der deutsche Titel einer Fernsehserie aus den 60er-Jahren, die auf Englisch *Mad Movies* hieß. Darin wurden Stummfilme aus der Sammlung des englischen Fernsehentertainers Bob Monkhouse (1928–2003) gezeigt. Monkhouse, eine Mischung aus Thomas Gottschalk und Harald Schmidt, also ein erfolgreicher Show-Präsentator und Kabarettist, war im britischen Fernsehen sehr populär und ein Fachmann auf dem Gebiet des Stummfilms.

Internationale Filmtitel,
die zu Redewendungen wurden

Meuterei auf der Bounty

Nicht die literarisch unbedeutende Vorlage von C. B. Nordhoff und J. N. Hall erlangte weltweite Berühmtheit, sondern der von Frank Lloyd inszenierte dramatische Film aus dem Jahr 1935. Lloyd, der zu den Mitbegründern der amerikanischen Filmakademie gehört, die auch die Oscars verleiht, erhielt für die *Bounty* 1936 den Oscar in der Kategorie Bester Film. Die nachhaltige Wirkung beruht neben der gekonnten Dramaturgie auf der überzeugenden schauspielerischen Leistung von Charles Laughton als bis zum Sadismus grausamer Kapitän Bligh und seinem Gegenspieler Clark Gable, der den noblen, stets um Ausgleich bemühten Ersten Schiffsoffizier Fletcher Christian gibt. Dabei sind die Charaktere nicht eindimensional gezeichnet: Bligh hat durchaus joviale Züge und der pflichtbewusste Christian wird zum Anführer der Meuterer.

Die Meuterei auf der letzten Fahrt des englischen Frachtseglers

Bounty in den Jahren 1787 bis 1790 in die Südsee beruht auf einer wahren Begebenheit und wurde um fiktive erzählerische Details ergänzt. »Meuterei auf der *Bounty*« wird gelegentlich scherzhaft verwendet, wenn es um unzufriedenen Flurfunk auf Büroetagen, Aufbegehren gegen unbeliebte Vorgesetzte und Kaninchenzüchtervereinsvorsitzende geht. Nach Vorkommnissen mit Offiziersanwärtern auf dem deutschen Segelschulschiff *Gorch Fock* im Januar 2011 war die Wendung in der Presse ausnahmsweise auch wieder einmal in seemännischem Zusammenhang schlagzeilentauglich.

Vom Winde verweht

ist – ebenso wie der amerikanische Originaltitel *Gone with the wind* in der englischen Sprache – eine Redewendung, deren Inhalt selbsterklärend ist. Die Formulierung ist direkt vom Titel der Romanvorlage übernommen, dem Südstaatenbestseller und einzigen Werk von Margaret Mitchell (1900–1949), das sensationell erfolgreich war. Die Verfilmung zählt zu den filmgeschichtlich bedeutendsten Werken. Es war einer der ersten Großfilme in Farbe, dessen Soundtrack als bahnbrechend gilt.

Vor dem Hintergrund des grausam geführten Amerikanischen Bürgerkrieges zerbrechen die Existenzen und die Lebensträume der Hauptprotagonisten Scarlett O'Hara (Vivien Leigh), Rhett Butler (Clark Gable) und Ashley Wilkes (Leslie Howard). Scarlett, die Erbin der Plantage Tara, bildet sich lange Zeit ein, in den Nachbarssohn Ashley verliebt zu sein – auch nachdem dieser eine andere Frau geheiratet hat. Den Offizier Rhett Butler, der immer wieder ihren Weg kreuzt, heiratet sie erst nach zwei vorangegangenen Ehen. Obwohl Rhett »der Richtige« für sie ist, wie Scarlett zu spät erkennt, wird diese Verbindung nicht glücklich, teils weil Scarlett zunächst immer noch an Ashley hängt, teils weil ihre gemeinsame Tochter bei einem Reitunfall ums Leben kommt.

High Noon

Der Westernklassiker von Fred Zinnemann aus dem Jahr 1952 trägt in der deutschen Fassung den Titel *Zwölf Uhr mittags*, wird als Redewendung aber auch im Deutschen immer mit *High Noon* zitiert.

Denn das ist die Stunde der Entscheidung, wo sich herausstellen muss, ob der Exmarschall Will Kane (Gary Cooper) oder sein Widersacher Frank Miller (Ian MacDonald) und seine Bande das angekündigte Revolverduell überleben. Wenn von *High Noon* die Rede ist, ist immer klar, dass nur einer der Kontrahenten überleben kann. Jeder will den anderen unbedingt vernichten. Um zwölf Uhr mittags kommt der Zug mit dem rachedurstigen, soeben begnadigten Banditen an. Kanes frisch angetraute Braut (Grace Kelly) droht, mit demselben Zug die Stadt zu verlassen, falls sich Kane auf das aberwitzige Duell vier gegen einen einlässt. Auch alle anderen raten Kane, die Stadt rechtzeitig zu verlassen. Im entscheidenden Moment wird er von allen »Freunden« verlassen sein – auch dies ein wesentliches Element im redensartlichen Gebrauch von *High Noon*.

Die Handlung des Films spielt lediglich in der Zeit kurz vor dem Duell, also von etwa 10 Uhr 30 bis zur Abfahrt des Zuges. In diese zwei Stunden sind die Vorgeschichte und die Nebenhandlungen um all die Figuren, die Kane letztlich im Stich lassen, eingebaut. Die Ästhetik ist herb, weil die Kamera auf optische Tricks verzichtet und Kane ein eher zynischer Typ ist und kein strahlender Westernheld, wie John Wayne ihn zu verkörpern pflegte. Cooper erhielt den Oscar für die beste Hauptrolle, und der Film bekam drei weitere Oscars sowie andere Auszeichnungen. Für Grace Kelly war es die erste große Filmrolle.

Verdammt in alle Ewigkeit

James Jones (1921–1977), der Autor des gleichnamigen Romanbestsellers, der Vorlage zu dem Film von Fred Zinnemann (1953), hat in seinem Buch eigene Erlebnisse vom pazifischen Kriegsschauplatz während des Zweiten Weltkriegs verarbeitet. Der japanische Luftangriff auf Pearl Harbour in Hawaii bildet den Schluss von *Verdammt in alle Ewigkeit* (Originaltitel: *From here to eternity*). Dabei wird die Hauptfigur, der Soldat und Boxer Prewitt, gespielt von Montgomery Clift, aus Versehen von einer Streife erschossen – stirbt also keineswegs einen soldatischen Heldentod. Von seinem sportlich ehrgeizigen Kompaniechef dazu ausersehen, sollte Prewitt den sportlichen Glanz der Garnison aufpolieren. Doch da Prewitt sich aus persönlichen Gründen weigert, wird er systematisch schikaniert. Hier gilt der in amerikanischen Filmen oft drastisch dargestellte Kasernen-drill als »Hölle«.

In weiteren wichtigen Rollen spielten Burt Lancaster, Deborah Kerr und als »Loser« Frank Sinatra. Anfang der 1950er-Jahre sorgte auch die wellenumspülte Erotik zwischen Burt und Deborah für Auf-sehen – Sergeant Milton Warden (Lancaster) hat ein Verhältnis mit der Frau seines Vorgesetzten, Karen Holmes, gespielt von Deborah Kerr, und trifft sich in einer für die damalige Zeit gewagten Szene mit ihr am Strand. 1954 erhielt der Film acht Oscars.

Die Faust im Nacken

Der amerikanische Film von Elia Kazan aus dem Jahr 1954 mit Mar-lon Brando, Karl Malden und Rod Steiger beruht auf wahren Bege-benheiten und gilt als einer der besten Filme aller Zeiten. Es geht um das Aufbegehren des von Brando gespielten jungen Hafenarbei-ters Terry Malloy, der in New York gegen die korrupte und gewalt-tätige Gewerkschaft vorgeht, der er zwangsweise angehören muss. Nachdem er unwissend an der Ermordung eines jungen Kollegen mitschuldig geworden ist und sich in dessen Schwester verliebt hat, schwankt er zwischen »falscher« Solidarität zu Arbeiterkollegen und Gewerkschaft und seinem Vorhaben, vor Gericht auszusagen, was ihm von den Gewerkschaftsbossen als Verrat ausgelegt wird – mit dementsprechenden Konsequenzen für ihn.

Der historische Hintergrund bezieht sich auf die amerikanische Transportarbeiter-Gewerkschaft. Diese unterhielt auch Beziehun-gen zum organisierten Verbrechen. Die Auseinandersetzungen zwi-schen amerikanischer Justiz und der Gewerkschaft erreichten ihren Höhepunkt während der Kennedy-Jahre. Der amerikanische Origi-naltitel des Films lautete *On the Waterfront*.

Stadt in Angst

ist der deutsche Titel des amerikanischen Films *Bad day at Black Rock* (1955), in dem Spencer Tracey einen einarmigen Fremden spielt, der in der amerikanischen Kleinstadt Black Rock kurz nach dem Ende des Zweiten Weltkriegs einen Lynchmord an einem aus

Japan stammenden Einwohner aufklären will. Unter der Führung des einflussreichen Ranchers Reno Smith war die ganze Stadt an dem aus Fremdenhass begangenen Mord beteiligt. Um die Tat zu vertuschen, boykottieren die Leute von Black Rock den einarmigen Fremden in immer bedrohlicherer Weise.

... denn sie wissen nicht, was sie tun

Gelangweilte und verwöhnte Jugendliche, denen positive und starke männliche Vorbilder fehlen, neigen zu halbstarken Ersatzhandlungen und grundlosem Rowdy- und Rebellentum: Sie sind *Rebels without a cause*, wie der Originaltitel dieses Films von 1955 mit James Dean in der Hauptrolle lautet. Dean war die ideale Verkörperung eines solchen haltlosen Mittelschichtsjungen, der sich aus Imponiergehabe auf Mutproben wie Autorennen einlässt, das für einen von ihnen tödlich endet. Die Grundlage für den Film bildete eine soziologische Studie, deren erzählerisches und dramatisches Potenzial der Regisseur Nicholas Ray erkannte. Der deutsche Filmtitel geht zurück auf die Kreuzigungsszene Jesu bei Lukas (23, 34), in der Jesus bittet »Vater vergib ihnen, denn sie wissen nicht, was sie tun«.

High Society

Die Formulierung wurde in Deutschland nach dem Krieg durch den gleichnamigen amerikanischen Film geläufig. Der deutsche Titel lautete *Die oberen Zehntausend*. In dem Film aus dem Jahr 1956 geht es um eine sehr aristokratische junge Dame, gespielt von Grace Kelly, die unmittelbar vor ihrer zweiten Heirat merkt, dass sie ihren ersten Mann, gespielt von Bing Crosby, immer noch liebt. Die beiden singen das für diesen Musikfilm komponierte *True Love* (Oscar-Nominierung für den besten Filmsong für Cole Porter). Louis Armstrong spielt in dem Film sich selbst und singt bei einem Jazz-Festival, das Teil der Handlung ist, *High Society*. Auch Frank Sinatra hat eine wichtige Nebenrolle und mehrere musikalische Auftritte. Es handelt sich also um einen Musicalfilm, einen der besten seiner Zeit. Die Musik stammt hauptsächlich von Cole Porter. Es war der letzte Film mit Grace Kelly, bevor sie Fürstin von Monaco wurde.

Noch einmal mit Gefühl

In einer 1959 entstandenen Filmkomödie mit dem amerikanischen Titel *Once more, with feeling* spielt Yul Brynner den Orchesterdirigenten Victor Fabian, der seine Frau Dolly (Kay Kendall) regelmäßig betrügt. Eine Zeitlang sieht Dolly über die Affären ihres Mannes hinweg, droht ihm aber schließlich doch damit, den Heiratsantrag eines anderen anzunehmen. Nach einer verwickelten »Scheidung« besinnt sich Victor eines Besseren und wendet sich wieder liebevoll seiner Frau zu. Der mit viel klassischer Musik aufgeladene Film basiert auf einem Bühnenstück von Harry Kurnitz (1908–1968). Der Titel bezieht sich auf die Dirigieranweisung bei den Orchesterproben.

Es war der letzte Film mit Kay Kendall, die während der Dreharbeiten bereits todkrank war und drei Monate später an Krebs starb.

Manche mögen's heiß

lautet die originalgetreue Übersetzung von *Some like it hot*, der umwerfenden Filmkomödie aus dem Jahr 1959 von Billy Wilder mit Marilyn Monroe, Tony Curtis und Jack Lemmon. In der an Turbulenzen, Verwechslungen und Verkleidungen überreichen Handlung fliehen zwei Jazz-Musiker, die unfreiwillig Zeugen des (historischen) Valentinstag-Mafia-Massakers 1929 in Chicago wurden, in Panik und – um nicht erkannt zu werden – in Frauenkleidern als Josephine (Tony Curtis) und Daphne (Jack Lemmon) quer durch die USA nach Florida. Beide heuern in einer Damenkapelle an und beide »Damen« verlieben sich in Sugar (Marilyn Monroe), die Sängerin der Kapelle, die unter anderem den Klassiker *I want to be loved by you* singt.

Jede Szene und fast jede Dialogzeile enthält funkensprühende Pointen und keine banalen Witze. Angesichts der Grundanlage des Plots und der vielen unerwarteten Wendungen der Handlung geht es wirklich heiß her wie bei Menschen, die ständig vom Regen in die Traufe kommen. Der Film gilt zu Recht als die beste amerikanische Filmkomödie aller Zeiten.

Es handelt sich übrigens um ein Remake des Films *Fanfaren der Liebe* des in den 1950er-Jahren sehr erfolgreichen Regisseurs Kurt Hoffmann aus dem Jahr 1951, damals mit Dieter Borsche und Georg Thomalla sowie Inge Egger in den drei Hauptrollen und mit Grethe

Weiser in der Rolle der Leiterin der Damenkapelle. Auch 1935 gab es bereits eine französische Verfilmung mit dem Titel *Fanfare d'amour,* die auf einer englischen Lustspielvorlage basierte.

Psycho

Der Titel des vermutlich bekanntesten Filmes von Alfred Hitchcock (1960) wurde in der saloppen Alltagssprache zum Inbegriff bedrohlicher Situationen, die von einem gefährlich neurotischen Menschen ausgehen. Der stets labil wirkende, damals 27 Jahre alte Schauspieler Anthony Perkins spielt in diesem Film Norman Bates, einen schizophrenen Mörder und Besitzer eines abgelegenen Motels, der eine junge Frau, die auf der Durchreise ist und zufällig in dem Motel landet, unter der Dusche ermordet. Dies ist eine der berühmtesten Szenen der Filmgeschichte: Man sieht zwar den Kampf, aber nicht direkt die Agonie des Opfers. Der suggestive Höhepunkt des Grauens ist erreicht, als das mit immer mehr Blut vermischte Wasser in den Abfluss rinnt. Bates hat von seiner Mutter als Junge einen Abscheu vor »schmutzigem« Sex eingeimpft bekommen und sie Jahre später mit ihrem Liebhaber ermordet. Danach hat er ihre Leiche mumifiziert und seitdem mit ihr gelebt. Hitchcocks Film basiert auf dem gleichnamigen Roman des Science-Fiction-, Fantasy- und Krimi-Autors Robert Bloch (1917–1994), der ein Jahr zuvor erschienen war.

Dolce vita

Dass das »süße Leben« die reichen und schönen Kaffeehaus- und Partygänger auch nicht glücklicher macht als andere, zeigt der hochkarätige Paparazzi-Film *La dolce vita* von Federico Fellini (1920–1993) aus dem Jahr 1960. Marcello Mastroianni spielt darin den Boulevard-Journalisten Rubini, der bei seinen – vorwiegend nächtlichen – Streifzügen entlang der Via Veneto, stets von sensationshungrigen Fotografen begleitet wird – für die Fellini damals übrigens den Begriff *Paparazzi* erfand, weil sie ihn an umherhüpfende Spatzen (italienisch: *passerotti*) erinnerten. Rubini kann sich nicht entscheiden zwischen dem oberflächlichen Glamour seiner Berufswelt und der Häuslichkeit seiner Freundin beziehungsweise seinen eigenen, eigentlich ernsthaften schriftstellerischen Ambitionen. *La dolce vita* enthält eine der berühmtesten Filmszenen überhaupt, das nächtliche Bad der blonden Anita Ekberg im Trevi-Brunnen in Rom.

Scheidung auf Italienisch

Divorzio all'italiana (1961) mit Marcello Mastroianni basiert auf der Tatsache, dass Ehescheidungen im katholischen Italien bis 1970 gesetzlich nicht erlaubt waren. Ein sizilianischer Baron treibt in dieser Tragikomödie seine Ehefrau, die er loswerden will, einem Liebhaber in die Arme. Für seinen »Mord aus Eifersucht« bekommt er nach den damaligen Gesetzen eine milde Strafe von achtzehn Monaten Gefängnis. Danach heiratet er seine junge Geliebte.

Für sein witziges und ideenreiches Drehbuch erhielt der Autor des Stoffs, Ennio De Concini, 1963 den Oscar.

Für eine Handvoll Dollar

aus dem Jahr 1964 war das Gründungswerk des Genres »Italo-Western«, auch »Spaghetti-Western« genannt, von Sergio Leone (1929–1989). Clint Eastwood spielt darin den einsamen Revolverhelden Joe, der sich gleichzeitig von zwei rivalisierenden Gangsterfamilien in einem Dorf an der amerikanisch-mexikanischen Grenze gegen ansehnliche Bezahlung – deutlich mehr als eine Handvoll Dollar – engagieren lässt. Er verspricht beiden, ihre jeweiligen Gegner in Schach zu halten. Als dieses doppelte Spiel auffliegt, wird es eng für Joe.

Clint Eastwoods Gage betrug lediglich 15 000 Dollar, aber dieser Film war der Beginn seiner Weltkarriere. (Andere Stars, die ursprünglich vorgesehen waren, hatten deutlich mehr Geld verlangt.) Die weibliche Hauptrolle spielte übrigens Marianne Koch und auch alle anderen Darsteller waren Europäer. Gedreht wurde in Italien, Spanien und Deutschland. Die für Italo-Western charakteristische Musik komponierte Sergio Leones Klassenkamerad Ennio Morricone (*1928), der auch für viele weitere Italo-Western legendär gewordene Soundtracks lieferte und insgesamt für circa 500 Filme die Musik schrieb.

What's new, Pussycat?

Die Filmkomödie aus dem Jahr 1965 glänzte mit einer Starbesetzung: Peter Sellers, Peter O'Toole, Romy Schneider, Ursula Andress und – Woody Allen. Es war das erste verfilmte Drehbuch von Woody Allen unter der Regie von Clive Donner. Der von Burt Bacharach komponierte Titelsong *What's new Pussycat?* wurde vom »Tiger« Tom Jones gesungen und 1966 für den Oscar nominiert. In der turbulenten Filmhandlung im frühen Woody-Allen-Stil geht es um zwei Frauenhelden, die von ihren Geliebten einem gagreichen Treuetest unterzogen werden.

Ursprünglich sollte der Film- und Frauenheld Warren Beatty die Hauptrolle spielen, denn der Filmtitel beruht darauf, dass er sich privat mit diesem Satz am Telefon zu melden pflegte. Das Drehbuch von Woody Allen entfernte sich aber von der ursprünglichen Idee. Die Handlung wurde darin turbulenter, und Beattys Rolle war nicht mehr so dominant wie eigentlich vorgesehen. Das Drehbuch des damals noch wenig bekannten Allen wurde akzeptiert, Beatty schied aus der Produktion aus. Die beiden arbeiteten nie wieder zusammen.

Leichen pflastern seinen Weg

Verarmte, zu Gesetzlosen herabgesunkene Dorfbewohner, die von Kopfgeldjägern brutal drangsaliert werden, heuern einen stummen Rächer namens Silence (Jean-Louis Trintignant) an, der diese Kopfgeldjäger »in Notwehr« erschießt. Sein Weg ist von Leichen gepflastert. Er spielt also sozusagen den Rächer der Enterbten. Im Finale kommt es zur Konfrontation mit Loco (Klaus Kinski), dem Gerissensten der Kopfgeldjäger. Auch dessen Weg ist natürlich ...

Der düstere »Western« von 1968 spielt im amerikanischen Bundesstaat Utah, wurde aber unter der Regie von Sergio Corbucci in den Südalpen, den Abruzzen und in Studios in Rom (»Italo«) gedreht und ebenfalls mit der eindrucksvollen Musik von Ennio Morricone unterlegt. Von Corbucci stammt auch der Film *Django* (s. S. 62).

Der diskrete Charme der Bourgeoisie

Die Dekadenz und innere Korruptheit der bürgerlichen Gesellschaft darzustellen war das Hauptthema des 1972 entstandenen Films des spanischen Regisseurs Luis Buñuel (1900–1983). Mit der im französischen Original gleichlautenden ironischen Formulierung soll genau das zum Ausdruck gebracht werden. Und wenn es heute um dieses Thema geht, wird der Filmtitel häufig wie ein Stichwort zitiert.

Das etwas surrealistische Filmkunstwerk, unter anderen mit Michel Piccoli, schildert vordergründig die sinnentleerten Rituale einiger Angehöriger des gehobenen Bürgertums, die sich zu einem Essen verabredet haben, zu dem es aber nie kommt, und zeigt hintergründig die traumatisierten Psychen der Teilnehmer.

Was Sie schon immer über Sex wissen wollten, aber bisher nicht zu fragen wagten

ist die genaue Übersetzung des Originaltitels der Komödie von Woody Allen (*1935) *Everything you always wanted to know about sex, but were afraid to ask*. Der Film ist wiederum eine »Verfilmung« des seinerzeit populären Sexualkundebuches des amerikanischen Arztes Dr. David Reuben mit demselben Titel. Entsprechend des nach Fragen aufgebauten Buches (»Was ist Sodomie?« oder »Was geschieht bei der Ejakulation?«) werden verschiedenartige Episoden gezeigt, die das Thema erzählerisch behandeln. Der Film ist eine Satire auf die Sexwelle jener Jahre.

Szenen einer Ehe

Das mittlerweile legendäre Ehezerrüttungsdrama hat der schwedische Regisseur Ingmar Bergman (1918–2007) aufgrund persönlicher Erfahrungen mit einer seiner Gattinnen inszeniert. Im Film spielen Liv Ullmann und Erland Josephson eine Rechtsanwältin und einen Naturwissenschaftler um die vierzig, deren »Musterehe« nach zehn Jahren zerfällt. Die Auseinandersetzungen und Teilversöhnungen, diese »Szenen einer Ehe«, sind zum Synonym für partnerschaftliche Zerfallsprozesse geworden – auch außerhalb des privaten, häuslichen Bereichs. So gibt es auch in der Politik beispielsweise »Szenen« in Koalitionsehen.

Das große Fressen

Wenn opulent gespeist wird, ist seit dem Erscheinen des Films *La Grande Bouffe* (1973) häufig vom »großen Fressen« die Rede. In dem drastisch-schockierenden Film fressen sich die vier wohlhabenden Freunde Michel Piccoli, Marcello Mastroianni, Ugo Tognazzi und Philippe Noiret in Gesellschaft einiger Prostituierter und der später hinzugekommenen Andrea Ferréol an einem Wochenende vorsätzlich und buchstäblich zu Tode.

Der Marathon-Mann

Ein von Dustin Hoffman gespielter jüdischer amerikanischer Student, der nebenbei für den Marathonlauf trainiert, wird in New York durch Zufall in eine Affäre um den untergetauchten, teuflischen ehemaligen KZ-Arzt Szell (Laurence Olivier) verwickelt. Als er in Szells Gewalt gerät, gelingt ihm die Flucht – dank seiner guten Marathon-Laufkondition. Der Filmtitel wurde als sprachlich flottere Version im Gegensatz zum »Langstreckenläufer«, bei dem man immer gleich an Einsamkeit denkt, zu einem personenbezogenen Synonym für Durchhaltevermögen.

Star Wars – Krieg der Sterne

Dieses moderne Science-Fiction-Märchen aus dem Jahr 1977, das paradoxerweise in einer grauen Vorzeit spielt, wurde von George Lucas (*1944), einem der großen Mythenmeister der Gegenwart, ersonnen. Es wuchs zu einer mehrteiligen Saga. Eine der Fortsetzungen trägt den ebenfalls zur Redewendung gewordenen Titel **Das Imperium schlägt zurück** (*The empire strikes back*, 1980). Bekannte Hauptfiguren dieses gigantischen Märchenzyklus in den riesigen galaktischen Welten sind der jugendliche Held Luke Skywalker, sein Gegenspieler, der böse schwarze Ritter und Imperator Darth Vader, der Jedi-Meister Obi-Wan Kenobi, und natürlich darf eine unschuldige hübsche Prinzessin auch nicht fehlen.

»Star Wars« wurde zu einem modernen Inbegriff des ewigen mythischen Kampfes zwischen Gut und Böse und etwas scherzhaft zur Bezeichnung für das von Präsident Ronald Reagan vorangetriebene SDI-Raketenprogramm, mit dem in der Schlussphase des Rüstungswettlaufs des Kalten Krieges die Sowjetunion in die Knie gezwungen werden sollte. In den *Star-Wars*-Filmen werden verschiedene Formen politischer Herrschaft durchgespielt. Allerdings geht es hier gleich um ganze Sternensysteme mit 100 000 Lichtjahren Durchmesser und Millionen von bewohnbaren Planeten.

Unheimliche Begegnung der dritten Art

Der zweite große Schöpfer moderner Kino-Mythen ist Steven Spielberg (*1946). *Unheimliche Begegnung der dritten Art* erschien 1977, also im gleichen Jahr wie *Star Wars,* und sollte ursprünglich *Watch the Skies* (Behaltet den Himmel im Auge) heißen. Der Titel, unter dem der Film dann lief, geht auf den wissenschaftlichen Berater des Filmprojekts, Dr. J. Allen Hynek (1910–1986), zurück. Dieser Astrophysiker hatte sich in den 1950er-Jahren im Regierungsauftrag mit der UFO-Forschung beschäftigt und die Sichtung von außerirdischen UFO-Insassen als »CE-3« = *Close Encounter of the 3rd kind* (Nahbegegnung der dritten Art) klassifiziert. Die von ihm eingeführte Klassifizierung von Begegnungen mit UFOs und Außerirdischen beginnt mit »Nächtliche Lichterscheinung« und endet mit CE-4 und CE-5 = Entführung durch Außerirdische beziehungsweise Kontaktaufnahme mit ihnen. In Spielbergs Film geht es um die Landung eines Raumschiffs auf einem Berg in Wyoming, nachdem es zuvor schon allerlei mysteriöse Anzeichen für die Anwesenheit von Außerirdischen an verschiedenen Orten des Globus gegeben hat.

»Unheimliche Begegnung der dritten Art« ist mittlerweile ein flotter Spruch geworden, wenn jemand zum Ausdruck bringen will, dass ihm etwas unheimlich ist – besonders, wenn ihm jemand über den Weg gelaufen ist, der ihm unheimlich oder unangenehm war, wie etwa die sprichwörtliche Schwiegermutter oder neuerdings der katholische Landschulheimerzieher.

Das obskure Objekt der Begierde

Dieses obskure Objekt der Begierde, der Titel des letzten Films des spanisch-französischen Regisseurs Luis Buñuel von 1977, prägte sich nach dessen Erscheinen sogleich redensartlich ein. Das Objekt der Begierde ist in dem Film weder ein Paar Gucci-Schuhe für die Damen noch ein iPhone für die Herren, sondern die spanische Hausangestellte Conchita, die sich dem alternden Geschäftsmann (Fernando Rey), der sie eingestellt hat, verweigert und plötzlich aus dem Haus verschwindet. Immer wieder läuft und reist er ihr nach. Beim »Objekt der Begierde« handelte es sich ursprünglich also um fehlgeleiteten Liebeswahn.

Ein Mann für gewisse Stunden

Dieser Filmtitel wurde im Deutschen genauso redensartlich wie der amerikanische Originaltitel *American Gigolo* (1980) im englischen Sprachgebrauch. Richard Gere spielt in diesem Film einen Luxus-Callboy in den gehobenen Kreisen von Los Angeles.

Zeit der Zärtlichkeit

Der vielfach preisgekrönte Film (Oscars, Golden Globes) aus dem Jahr 1983 zeigt auf unsentimentale Weise und ohne Rückgriff auf ein junges romantisches Liebespaar, wie sehr widerspenstige Partner ihre Gefühlspanzer durchbrechen, echte Zuneigung (englisch *endearment*) füreinander entwickeln und zu neuer Lebenslust finden.

Shirley MacLaine als verhärmte Witwe und dominante Mutter und Jack Nicholson als ruppiger und alkoholsüchtiger Ex-Astronaut sind eigentlich ganz und gar nicht füreinander geschaffen. Wie sie gegen viele innere Widerstände aufeinander zugehen und sich durch die Macht der Liebe verwandeln, ist ein uraltes literarisches »Metamorphosen«-Thema. Die eigenwillige deutsche Formulierung des Filmtitels wird gern zitiert, wenn von solchen widerspenstigen Annäherungen die Rede ist. (Der amerikanische Originaltitel *Terms of Endearment* bedeutet eigentlich »Koseworte«.) Der Film ist die kongeniale Verfilmung des gleichnamigen Buches von Larry McMurtry (*1936), einem anerkannten amerikanischen Schriftsteller, der auch das Drehbuch zu einem anderen Film über subtile Zärtlichkeiten schrieb, *Brokeback Mountain*, für den er 2006 einen Oscar erhielt.

Dirty Dancing

wird mit – hochsprachlich – »vulgärer Tanzstil« etwas unzureichend übersetzt. Gemeint ist, dass auf anzügliche Weise der Unterleib bewegt wird, wie es die Hauptfigur dieses Films, Johnny Castle, verkörpert von Patrick Swayze, perfekt vormacht. Er stammt aus einfachen Verhältnissen, arbeitet als Tanzanimateur in einer Feriensiedlung und setzt ansonsten seine Virilität bei Frauen ein, die ihn ihre Zimmernummer wissen lassen. Er trifft auf die Arzttochter Frances (»Baby«), die von dieser Art von Erwachsenensex noch keine Ahnung hat. Sein Tanzstil gefällt ihr aber und sie ist bereit zu lernen. Boy meets girl. Eine Nebenhandlung um eine ungewollte Schwangerschaft bei einem anderen Mädchen sorgt für Missverständnisse und Dramatik. Am Schluss tanzen Johnny und Baby zu *I've had the time of my life*. Dafür ging der Oscar des Jahres 1987 für den besten Filmsong an seine drei Komponisten F. Previte, J. DeNicola und D. Markowitz. Auch *She's like the wind* wurde extra für den Film geschrieben und von Swayze gesungen. Der Discofilm, der nicht in einer Disco spielt, war der Kassenknüller des Jahres 1987.

Houston, wir haben ein Problem

Apollo-13-Astronaut John Leonard Swigert (1931–1982) meldete am 14. April 1970 aus über 300 000 Kilometern Entfernung an das Kontrollzentrum der NASA in Houston: »He, ich glaube, wir hatten da gerade ein Problem.« Das »Problem« bestand darin, dass ein Sauerstofftank explodiert war, was auch einen weiteren Sauerstofftank beschädigt hatte. Auf Nachfrage aus dem Kontrollzentrum bestätigte Kommandant James Lovell kurz darauf: »Houston, wir haben ein Problem.« Die geplante Mondlandung konnte nicht mehr durchgeführt werden und das havarierte Raumschiff mit drei Mann Besatzung wurde nach einer Mondumrundung in einer dramatischen improvisierten Rettungsaktion zur Erde zurückgebracht.

Der historisch verbürgte, im Funkverkehr zwischen Houston und Apollo 13 aufgezeichnete Satz ist natürlich auch die zentrale Aussage in dem Spielfilm *Apollo 13* mit Kevin Bacon als Swigert und Tom Hanks als Kapitän Lovell aus dem Jahr 1995 und prägte sich unauslöschbar ins Gedächtnis ein. Mittlerweile wird auch im Alltag

die Erörterung von schwerwiegenden Problemen gerne mit dieser
Floskel eingeleitet.

Titanic

Der tragische Untergang des seinerzeit größten und luxuriöses-
ten Schiffes der Welt auf seiner Jungfernfahrt nach der Kollision
mit einem Eisberg wurde dem Kinopublikum 1997 durch den auf-
wendigen Hollywoodfilm mit Leonardo DiCaprio und Kate Winslet
in den Hauptrollen nachhaltig in Erinnerung gerufen. Schon der
historische *Titanic*-Untergang am 14. April 1912, zwei Jahre vor
Ausbruch des Ersten Weltkriegs, bei dem rund 1500 von 2200 Personen an Bord umkamen, galt als Fanal für das Ende einer Epoche,
die von Fortschrittsglauben und Luxussucht geprägt war. Der Film
von Regisseur James Cameron erhielt elf Oscars und wurde als erfolgreichster Film erst 2009 von *Avatar* übertroffen, ebenfalls von
James Cameron.

Der Pferdeflüsterer

Bereits der dem Film zugrundeliegende, 1995 erschienene Roman
von Nicholas Evans (*1950) war ein bemerkenswerter Bucherfolg,
die Verfilmung von 1998 von und mit Robert Redford als einfühl-
samem Pferdeflüsterer Tom Booker machte das Sujet einem noch
breiteren Publikum bekannt. Booker »therapiert« ein durch einen
Unfall schwer traumatisiertes, äußerst scheu gewordenes Reitpferd.
Auch das Mädchen, das bei dem Unfall ein Bein verlor, schöpft im
Laufe der Behandlung wieder neuen Lebensmut. Der Titel wurde, auch in Abwandlungen, zum Kurzbegriff für einen einfühlsa-
men Menschen, insbesondere in der Variante »Frauenflüsterer«.
Eine große deutsche Tageszeitung nannte in ihrer Ausgabe vom
30.11.2010 den Schweizer Tennis-Profi Roger Federer »Ballflüste-
rer«.

Deutschsprachige Filmtitel, die zu Redewendungen wurden

Menschen, Tiere, Sensationen

In dem Zirkusfilm von 1938 spielte der Regisseur Harry Piel (1892–1963) selbst die Hauptrolle und ließ sich auch bei den Vorführungen mit Löwen und Tigern nicht doubeln. Der umtriebige Regisseur hatte seit der Stummfilmzeit bereits an die hundert Filme gedreht, darunter etliche Abenteuer- und Dschungelfilme (aber auch die – dritte erfolglose – Verfilmung vom *Schwarzwaldmädel*). Nach dem Krieg wurde Piel, der Mitglied der NSDAP und Fördermitglied der SS gewesen war, entnazifiziert. Der Filmtitel ist vielen durch die Nachkriegszirkusshow in Berlin in Erinnerung geblieben und wurde quasi zu einem wohlklingenden Synonym für »Zirkus«. Die Aneinanderreihung der Substantive war übrigens auch Vorbild für den Sachbuchtitel ›Götter, Gräber und Gelehrte‹.

Serengeti darf nicht sterben

Der 1959 entstandene Film von Bernhard Grzimek (1909–1987) und seinem Sohn Michael (1934–1959) erhielt 1960 den Oscar für den besten Dokumentarfilm. Es war der erste Nachkriegs-Oscar für einen deutschen Film überhaupt. Michael Grzimek war kurz vor Abschluss der Dreharbeiten bei einem Flugzeugabsturz in Tansania umgekommen. Der Frankfurter Zoodirektor Bernhard Grzimek stellte den Film nach dem Tod seines Sohnes alleine fertig. Er war damals schon durch seine Fernsehsendung *Ein Platz für Tiere* sehr bekannt. Der Film *Serengeti darf nicht sterben* wies auf Fehlentwicklungen bei der Einrichtung des Serengeti-Nationalparks in Tansania hin. Unter anderem waren die Wanderungen der Wildtierherden im Ngorongoro-Krater, einem der letzten Wildtierparadiese Afrikas, falsch eingeschätzt worden. Ein Teil der Serengetisteppe sollte daher abgetrennt und den Massai zur Weide- und Agrarnutzung zugesprochen werden – womit nach Meinung der Grzimeks der Park zu klein geraten wäre. »Serengeti darf nicht sterben« wurde mittlerweile zu einem Synonym für den Wildtierschutz, insbesondere in Afrika.

Charleys Tante

wird verkörpert vom Schlagersänger Peter Alexander. Er spielt in diesem Film aus dem Jahr 1963 einen österreichischen Diplomaten, der als »Anstandsdame« in Frauenkleidern auftritt und prompt von zwei älteren Herren umworben wird. Der Titel des Films von Géza von Cziffra wurde im deutschsprachigen Bereich zum Kryptonym für Transen-Klamauk. Zeitlich zwischen *Manche mögen's heiß* (1959, s. S. 45) und *Tootsie* (1982) angesiedelt, steht *Charleys Tante* allerdings im Gegensatz zu den beiden amerikanischen Filmen auf bodenlosem Niveau.

Zur Sache, Schätzchen

von May Spils (*1941) war die komödiantischste Version der Aufbruch- und Umbruchstimmung während der 68er-Zeit in Deutschland und insbesondere in München, Schwabing, wo der Film spielt. Werner Enke gibt darin den echt coolen jungenhaften Schlagertexter Martin, den nichts aus der Fassung bringt. Sogar als er aufgrund eines Missverständnisses von spießerhaft auftretenden Polizeibeamten verfolgt wird, ist er die Ruhe selbst. Uschi Glas spielt seine Freundin, mit der er immer »fummeln« will, eine Sprachneuschöpfung in diesem Zusammenhang. (Dementsprechend hieß die Fortsetzung des überaus erfolgreichen *Schätzchen*-Films *Nicht fummeln, Liebling.*) Auch Martins ständig wiederholter Spruch »Es wird böse enden« war damals in aller Munde. May Spils (eigentlich Maria-Elisabeth Maier-Spils) war die Lebensgefährtin von Werner Enke (*1941). Sie erarbeiteten gemeinsam das Drehbuch.

Nicht der Homosexuelle ist pervers, sondern die Situation, in der er lebt

Der Dokumentarfilm von Rosa von Praunheim (*1942), der 1971 erschien, stand in der BRD am Anfang der Schwulenbewegung. Der nur auf den ersten Blick paradox wirkende Satz ist immer noch gültig und wird gelegentlich wie ein Wappenspruch oder Motto in einschlägigen Diskussionszusammenhängen zitiert. Der Filmtitel stammt aus einer soziologischen Studie des Frankfurter Sexualwissenschaftlers Martin Dannecker (*1942), die eine der Arbeitsgrundlagen des Films war. Dannecker wirkte darüber hinaus auch als Drehbuchautor mit. In nachgespielten Szenen werden für die Schwulenszene typische Figuren und Situationen dargestellt. Die Botschaft lautet, die Schwulen sollten sich nicht verstecken und kleinbürgerliche Beziehungsmuster nachahmen, sondern sich zu ihrer Homosexualität bekennen (»outen«) und sich nicht nur für Mode, Kosmetik, Damenschuhe und die eigene beschränkte Subkultur interessieren.

Lass jucken, Kumpel

Die derbe, in Bayern gedrehte »Ruhrpott-Sexkomödie« um ein promiskuitives Bergarbeiter-Ehepaar war einer der größeren Kinoerfolge des deutschen Films der damaligen Zeit (1972) und wurde zur Serie mit insgesamt fünf Nachfolgeprodukten ausgebaut; darunter das ebenfalls fast sprichwörtlich gewordene *Liebesgrüße aus der Lederhose*. Die angeblich ruhrdeutsche Aufforderung »Lass jucken« soll so viel wie »Jetzt komm rasch zum Ende« bedeuten. Die »Roman«vorlage stammt von Hans Henning Claer (1931–2002). Der Regisseur Franz Marischka, aus einer prominenten österreichischen Operetten- und Filmfamilie stammend, hatte in seinem Schaffen nie den Ehrgeiz, literarisch anspruchsvolle Stoffe zu verfilmen.

Angst essen Seele auf

»Angst essen ... auf« wird mittlerweile in vielerlei Zusammensetzungen verwendet, überraschenderweise auch gerne in Artikelüberschriften im Politik- und Wirtschaftsteil der deutschen Tageszeitungen (vor allem bei Börsennachrichten). Unter den vielen bekannten Filmtiteln von Rainer Werner Fassbinder (1945–1982) ist dieser in der Tat der einprägsamste. Brigitte Mira spielt darin 1974 eine verwitwete, vereinsamte Putzfrau, die den marokkanischen Gastarbeiter Ali heiratet (gespielt von El Hedi ben Salem, damals der Lebensgefährte Fassbinders). Das Wechselbad von Ablehnung und (geheuchelter) Akzeptanz im Umfeld des ungewöhnlichen Ehepaares und die nachfolgende gegenseitige Entfremdung führen bei Ali zu einem Magengeschwür, einer immer wiederkehrenden, typisch psychosomatischen Krankheit.

Filmfiguren, die zum Begriff wurden

Charlie Chaplin

entwickelte seit 1914 bei den Keystone Studios seine berühmte Filmfigur, den Tramp mit übergroßer Hose, übergroßen Schuhen zu kleiner Jacke und Melone. Die Keystone Studios waren auf Slapstick spezialisiert, legendär wurde etwa die chaotische Polizeitruppe »Keystone Cops« aus der Zeit des Ersten Weltkriegs. In dem einen Jahr bei Keystone entstanden 35 Charlie-Chaplin-Filme. In der Stummfilmzeit spielten die Namen von Figuren keine Rolle. So wurde Chaplins wirklicher Name die Bezeichnung für die von ihm wiedererkennbar verkörperte Filmfigur. Chaplin (1889–1977) wurde schon in jenem Jahr berühmt und wegen unersprießlicher Zusammenarbeit und zu geringer Gage endete der Keystone-Vertrag im selben Jahr.

Vom nächsten Arbeitgeber (der Essanay Film Manufacturing Company) wurde Chaplins Figur bereits vermarktet – woran Chaplin nicht beteiligt war. Beim übernächsten Studio hatte sich sein Gehalt im Vergleich zu den Anfängen bei den Keystone Studios bereits verzehnfacht. Chaplin war einer der bestbezahlten Schauspieler in der Zeit des Ersten Weltkriegs. 1919 gründeten Chaplin, die Schauspieler Douglas Fairbanks und Mary Pickford sowie der Regisseur D. W. Griffith die Filmverleihfirma United Artists. Um 1920 verwirklichte Chaplin, immer noch als »Tramp«, aber bereits als sein eigener Produzent, seinen ersten Lang-Stummfilm (53 Minuten) *The Kid*, ein großer Erfolg in 50 Ländern. Die nächsten Meilensteine, immer noch mit dem Tramp, waren *Goldrausch* (Stummfilm 1925, 72 Minuten), *Lichter der Großstadt* (Stummfilm 1931, 87 Minuten) und *Moderne Zeiten* (Stummfilm 1936, 87 Minuten), in dem die moderne Fließbandarbeit bissig karikiert wird. Chaplins erster Tonfilm war die Satire auf Hitler, Mussolini, Stalin und dergleichen: *Der große Diktator* von 1940, in dem er den Anton Hynkel (Adolf Hitler) spielt. Damit war die Ära des Tramps beendet.

Während der amerikanischen Kommunistenjagd unter dem Senator Joseph McCarthy als Kommunist verdächtigt, wurde Chaplin nach einem Aufenthalt in Europa die Wiedereinreise in die Vereinigten Staaten verwehrt. Er ließ sich am Genfer See nieder und arbeitete verbittert gegenüber seinem Heimatland nur noch gelegentlich als Regisseur in Europa.

Ähnlich wie Charlie Chaplin sind die großen Stummfilmkomiker mit den von ihnen geprägten Rollen unter ihrem Eigennamen bekannt: Buster Keaton mit seinem unbewegten Gesicht und der Wolkenkratzerfassadenkletterer Harold Lloyd.

Dick & Doof

Stan Laurel (1890–1965 »Doof«) und Oliver Hardy (1892–1957 »Dick«) sind als Komiker-Duo weltbekannt. In englischsprachigen Ländern kennt man das Duo allerdings als »Laurel and Hardy« oder »Stan and Ollie«. Beide hatten bereits etwa seit Ende des Ersten Weltkriegs als Filmschauspieler gearbeitet. Sie standen von 1926 bis 1951 in 106 Filmen gemeinsam vor der Kamera, 1926 erstmals rein zufällig. Der Produzent Hal Roach erkannte ihr »gemeinsames« Potenzial und bei ihm blieben sie bis 1940 unter Vertrag. Nach der Trennung von Roach begann der Abstieg, weil sie sich nun an Drehbücher halten mussten. Das Improvisieren vor der Kamera, bei Roach gang und gäbe, war nun nicht mehr möglich. Vor allem Stan Laurel hatte mit Ideen und Filmarbeit vor und hinter der Kamera (Regie, Schnitt) erheblich zu ihrem Erfolg beigetragen. Ein wesentlicher Teil der durchschlagenden humoristischen Wirkung der Dick-&-Doof-Komödien besteht darin, dass immer wieder ziemlich viel zu Bruch geht.

Tarzan

ist der Sohn von Lord Greystoke und dessen Frau, die von Meuterern an der afrikanischen Küste ausgesetzt werden und bald darauf sterben. Der Junge »Weiße Haut« (Tar-zan) wird von einer Gruppe Affen »adoptiert«. Tarzans Abenteuer wurden von dem Amerikaner Edgar Rice Burroughs (1875–1950) geschrieben und erschienen ab 1912 zunächst als Fortsetzungsroman in einer Heftchen-Zeitschrift und später auch in Buchform. Burroughs schuf außerdem Dutzende anderer Fantasy- und Science-Fiction-Geschichten.

Der Stoff wurde buchstäblich hundertfach verfilmt, erstmals schon 1918. Das berühmteste Zitat stammt aus dem ersten *Tarzan*-Film mit Johnny Weissmuller in der Rolle des Titelhelden (1932). Weissmuller war als Banater Schwabe János Weißmüller in Rumänien zur Welt gekommen und in den USA zum mehrfachen olympischen Goldmedaillensieger im Schwimmen geworden. In der Rolle des Titelhelden sagte er in *Tarzan, der Affenmensch* nicht mehr als »Tarzan! Tarzan!«, nachdem Jane sich vorgestellt und ihn nach seinem Namen gefragt hatte. Die berühmte »Dialog«-Szene wird im Volksmund oft mit »Ich Tarzan, du Jane« wiedergegeben.

Otto Normalverbraucher

1948 spielte Gert Fröbe in *Berliner Ballade,* einem der ersten deutschen Filme der Nachkriegszeit, einen heimgekehrten Soldaten, der sich nach dem Zusammenbruch in dem System der Zwangswirtschaft zurechtfinden muss. Das Wort »Normalverbraucher« geht auf das Lebensmittelkartensystem im Dritten Reich zurück, wo der »Normalverbraucher« eine Durchschnittszuteilung erhielt, also weniger als Schwerstarbeiter, Schwangere und Kriegsversehrte.

Der große Zampano

ist eine Hauptfigur aus Federico Fellinis Film *La strada*, 1954, gespielt von Anthony Quinn. Quinn verkörpert darin einen Kraftprotz und Schausteller, der um seine Brust gelegte Eisenketten sprengt und Eisen verbiegt, also das Unmögliche möglich macht. Außerdem wird er als großsprecherischer Angeber charakterisiert. Solche Typen nennt man »große Zampanos«.

Baby Doll

In dem Film von Elia Kazan aus dem Jahr 1956 gibt es eigentlich nur negative Charaktere: Einen bankrotten Baumwollmühlenbesitzer, dessen heimtückischen, aus Sizilien stammenden Geschäftspartner und die kindhaft-naive, geistig fast zurückgebliebene Frau des Baumwollmühlenbesitzers »Baby Doll«, gespielt von Caroll Baker, die für ihre Darstellung eine Oscar-Nominierung und einen Golden Globe als beste Nachwuchsdarstellerin gewann. Die sexuell völlig unerfahrene Baby Doll verfällt dem gerissenen Italiener und verrät ihm, dass ihr Mann aus Wut dessen neue Baumwollmühle in Brand gesteckt hat.

Der Film *Baby Doll – Begehre nicht des anderen Weib* beruht auf einem Theaterstück von Tennessee Williams (1911–1983), der auch das Drehbuch verfasste. Dafür erhielt er ebenfalls eine Oscar-Nominierung. Kazan gewann für den Film den Golden Globe.

Der Name des sehr luftigen Kleidungsstücks »Babydoll« stammt von dem Rüschenhemdchen, das Caroll Baker in dem Film trägt, und »Baby Dolls« sind solche Kindfrauen.

007

James Bond ist eine moderne Verkörperung eines Gentlemans: ein Mann, der sich in jeder Situation zu helfen weiß, der sportlich und immer witzig und ironisch ist, außer, wenn er von Fäusten und Schusswaffen Gebrauch macht. Er erkennt die besten Champagner-, Rotwein-, Whisky- und Parfummarken schon am Duft (macht allerdings von Letzteren keinen Gebrauch). Er ist stets elegant gekleidet in maßgeschneiderten Anzügen und Schuhen, fährt die trendigsten Autos, und keine Frau kann ihm widerstehen. Schöngeistige Interessen pflegt er nicht.

Die von dem englischen Schriftsteller Ian Fleming (1908–1964) erfundene Romanfigur des englischen Geheimagenten James Bond wurde durch eine große Anzahl von Verfilmungen zum Weltbegriff. Fleming, der sich dem sehr englischen Hobby des »Birdwatching« (Vogelbeobachtung) widmete, verwendete den Namen eines amerikanischen Vogelkundlers, von dem er zufällig ein Buch gelesen hatte, weil ihm der Name »so gewöhnlich« und sehr »maskulin« vorkam.

Im Laufe der bislang auf über zwanzig Filme angewachsenen Filmreihe wurde 007 von verschiedenen Schauspielern verkörpert, am besten wohl von dem ersten Bond-Darsteller Sean Connery, erstmals in dem Streifen *James Bond jagt Dr. No* aus dem Jahr 1962. Zu den Bond-Filmen gehört ein speziell ausgestattetes Bond-Auto, ein Bond-Girl, ferner der englische Geheimdienstchef (später die Chefin) M, benannt nach dem Namenskürzel des ersten fiktiven

Geheimdienstchefs Miles Messervy, dessen Sekretärin Miss Money-
penny, die Bond anhimmelt, sowie Q, dessen Kürzel für (englisch)
Quartermaster steht, zu Deutsch Zeugmeister oder Waffenmeister.
Die Null-Null-Abteilung ist die Eliteabteilung des Geheimdienstes.

Django

reitet nicht durch die Italo-Western-Szenerie, sondern er kommt zu
Fuß. In einem Sarg zieht er sein Maschinengewehr hinter sich her.
Er bewegt sich durch eine triste, schmutzige, verregnete Landschaft
und verübt brutale Selbstjustiz – mit Dutzenden von Toten. Er ist
körperlich nicht unversehrt, denn seine Hände wurden ihm gebrochen. Im ersten Film von 1966 stellt Django sich im amerikanisch-
mexikanischen Grenzland als einsamer Rächer und Retter in der
Zeit nach dem amerikanischen Bürgerkrieg auf die Seite einer von
zwei rivalisierenden Verbrecherbanden terrorisierten Bevölkerung.
Django hat selbst im amerikanischen Bürgerkrieg gekämpft, und
während seiner Abwesenheit wurde seine Frau ermordet. Rache ist
nun sein einziger Daseinszweck. Django, gespielt von Franco Nero,
wurde von seinem Erfinder, dem italienischen Regisseur Sergio
Corbucci, bewusst als Anti-Westernheld konzipiert. Aber anders als
andere Antihelden und Rächer von Robin Hood bis Wilhelm Tell
hat Django kaum gewinnende Züge, die ihn irgendwie sympathisch
erscheinen lassen. Er ist ein düsterer, zynischer Charakter, ohne
Bindung an Gesetz und Konventionen, der brutal »aufräumt«. Das
ist der Inbegriff der Django-Figur, wenn sie im sprichwörtlichen
Vergleich genannt wird; manchen gilt sie als »cool«. Benannt hat
Corbucci seine Filmfigur nach dem Jazz-Gitarristen zigeunerischer
Abstammung Django Reinhardt (1910–1953).

Django erschien zwei Jahre nach dem Italo-Western-Gründungs-
werk *Für eine Handvoll Dollar* von Sergio Leone (s. S. 47) und war auf
dem europäischen Kontinent ein ausgesprochener Publikumserfolg,
nicht aber in England und den USA. *Django* wurde von anderen
Regisseuren und Produzenten vielfältig nachgeahmt, was so weit
ging, dass man ähnliche Filme einfach umtitelte oder bei billigen
Spaghetti-Western das Wort »Django« mit in den Titel aufnahm. Der
originellste Nachahmertitel war zweifellos *Django – Die Geier stehen*

Schlange – fast auch schon wieder eine Redewendung oder zumindest die Parodie einer Redewendung.

Von Corbucci stammt auch *Leichen pflastern seinen Weg* (s. S. 48).

Der Stadtneurotiker

ist der deutsche Titel von *Annah Hall* (1977) und einer der bekanntesten Filme von Woody Allen (*1935). Trotz seines vielgestaltigen Werkes kann man vielleicht sogar sagen, es ist »der« Woody-Allen-Film schlechthin. Allen spielt darin den intellektuellen, jüdischen, neurotischen Komiker Alvy Singer, der kein Glück bei Frauen hat – also sich selbst oder zumindest sein Filmselbst. Diane Keaton, Allens damalige Lebensgefährtin, spielt Annie Hall. Die beiden entwickeln eine Beziehung, die eher eine gegenseitige Gesprächstherapie ist. Die kaum vorhandene Handlung wird immer wieder von Rückblenden, direkten Zuschaueransprachen und Split-Screens unterbrochen, die das Bild in mehrere Bereiche unterteilen. Annie Hall ist in etwa so neurotisch wie Singer; wenigstens in dieser Hinsicht sind die beiden also auf der gleichen Wellenlänge.

Der Stadtneurotiker erhielt 1978 vier Oscars in den Kategorien Bester Film, Beste Regie, Bestes Drehbuch, Beste Hauptdarstellerin (Diane Keaton). Allen selbst wurde als Bester Hauptdarsteller nominiert. Außerdem gewann der Film fünf Golden Globes.

Alien

Seit Ridley Scotts (*1937) atemberaubendem Science-Fiction-Horrorfilm *Alien – Das unheimliche Wesen aus einer fremden Welt* aus dem Jahr 1979 bezeichnet man fremdartige (lateinisch *alienus*) und/oder besonders bösartige Geschöpfe in der englischen und deutschen Alltagssprache auch als »Aliens«. Es konnte nicht ausbleiben, dass das Wort auf widerwärtige und unberechenbare Menschen übertragen wurde.

Die Gestalt des Alien im Film ist ein Werk des Schweizer Designers und Malers Hansruedi Giger (*1940). Giger entwarf auch Schallplattencover und wirkte als Ausstatter an weiteren Filmen mit (zum Beispiel bei *Dune, Poltergeist II, Batman Forever*). Für das Alien erhielt er 1980 den Oscar für Beste visuelle Effekte. Im Film wurde das Alien von dem 2,18 Meter großen nigerianischen Tänzer und Choreografen Bolaji Badejo gespielt. Im ersten Drehbuchentwurf des Films hieß es noch »Starbeast«. Die Grundlage für die Handlung von *Alien* stammt aus einer Romanepisode des kanadischen Science-Fiction-Vielschreibers A. E. van Vogt (1912–2000). Das Alien, das die Mannschaft des Raumschiffs *Nostromo* auf seinem Weltraumflug versehentlich an Bord nimmt, ist seiner ganzen Struktur nach nichts anderes als ein überdimensionales tödliches Virus. Es wächst oder vermehrt sich im Körper seines Wirts und zerstört diesen schließlich. So ergeht es auch der Mannschaft der *Nostromo*. Lediglich die dritte Offizierin Ripley schöpft rechtzeitig Verdacht und kann als Einzige in einer Rettungskapsel entkommen. Hier spielte erstmals eine Frau in einem Science-Fiction-Actionfilm die Hauptrolle, und diese brachte Sigourney Weaver den Durchbruch zum Filmstar.

Blade Runner

Nach dem *Alien* drehte Ridley Scott seinen ersten Hollywoodfilm. Der »Blade Runner« Rick Deckard (Harrison Ford, meist im Trenchcoat) ist, wie andere Spezialpolizisten mit der gleichen »Dienstbezeichnung«, dafür zuständig, sogenannte Replikanten zu eliminieren, die im Jahr 2019 in das völlig heruntergekommene, verslumte, versmogte und überbevölkerte Los Angeles eingedrungen sind. Die Stadt wird als unwirtliche, beinahe leblose Zivilisationswüste aus Beton und Stahl dargestellt, die eine Atmosphäre struktureller Gewalt ausstrahlt. Die paranoide Blade-Runner-Atmosphäre ist durch den Film sprichwörtlich geworden. Es ist eine negative Utopie, die genaue Umkehrung vom historischen Bild der Stadt als einer Zivilisationsoase angesichts einer menschenfeindlichen, bedrohlichen Natur ringsum. Auch die mit Emotionen ausgestatteten Replikanten erweisen sich manchmal als menschlicher als die gefühllosen Menschen.

Die Replikanten sind von wirklichen Menschen kaum zu unterscheidende, auf der Erde hergestellte »Übermenschen«, die nur für den Arbeitseinsatz auf fernen Planeten gebaut werden und die Erde nicht betreten dürfen, was aber einigen von ihnen gelingt. Die schwere Unterscheidbarkeit von Mensch und Replikant erschwert

die Aufgabe des Blade Runners und erhöht die Spannung der Filmhandlung, zumal sich Deckard in eine der Replikantinnen verliebt.

Der Film basiert auf dem Roman *Träumen Androiden von elektrischen Schafen?* von Philip K. Dick (1928–1982), einem sehr pro-
duktiven Science-Fiction-Autor, der erst durch diesen Film, dessen
Uraufführung er nicht mehr erlebte, postum literarische Anerkennung fand. Die Titelformulierung stammt von dem gleichnamigen
Science-Fiction-Roman aus dem Jahr 1974 von Alan E. Nourse
(1928–1992), in dem es um »Klingenschmuggler«, Schwarzhändler
für medizinische Produkte, geht, der aber ansonsten nichts mit dem
Film und der Filmhandlung zu tun hat. *Blade Runner* war zunächst
kein besonderer Publikumserfolg, sondern entwickelte sich erst allmählich zum Kultfilm.

Rambo

Sylvester Stallone, schon durch *Rocky* (1976) als Muskelmaschine
und Mann der Faust ausgewiesen, verkörpert in allen drei Ausga-
ben der *Rambo*-Trilogie den hochdekorierten Vietnam-Veteranen
John Rambo, der in der amerikanischen Heimat verkannt und als
Verbrecher gejagt wird und mitten in den Vereinigten Staaten einen
(Zivilisations-)Dschungelkrieg auf eigene Faust beginnt. Stallones
Muskelmasse prägte das Bild der aktuellen sprichwörtlichen Version eines wortkargen Einzelkämpfers mit Durchschlagsvermögen
für die für infantile Allmachtsfantasien empfänglichen männlichen
Zuschauermassen. (Laut *Duden* ist »Rambo« ein Synonym für »bru-
taler Kraftprotz«.)

Der Film beruht auf dem Roman *First Blood* (erschienen 1972) des
kanadisch-amerikanischen Literaturwissenschaftlers und erfolgreichen Autors David Morell (*1943), der durchaus kritisch das Schicksal traumatisierter, entwurzelter Vietnam-Veteranen thematisiert,
denen die Wiedereingliederung in die amerikanische Gesellschaft
schwerfällt und schwer gemacht wird. Im Vergleich zum Buch ist
Rambo allerdings, nicht zuletzt durch den Einfluss Stallones, vom
Killer und Polizistenmörder zum Faustkämpfer ohne Waffen und
überlegenen Guerillakrieger »abgemildert«.

E. T.

ist die Abkürzung für englisch *Extra-Terrestrial* = Der Außerirdische. Der Titel dieses Films von Steven Spielberg (*1946) wurde ganz im Gegensatz zum »Alien« ein Synonym für den sympathischen Außerirdischen. Der kleine, schildkrötenartige E.T., der sich auf die Erde verirrt hat, freundet sich mit den Kindern einer amerikanischen Durchschnittsfamilie an, wird von ihnen vor den Nachstellungen der Regierung beschützt, erkrankt aber tödlich an Heimweh (»nach Hause telefonieren«) und wird in einem dramatischen Finale von einem endlich zurückgekehrten Raumschiff gerettet. Die herzzerreißende Freundschaft zwischen dem 10-jährigen Elliott und E.T. nimmt diesem Außerirdischen alles Fremdartige. Das sprechende Weltraumtier wird ein Sympathieträger wie ein Teddybär oder jede beliebige Zeichentrickfigur von Walt Disney.

Der nicht erwartete Publikumserfolg (800 Millionen Dollar Einspielergebnis bei circa 10 Millionen Dollar Produktionskosten) katapultierte Spielberg 1982 in die erste Reihe der erfolgreichsten Hollywood-Regisseure. Spielbergs Blockbuster-Karriere hatte mit *Der weiße Hai* (1975) begonnen. Mit dem Dino-Reißer *Jurassic Park* übertraf er den *E.T.*-Erfolg später sogar noch. *E.T.* erhielt vier Oscars in den Bereichen Ton, Tonschnitt, Spezialeffekte und Musik sowie fünf weitere Nominierungen.

Terminator

Der österreichische Bodybuilder und spätere Gouverneur von Kalifornien, Arnold Schwarzenegger, verkörpert in diesem Film eine künstliche Kampfmaschine in Menschengestalt, den »Terminator« – eine in der Science-Fiction sehr beliebte Figur, da solche Wesen immer wieder eine bequeme Projektionsfläche für Allmachtsfantasien sind. Darüber hinaus sorgen sie für Spannung, weil sie »unverwüstlich« erscheinen und zahlreiche Verfolgungsjagden überstehen, die das Herz des Actionkinos sind. Bei diesem Film liegt der Clou darin, dass der Terminator nach einer Zeitreise aus der Zukunft in der Gegenwart landet und seine zukünftigen Eltern verfolgt. Die gnadenlose, technisch-logische Konsequenz, mit der diese auf Vernichtung (*termination*) programmierte Mann-Maschine ihren Auf-

trag ausführt, hat dem Wort seinen sprichwörtlichen Status ver-
liehen – in der realen Welt übertragen auf Unternehmensberater,
professionelle Existenzvernichter und ähnliche Figuren aus dem
harten Wirtschaftswettbewerb. Schwarzenegger hatte sich bereits
kurz vorher in ähnlich strukturierten Rollen als *Conan der Barbar*
(1982) und *Conan der Zerstörer* (1984) ausgezeichnet.

Mit *Terminator* gelang dem kanadisch-amerikanischen Regisseur
und Drehbuchautor James Cameron (*1954) im Jahr 1984 der Durchbruch. Dabei hatte er in urheberrechtlich nicht ganz einwandfreier
Weise auf Vorbilder verschiedener anderer Autoren zurückgegrif-
fen. Cameron schrieb auch die Drehbücher für *Rambo II* (1985) und
Aliens – Die Rückkehr (1986) und produzierte anschließend *Terminator 2* (1991). Dann kam für ihn nicht der Untergang, sondern der Aufstieg durch *Titanic* (1997), mit elf Oscars und fast 2 Milliarden Dollar
Einspielergebnis der erfolgreichste Film aller Zeiten, ein Erfolg, den
Cameron selbst mit etwas weniger Oscars, aber einem beträchtlich
höheren Einspielergebnis (2,7 Milliarden Dollar) 2009 mit dem 3-D-
Spektakel *Avatar* übertraf.

Berühmte Filmzitate

Zitate aus Casablanca

Schau mir in die Augen, Kleines!

Diese Dialogzeile aus der ersten deutschen Synchronfassung lautet
im Original *Here's looking at you, kid*, das bedeutet eigentlich »Zum
Wohl, Kleines«, denn beim Zuprosten sieht man einander bekanntlich in die Augen. In einer späteren deutschen Fassung sagt Rick »Ich
seh' dir in die Augen, Kleines«.

Das ehemalige Liebespaar Rick Blaine (Humphrey Bogart) und
Ilsa Lund (Ingrid Bergman) begegnen sich nach einem Jahr der
Trennung in den Wirren des Zweiten Weltkriegs unverhofft in
»Rick's Café« in Casablanca, einer Drehscheibe für Nazi-Flüchtlinge.

Ilsa ist inzwischen die Frau des idealistischen Widerstandsführers Victor László. Beide sind letztlich auf Ricks Hilfe angewiesen, um Transit-Visa zu bekommen.

Spiel es noch einmal, Sam

Sam ist der schwarze Barpianist in »Rick's Café«, der Ilsa schon aus ihrer früheren Zeit mit Rick kennt. Auch sie erkennt ihn wieder und bittet ihn »um der alten Zeiten willen« das Lied *As time goes by* zu spielen. Sie kann nicht wissen, dass Rick verboten hat, das Lied zu spielen. Sam singt es dann ihr zuliebe trotzdem. Ilsa sagt wörtlich »Play it once, Sam« und nach seinem Zögern »Play it. Play ›As time goes by‹«. Die leichte Abwandlung *Play it again, Sam* wurde durch den Titel eines Woody-Allen-Films zur Redewendung (deutscher Filmtitel: *Mach's noch einmal, Sam*, 1972). Allen wird darin in einer seiner typischen Liebes- und Ego-Nöte von Humphrey Bogart »beraten«.

What watch?

In einer der humoristischen kleinen Szenen in *Casablanca* begießt ein älteres Flüchtlingspaar seine unmittelbar bevorstehende glückliche Ausreise nach Amerika gemeinsam mit dem Oberkellner Emil. Beide teilen ihm mit, dass sie schon tüchtig englische Vokabeln lernen und geben ihm davon eine kleine Kostprobe: Herr Leuchtag fragt seine Frau »What watch?«, worauf sie antwortet »Ten watch«. Daraufhin erwidert er, weil es schon so spät ist: »Such much?«

Verhaften Sie die üblichen Verdächtigen

Am Schluss von *Casablanca* erschießt Rick den Nazi-Major Strasser vor den Augen des örtlichen Polizeichefs Renault (Claude Rains). Renault ist als Polizeioffizier der von den Nationalsozialisten anerkannten Vichy-Regierung offiziell der Besatzungsmacht verpflichtet, sympathisiert aber als französischer Patriot heimlich mit dem Widerstand. Als Sekunden später die Polizeimannschaften eintreffen, sagt Renault nur: »Verhaften Sie die üblichen Verdächtigen« (englisch: »Round up the usual suspects«) und lässt Rick ungeschoren davonkommen.

Dies ist der Beginn einer wunderbaren Freundschaft

Wenige Dialogzeilen später, nachdem das Flugzeug mit Ilsa und Victor László sicher abgehoben hat, wird sowohl Rick als auch Renault klar, dass sie nicht mehr länger in Casablanca bleiben können und eventuell gemeinsam Marokko verlassen sollten. Rick quittiert diesen Vorschlag Renaults mit den Worten: »Louis, ich glaube, dies ist der Beginn einer wunderbaren Freundschaft.«

Casablanca aus dem Jahr 1942 gilt als einer der besten Filme aller Zeiten. Der Regisseur Michael Curtiz (1888–1962) erhielt dafür 1943 den Regie-Oscar. Der aus Ungarn stammende Curtiz (Geburtsname: Mihály Kertész) hat in fünfzig Arbeitsjahren über 160 Filme gedreht, beginnend mit Stummfilmen noch während des Ersten Weltkriegs in Ungarn. Gegen Ende seiner Karriere drehte er *White Christmas* (1954), bekannt wegen des darin von Bing Crosby gesungenen gleichnamigen Liedes. Aber keiner seiner Filme war auch nur annähernd so bedeutend wie *Casablanca*. Weitere Oscars erhielt *Casablanca* in den Kategorien Bester Film und Bestes adaptiertes Drehbuch.

Zitate aus Wall Street

Die Gier ist richtig. Die Gier funktioniert.

Eine Ansprache des Börsenhändlers Gordon Gekko (Michael Douglas) in *Wall Street* formuliert bereits 1987 in danach oft zitierter Weise das Credo der zeitgenössischen Finanzindustrie, die zwanzig Jahre später im wirklichen Leben ein ruinöses Desaster erlebte: »Der entscheidende Punkt ist doch, dass die Gier – leider gibt es dafür kein besseres Wort – gut ist. Die Gier ist richtig. Die Gier funktioniert. Die Gier klärt die Dinge, durchdringt sie und ist der Kern jedes fortschrittlichen Geistes. Gier in all ihren Formen, die Gier nach Leben, nach Geld, nach Liebe, Wissen hat die Entwicklung der Menschheit geprägt. Und die Gier – bedenken Sie diese Worte – wird nicht nur die Rettung sein für Teldar Paper, sondern auch für diese andere schlecht funktionierende Firma, die USA.«

Der Regisseur Oliver Stone war Mitautor des Drehbuchs.

Der wichtigste Gebrauchsgegenstand, den ich kenne, ist die Information

Um im großen Stil Geld zu verdienen, nutzt Gekko skrupellos den Wissensvorsprung, den er durch Insiderinformationen erhält, deren Verwendung eigentlich verboten ist.

Geld wechselt nur den Besitzer

Gekko erklärt einen Grundmechanismus des Börsengeschäfts: »Was der eine gewinnt, muss der andere verlieren. Das Ganze ist ein Nullsummenspiel. Das Geld wird doch nicht neu geschaffen oder verloren, sondern es wechselt doch nur von einem Besitzer zum andern, wie durch ein Wunder.«

Nach unsern Regeln wird gespielt

»Ich erschaffe gar nichts, ich besitze. Aber nach unsern Regeln wird gespielt.« Auch hier kommt in dem Film *Wall Street* die durch nichts zu erschütternde Geschäftsunmoral der Finanzinvestoren zum Ausdruck.

Berühmte Zitate aus verschiedenen Filmen

Same procedure as every year

Autor und Erfinder von *Dinner for one* ist der englische Komiker Freddie Frinton (1909–1968), der natürlich den Butler James spielt. Erstmals aufgeführt wurde der Sketch 1945 in einem Varieté in Blackpool, 1963 gelangte er auf Initiative von Peter Frankenfeld ins Deutsche Fernsehen und gehört seit 1972 zum alljährlichen Silvesterritual von ARD, ORF und Schweizer Fernsehen. Miss Sophie wird von May Warden gespielt.

Meine Manieren gefallen mir selber nicht

Philip Marlowe (Humphrey Bogart) antwortet in *Tote schlafen fest* (1946) auf die Bemerkung von Vivian Sternwood (Lauren Bacall), seine Manieren gefielen ihr nicht: »Ich bin von Ihren Manieren auch nicht gerade entzückt. Ich habe nicht darum gebeten, Sie zu sprechen. Es ist mir egal, ob meine Manieren Ihnen gefallen oder nicht. Ich weiß, sie sind schlecht. Mir gefallen sie selber nicht, aber es genügt, wenn ich an langen Winterabenden darüber sinniere.«

An dem Drehbuch zu dem Film von Howard Hawks um den zynischen Privatdetektiv Philip Marlowe wirkte der amerikanische Schriftsteller William Faulkner mit. Marlowe ist eine Serienfigur des Autors Raymond Chandler.

Sonntags nie!

In dem griechischen Film des französischen Regisseurs Jules Dassin (1911–2008) spielt Melina Mercouri die temperamentvolle Hafenprostituierte Ilya in Piräus, die sich ihre Liebhaber selbst aussucht und im Lauf der Handlung eine Revolte ihrer Kolleginnen gegen die Zuhälter anzettelt. Ilya geht ihrem Gewerbe an jedem Tag der Woche nach, allerdings nie am Sonntag. Durch diese Rolle wurde Mercouri weltberühmt, Dassin gewann die Oscars für Beste Regie und Bestes Drehbuch. Der Oscar für die Filmmusik ging an Manos Hadjidakis, sein Filmlied *Ta pedia tou Pirea* (Kinder von Piräus; deutscher Text: »Ein Schiff wird kommen«) wurde ein Hit.

Mercouri und Dassin waren zwei Mal miteinander verheiratet. Dassin spielt in dem Film die männliche Hauptrolle, einen amerikanischen Hobbyphilosophen, der Ilya für die klassische griechische Literatur begeistern will. Mercouri, eine Enkelin des langjährigen Oberbürgermeisters von Athen, engagierte sich politisch gegen das rechtsgerichtete Obristenregime, das von 1967 bis 1974 in Griechenland regierte, und wurde nach dessen Ende Kulturministerin. Die Einrichtung einer Europäischen Kulturhauptstadt geht auf ihre Initiative zurück und die erste war 1985, natürlich, Athen.

Morgens ein Joint und der Tag ist ein Freund

In *Easy Rider* (1969) fahren Wyatt (Peter Fonda) und Billy (Dennis Hopper) auf Harley-Davidson-Motorrädern durch den Süden der USA, nachdem sie sich durch einen Kokainschmuggel die Reisekosten verdient haben. Ohne stringente Handlungsführung und mit reichlich Rockmusikuntermalung war der Film ein Novum, das in seiner Darstellungsweise die damals moderne Zeitstimmung widerspiegelte. *Easy Rider* zeigt aber auch die Aussichtslosigkeit alternativer Lebensentwürfe, bei denen sich die Protagonisten mit ein bisschen In-den-Tag-Hineinleben zufriedengeben wollen, sowie die Intoleranz der etablierten Gesellschaft gegenüber jedem Andersartigsein.

Seit ich verheiratet bin, finde ich alle Frauen hübsch

Der junge Pariser Anwalt Frédéric (Bernard Verley), noch nicht sehr lange und eigentlich recht glücklich verheiratet, entschließt sich in *Die Liebe am Nachmittag* (1972) von Eric Rohmer nach etlichem inneren Hin und Her zu einem kleinen Seitensprung – vor dem er erst in allerletzter Sekunde doch wieder zurückschreckt.

Ich mache ihm ein Angebot, das er nicht ablehnen kann

Don Vito Corleone (Marlon Brando), mächtiger New Yorker Mafiaboss in *Der Pate* (1972) von Francis Ford Coppola führt die Geschäfte seiner »Familie« nach Gutsherrenart vom Schreibtisch aus. Seine »Angebote« sind so überzeugend wie ein vorgehaltener Revolver.

Redest du mit mir? Du laberst mich an?

Vor dem Spiegel stehend probt der zunehmend mit Aggressionen aufgeladene New Yorker Taxifahrer Travis Bickle (Robert De Niro) in *Taxi Driver* (1976) von Martin Scorsese die Auseinandersetzung mit einem vermeintlich feindlichen Gegenüber. *Taxi Driver* zeigt das in der Krise der 1970er-Jahre verrohte New York. Die Szene wurde auch in anderen Filmen kopiert beziehungsweise parodiert.

Lutsch am Büffelknochen

»Irokese, verpiss dich zu deinem Stamm und lutsch am Büffelknochen, bevor mir der Kragen platzt!« In barschem Ton weist der Zuhälter Sport (Harvey Keitel) in *Taxi Driver* den Taxifahrer Travis zurück, als dieser mit Irokesenhaarschnitt an einer Wahlkampfveranstaltung teilnehmen will.

Frauen haben gerne eine schöne Aussicht. Männer nicht

Mr. Emerson (Denholm Elliott) bietet in *Zimmer mit Aussicht* (1985) von James Ivory zwei jungen englischen Damen in einer Pension in Florenz sein Zimmer mit Aussicht auf den Arno an, das er gemeinsam mit seinem Sohn bewohnt. Die Engländerinnen waren enttäuscht, ein Zimmer ohne Aussicht erhalten zu haben.

Männer und Frauen können nie Freunde sein. Der Sex kommt ihnen immer wieder dazwischen

stellt Harry auf der ersten gemeinsamen Autofahrt mit Sally fest, auf der die beiden sich in *Harry und Sally* (1989) kennenlernen. Dabei bleibt es vorläufig. Dann sind die beiden mit anderen Partnern zusammen. Dann sind sie von diesen Partnern getrennt. Dann begegnen sie sich zufällig wieder …

Ich will genau das, was sie hatte

In einer Szene in einem Restaurant in *Harry und Sally* ahmt Sally zum wachsenden Erstaunen der umsitzenden Gäste laut und vernehmlich das Orgasmusstöhnen einer Frau nach. Harry hatte behauptet, er könne einen vorgetäuschten von einem echten Orgasmus unterscheiden. Unmittelbar danach äußert eine ältere Dame am Nebentisch diesen Bestellwunsch.

So verzweifelt bin ich auch wieder nicht

In einer kurzen Szene in *Vier Hochzeiten und ein Todesfall* (1994) antwortet Lydia (Sophie Thompson) mit diesem Satz auf die Frage von Bernard (David Haig): »Tja, ich meine, wenn du Lust hast zu irgendwas, könnte ich ja …«

Mama hat immer gesagt, das Leben ist wie eine Schachtel Pralinen, man weiß nie, was man kriegt

Mit diesem Satz aus dem Mund von Forrest Gump (Tom Hanks) wurde ein regelrechtes Film-Sprichwort kreiert. Der etwas unterdurchschnittlich intelligente Forrest Gump ist ein märchenhafter Glückspilz, der im Laufe seines Lebens immer wieder eine fiktive Rolle an entscheidenden Brennpunkten der amerikanischen Geschichte spielt. Hanks erhielt 1995 den Oscar als bester Hauptdarsteller. Darüber hinaus bekam der Film noch zwei weitere Oscars – in den Kategorien Beste Regie (an Robert Zemeckis) und Bestes Drehbuch (an Eric Roth; Roth verfasste auch die Drehbücher zu Spielbergs *München* und zum *Pferdeflüsterer*).

Die Insel der Seligen
Zitate aus der Antike

Hesiod & Homer

Die Werke und Aufzeichnungen des frühgriechischen Dichters Hesiod (ca. 700 v. Chr.) sind älter als diejenigen Homers. Hesiod ist auch
der älteste »bekannte« europäische Dichter; das heißt, es gibt Rück-
schlüsse auf biografische Daten. Das kann man von »Homer« nicht
sagen. Homer ist eine legendäre Gestalt.

Durch Hesiods *Theogonie* (= »Götterentstehung«) kennen wir den
griechischen Weltschöpfungsmythos, die Erzählung von der Entstehung des Himmels und der Erde durch das Wirken der Göttin Gaia,
er erklärt die Göttergeschlechter, also die »Abstammung« der Götter.
Damit fasst er die verschiedenen eingewanderten oder seit vorgrie-
chischer Zeit in Hellas ansässigen Kulte zu der bekannten Götter-
familie im Olymp zusammen.

Außerdem gibt Hesiod in seiner *Theogonie* die Legende von Prometheus wieder, der das Feuer vom Himmel raubte und zu den
Menschen brachte. Für diesen Frevel rächten sich die Götter mit der
schönen Kunstfrau »Pandora«, die ihre berühmte Büchse mit sich
führte, der alles mögliche Unheil entfleuchte, das seitdem über die
Menschen gekommen ist.

Ganz anders und sehr viel lebensnaher und »praktischer« ist
Hesiods zweites Buch *Werke und Tage*. Es ist im Wesentlichen eine
Auseinandersetzung mit und ständige Ermahnung an seinen Bruder
Perses, sich den Lebensunterhalt durch redliche Arbeit zu verdie-
nen, statt auf das schnelle Geld zu hoffen. Man erfährt sehr viel über
den Alltag der Ackerbauern in der frühgriechischen Gesellschaft.
Beide Bücher sind, anders als die homerischen Epen, nicht beson-
ders umfangreich.

Arbeit schändet nicht

In *Erga kai hemerai (Werke und Tage,* s. o.) schildert Hesiod das profane Leben des durchschnittlichen griechischen Ackerbauern. Hesiod will damit seinen trägen Bruder Perses aufrütteln. Das Ganze ist ein Lobpreis der Mühen des Alltags als Grundlage für ein rechtschaffenes und tugendhaftes Leben. Nur so könne man sich den Respekt der Mitmenschen verdienen: *Per aspera ad astra* (s. S. 98).

Dieser sprichwörtlichen Ermahnung folgt die dringende und wortreiche Aufforderung an den faulen Perses zu tätiger Arbeit, »damit dich der Hunger hasse« und die Götter nicht zürnen, denn der Mann, »der ohne Arbeit / lebt, er gleicht ja an Art den stummelschwänzigen Drohnen, / die, der Arbeit abhold, den Ertrag der fleißigen Bienen / auffressen …«. Und weiter heißt es: »Arbeit ist nimmermehr Schande, doch Scheu vor der Arbeit ist Schande.« (Vers 311)

Diese sehr »bürgerlich« anmutenden Leitsätze waren keineswegs selbstverständlich in der frühgriechischen Gesellschaft. In der Adelsschicht der archaischen Gesellschaft galt nämlich der Müßiggang als höchstes erstrebenswertes Ziel. Damit war nicht Faulenzen gemeint; die Adeligen beschäftigten sich intensiv mit Sport, Waffenübung, Bildung, Politik, Geselligkeit – aber das schnöde Erwerbsleben des einfachen Landmannes oder Handwerkers (des »Banausen«!) war verpönt. Dabei blieb es in ganz Europa und weltweit in hierarchischen Gesellschaften: Die Oberschicht macht alles mögliche, nur nicht arbeiten. Erst im 20. Jahrhundert wurde es auch für Angehörige der Oberschicht selbstverständlich, einer Erwerbsarbeit nachzugehen.

Die Insel der Seligen

Am Beginn von *Erga kai hemerai (Werke und Tage)* erzählt Hesiod die von ihm selbst so genannte Sage vom Goldenen, Silbernen und Erzenen Zeitalter. Die Geschlechter dieser Zeitalter sind alle »vormenschlich«. Die Lebewesen des Goldenen und des Silbernen Zeitalters sind fast wie die Götter selbst, allerdings sterblich. Die Gestalten des Erzenen Zeitalters erinnern ein wenig an das Bild, das man sich vom Neandertaler macht: »… wild und strotzend vor Kraft (…) gewaltige Stärke, und Hände hingen von ihren Schultern herab an

klobigen Gliedern« und »keinerlei Feldfrucht aßen sie«. Allerdings
verfügten sie schon über Erz-(=Bronze)Waffen, was mit dem historischen Befund über die Neandertaler nicht übereinstimmt. Die
hatten nur Faustkeile.

Nach diesem »Erzenen« kam das Zeitalter der »Heroen«. Das sind
die eigentlichen Vorfahren seiner Zeitgenossen, meint Hesiod. Er
nennt sie auch »Halbgötter« und stellt sie sich recht kriegerisch vor:
Sie »fielen im Kampf um des Ödipus weidende Herden« und zogen
»nach Troja der lockigen Helena wegen«. Denjenigen, die nicht im
Kampf gefallen sind, gewährte Zeus »Nahrung und Stätte fern von
den Menschen«, »am Rande der Erde«. So sieht es bei ihnen aus: »Da
wohnen sie nun und haben das Herz ohne Kummer / auf den Inseln
der Seligen, wo tief der Ozean wirbelt, / hochbeglückte Heroen, weil
süße Früchte wie Honig, strotzende, / und dreimal im Jahr ihnen
trägt der spendende Acker.« (Verse 169–173) So beschreibt Hesiod
die geografische Lage und den Zustand der »Inseln der Seligen«,
auch »Elysische Gefilde« genannt (was auf Französisch übrigens
Champs-Elysées heißt). Auf dieses Heroen-Zeitalter folgt sogleich
das »eiserne Zeitalter« voller Mühe, Jammer, Sorgen und Unheil – die
traurige Gegenwart.

Auch der »Homer« genannte Dichter, dessen Aufzeichnungen, zumal
der *Odyssee*, heute zeitlich später veranschlagt werden als Hesiod,
kennt die »Elysischen Gefilde« und erwähnt sie in der *Odyssee* im
vierten Gesang, in dem geschildert wird, was nach dem Trojanischen
Krieg in Sparta geschah, wohin Menelaos nach achtjähriger Irrfahrt
zurückgekehrt ist. Menelaos, dem Gatten Helenas, wird geweissagt,
dass er nicht in Sparta sterben wird, sondern dereinst von den Göttern »weit, bis ans Ende der Welt, in Elysions ebene Gefilde« geschickt wird. »Dort wandeln die Menschen / leicht durch das Leben.
Nicht Regen, nicht Schnee, nicht Winter von Dauer. / Zephyros lässt
allzeit seine hellen Winde dort wehen, / die ihm Okeanos schickt zur
Erfrischung der Menschen.« (Verse 563–568)

Für moderne Ohren hört es sich so an, als ähnelten diese elysischen Inseln der Seligen sehr den Balearen oder Kanaren, wo die
Rentner Mittel- und Nordeuropas überwintern.

Das legendäre Homer-Bild vom blinden Sänger, dieses beinahe gottähnliche Dichtervaterbild, ist mittlerweile vollkommen obsolet. Es stammt aus der römischen Antike. Möglicherweise ist *homeros* noch nicht einmal ein Eigenname, sondern eine Bezeichnung für die »fahrenden Epensänger«, die *aoidoi*. Das käme der Sache jedenfalls näher. Auch die herkömmliche Datierung auf »800 v.Chr.« ist längst überholt. Die Literaturwissenschaft kennt keine historische Homer-Gestalt, genauso wie es keine individuellen »Evangelisten« in der Bibel mehr gibt. Die verschiedenen Niederschriften der Texte einzelner Dichter der homerischen Gesänge dürften um 650 v.Chr. zu datieren sein. *Ilias* und *Odyssee* bilden auch keineswegs den »Beginn« der abendländischen Literatur, wie früheres Schulwissen behauptete, sondern das Endprodukt einer jahrhundertelangen mündlichen Dichtungstradition, in die auch viele Elemente und Motive aus dem Orient mit einflossen – ebenfalls analog zum Alten Testament in der Bibel. Sowohl die Griechen als auch die Israeliten waren nach 1200 v.Chr. Neuankömmlinge im Ostmittelmeerraum und stießen dort auf die hochentwickelten Zivilisationen des Alten Orients. Beide Gruppen übernahmen bekanntlich von diesen das Alphabet – und damit natürlich auch literarische Inhalte.

Die *Ilias* ist alles andere als aus einem Guss. Das fiel schon Philologen im Altertum in der Zeit nach Alexander dem Großen auf, als sie die verschiedenen homerischen Gesänge im 3. vorchristlichen Jahrhundert in Alexandria in einer textkritischen Redaktion erstmals in der Form zusammenstellten, wie sie dann auf uns gekommen ist. Die textkritische Einstellung gilt natürlich erst recht für die modernen Literaturwissenschaftler. Die *Odyssee*, die ebenfalls unter dem Namen »Homer« rubriziert wird, ist von Sprache und Art her so verschieden von der *Ilias*, dass sie unmöglich aus der gleichen Zeit oder gar vom selben Dichter stammen kann.

Natürlich ändert das nichts an der Schönheit der homerischen Texte und ihrer Bedeutung für die Weltliteratur. Gerade aus *Ilias* und *Odyssee* sind so viele anschauliche Begriffe in alle europäischen Sprachen eingegangen wie aus kaum einer anderen Werkgruppe: Achillesferse, Danaergeschenk, Kassandraruf, Trojanisches Pferd (davon wieder abgeleitet der Software-»Trojaner«), der Titel »Odyssee« als Inbegriff für eine Irrfahrt, bezirzen, Skylla und Charybdis, Mentor sowie etliche redensartliche Wendungen. Zu diesen zählt:

Auf Messers Schneide

Im 10. Gesang der *Ilias* können die griechischen Fürsten vor Kummer und Sorgen kaum schlafen, nachdem die Griechen von dem trojanischen Prinzen Hektor in einem Scharmützel in ihr Lager zurückgedrängt worden waren und erhebliche Verluste erlitten hatten. Der Spartanerkönig Menelaos, als Gatte der entführten Helena eine der Zentralfiguren, findet seinen Bruder Agamemnon, den griechischen Heerführer, ebenfalls schlaflos. Agamemnon macht sich auf den Weg, um die Fürsten zu einer nächtlichen Sitzung zusammenzutrommeln. Er weckt den greisen Nestor, der wiederum zu Odysseus geht und mit diesem zu Diomedes.

Diomedes ist der Erste, der nicht gleich aufspringt, sondern ungehalten reagiert, weil er mitten in der Nacht geweckt wird. »Eigensinniger Greis, du ruhst auch nie von der Arbeit«, herrscht er den hochbetagten Nestor an, »gibt's nicht andere noch und jüngere Männer, / die umhergehen könnten, um allenthalben die Fürsten aufzuwecken?« Nestor reagiert sehr besonnen und macht mit seiner Antwort klar, wie dringlich die Angelegenheit ist: »Viel zu große Bekümmernis bedrängt die Griechen! / Denn jetzt steht es fürwahr auf der Schärfe des Messers, ob alle / Griechen schmählich verderben sollen oder noch leben.« (Vers 173)

Diesem wie selbstverständlich einfließenden bildhaften Gebrauch von »es steht fürwahr auf der Schärfe des Messers« kann man entnehmen, dass die Wendung schon bei den alten Griechen sprichwörtlich war.

Im Übrigen wird die schlechte taktische Lage für die Griechen in jener Phase der Auseinandersetzungen nach den Angriffen Hektors genau charakterisiert: »Hörtest du nicht«, sagt Nestor zu dem schläfrigen Diomedes, »wie die Troer sich dort auf dem Hügel des Feldes / lagerten nahe den Schiffen, und kaum von uns noch getrennt sind?« Die Fronten verlaufen also in nächster Nähe.

Zähneklappern

Gleichzeitig macht sich in diesem 10. Gesang der *Ilias* im Lager der Troer ein Mann namens Dolon gegenüber Hektor erbötig, sich ins Griechenlager zu schleichen, um auszuspionieren, was die Feinde vorhaben. Auf dem Weg dorthin wird Dolon jedoch von Diomedes, der inzwischen etwas munterer geworden ist, und von Odysseus überrascht. Die beiden lassen Dolon in der Dunkelheit zunächst vorbeiziehen, nehmen dann die Verfolgung auf und treiben den »hurtigen Läufer« vor sich her; Diomedes wirft seinen Speer nach Dolon, aber nicht um ihn zu treffen, sondern als Warnung. Die beabsichtigte Wirkung tritt sofort ein: »Über die rechte Schulter des Mannes hinein in den Boden / fuhr die Spitze des Schaftes: der stand nun, starr vor Schrecken / bebenden Kinnes, es klapperten ihm die Zähne im Munde / bleich vor Angst.«

Römische Komödiendichter

Das Hemd sitzt näher als der Rock

Tunica propior pallio heißt es in einem Dialog am Schluss der Komödie *Trinummus* von Titus Maccius Plautus (ca. 250–184 v.Chr.). In der Antike war die Tunika das Untergewand, das Pallium das Obergewand, bei den Römern die Toga. In der Szene begegnen gerade die beiden älteren Athener Charmides und Callicles dem jüngeren Lysiteles. Lysiteles begrüßt zuerst seinen Schwiegervater Charmides. Als Callicles scherzhaft fragt, ob er nicht auch einen Gruß verdient hätte, antwortet Lysiteles ungefähr so: Na klar, aber Charmides musste ich zuerst begrüßen, die Tunika hat den Vorrang vor der Toga. Es geht also bei dem Sprachbild in seiner Originalfassung ganz einfach um eine Erklärung für den ganz alltäglichen Umgang miteinander bei der Begrüßung. Als Verwandter steht der Schwiegervater Charmides dem jungen Lysiteles näher als der bloße Bekannte Callicles.

Das Stück heißt auf Deutsch *Dreidrachmenstück*, was manchmal auch mit *Dreigroschenstück* übersetzt wird, weil darin ein Gauner für

drei Drachmen/Groschen angemietet wird, um dem Sohn des Charmides einen Brief und eine größere Geldsumme zu überbringen, die
der Junge nicht annehmen würde, wenn er wüsste, dass das Geld von
seinem Vater stammt.

Plautus steht sozusagen am Anfang der lateinischen Literatur. Er
ist der erste römische Dichter, von dem ein großes, zusammenhän-
gendes Werk erhalten ist: zwanzig Komödien. Aus der Zeit davor gibt
es auf Latein nur literarische Bruchstücke, zu denen auch etwa das
Zwölftafelgesetz zu zählen ist.

Plautus, vermutlich umbrischer Herkunft, über dessen Leben fast
nichts bekannt ist, schrieb ausschließlich Komödien. Er scheint ein
Theaterpraktiker mit Leib und Seele gewesen zu sein, Schauspieler, Autor und Regisseur wie Shakespeare oder Molière, die er mit
einigen seiner Werke auch direkt anregte. Er wiederum griff Stücke
der griechischen Komödie teilweise direkt auf und verarbeitete sie
eigenständig weiter. Griechische Kultur und Bildung und vor allem
die viel offenere, humanere Denkweise der Griechen begannen sich
damals in Rom zu verbreiten, nicht zuletzt unter dem direkten Einfluss der Hannibal-Bezwinger, der Scipionen.

Verwechslungssituationen und von pfiffigen Dienern und Sklaven gesponnene Intrigen sind die vorherrschenden Elemente dieser
Komödienwelt, die auch heute noch im Volkstheater sehr beliebt ist.
Eine glänzende Verkleidungs- und Verwechslungskomödie wie der
Film *Manche mögen's heiß* gibt eine Ahnung davon, welches Vergnügen dieses Genre auch den Zuschauern in der Antike bereitet haben
mag. Da aus der gesamten griechisch-lateinischen Literatur insgesamt nur achtzig Dramen erhalten sind, macht allein das Werk von
Plautus einen beträchtlichen Teil der überlieferten antiken Thea-
terliteratur aus.

Eine direkte Fortsetzung, wenn auch in ganz anders gearteter
Weise, fand Plautus' eher volkstümlich-derbes Schwänke- und Ko-
mödienwerk in den Stücken des gebildeten, aristokratischen Terenz.

Nicht mit Gold aufzuwiegen

Hunc hominem decet auro expendi – »Diesen Menschen muss man
mit Gold aufwiegen« sagt der athenische Sklave Chrysalus über sich

selbst, als er sich in der vierten Szene des 4. Aktes der *Bacchiden* von Plautus diebisch darüber freut, wie er den Nicobulus hereingelegt hat, damit er Geld für seinen Sohn herausrückt. Der Sohn braucht das Geld, um eine Hetäre, in die er verliebt ist, freizukaufen. Dieses Verhältnis billigt der Vater natürlich nicht. Chrysalus, der schlaue Sklave, ist die eigentliche Hauptfigur des Stücks. Da bei dem Plan dann doch einiges schiefgeht, muss er die erste Intrige mit weiteren Intrigen vertuschen, um schließlich für seinen Herrn doch noch ans Ziel zu gelangen. In einem Nebenstrang der sehr verworrenen Handlung der *Bacchiden* spielen ein Freund des jungen Mannes und die Zwillingsschwester der Hetäre ebenfalls eine Rolle. Es kommt am Schluss sogar so weit, dass die beiden sittenstrengen Väter der jungen Burschen den Reizen der Zwillingsschwestern verfallen.

Immer wieder spielen in der Komödienwelt von Plautus und Terenz die schlauen Diener oder Sklaven eine wichtige, handlungstreibende Rolle, ein Schema, das sich noch in etlichen Mozart-Opern findet. Nur weil viele der Komödien von Plautus und Terenz in Griechenland spielen, war dies für das römische Publikum akzeptabel. Der offiziell so sittenstrengen, sehr standesbewussten, aber auch bigotten römischen Gesellschaft wurde auf diese Weise der Spiegel vorgehalten. Außerdem wurden sie durch die Stücke mit der »humaneren« griechischen Kultur bekannt gemacht, ähnlich wie zweitausend Jahre später die Stücke und Werke der Aufklärung der verknöcherten Adelsgesellschaft des Ancien Régime den Spiegel vorhielten und eine freiere, von humanistischen Werten getragene Gesellschaft anmahnten. Das ist die Botschaft vieler Stücke von Schiller, Goethe, Mozart – in der *Zauberflöte* schlicht zum Ausdruck gebracht im letzten Satz der »Hallenarie« Sarastros: »Wen solche Lehren nicht erfreun / verdienet nicht ein Mensch zu sein.«

Jeder ist sich selbst der Nächste

Der von Goethe zu Recht hochgeschätzte römische Dichter Terenz (ca. 190–160 v. Chr.) hat Stücke des griechischen Komödiendichters Menander als Vorlagen für seine eigenen Komödien benutzt und sie sehr frei bearbeitet, was er im Prolog von *Andria* (*Das Mädchen aus Andros*) als »moderne« Methode seiner Dichtergeneration rechtfer-

tigt. Jedenfalls ist das der Grund, warum das Stück in Athen spielt,
obwohl es natürlich von Terenz als einem lateinischen Dichter in lateinischer Sprache verfasst wurde. In *Andria* werden zwei befreundete junge Männer, Pamphilius und Charinus, in eine Eheanbah-
nungskrise verwickelt. Pamphilius soll auf Wunsch beziehungsweise
Befehl seines Vaters Philomena heiraten, die Tochter des reichen
Chremes. Pamphilius ist an Philomena aber gar nicht interessiert,
vielmehr liebt er Glycerium, angeblich ein Mädchen von der Insel
Andros. Sein bester Freund Charinus hingegen liebt Philomena.
Hätten die beiden jungen Männer selbst zu entscheiden, gäbe es
überhaupt kein Problem, aber in jener Zeit entschieden die Väter
über die Ehen, und Pamphilius' Vater möchte eben die Verschwäge-
rung mit dem reichen Chremes.

Aufgrund gewisser Umstände und weil er die Lage völlig falsch
einschätzt, rät nun ein Sklave und Vertrauter dem Pamphilius, sich
zum Schein dem Willen des Vaters zu beugen. Als Pamphilius laut-
hals bekundet, (angeblich) zur Heirat mit Philomena bereit zu sein,
fühlt sich Charinus verraten; er kann es nicht fassen, dass ausgerechnet sein Freund bereit ist, ihm die geliebte Frau wegzunehmen.
In einem kurzen Monolog in der ersten Szene des 4. Aktes beklagt
sich Charinus bitter darüber, wie frech ihm Pamphilius auf seine
Vorhaltungen geantwortet hat: »Was schuld ich dir? Sollt ich mein
Mädchen dir ...? *Proximus sum egomet mihi* – Der Nächste bin ich
doch mir selbst.«

Die Komödie geht nach einigen weiteren Verwicklungen natürlich
gut aus, weil sich das »fremde« Mädchen Glycerium aus Andros, das
Pamphilius eigentlich liebt, als eine Athenerin und weitere Tochter des Chremes entpuppt. Somit sind am Schluss alle zufrieden:
Pamphilius bekommt seine wahre Geliebte zur Frau, sein Vater ist
damit einverstanden, weil sie ja auch eine Chremes-Tochter ist, und
Charinus bekommt seine geliebte Philomena, die andere Tochter
des Chremes.

Terenz stammte aus Nordafrika, war als Sklave nach Rom gekommen, erhielt dort eine gute Erziehung in einem aristokratischen
Haus und wurde freigelassen. Er wendet sich, anders als der »Volks-

komödiant« Plautus mit gehobener Sprache und weniger drastischen Szenen an ein eher aristokratisches Publikum. Terenz umspielt mit mildem Humor humanistische Werte und lädt zum Schmunzeln und Nachdenken ein. Er stand dem hochgebildeten und hoch angesehenen Scipionen-Kreis nahe (Bezwinger der Karthager), die der griechischen Kultur in Rom mehr Einfluss verschaffen wollten. Fragen der richtigen Erziehung (streng oder einfühlsam?) und des Wertekanons stehen immer wieder im Mittelpunkt von Terenz' Stücken. Vor allem wegen seiner humanistischen Einstellung – Konflikte werden im Sinne des menschlich Guten und Richtigen gelöst – hat Goethe Terenz sehr geschätzt und gerade auch *Andria* in Weimar aufführen lassen. Ein moderner amerikanischer Schriftsteller, Thornton Wilder, verfasste das Stück *The Woman of Andros* (1930) auf der Grundlage von *Andria*. Terenz ist noch jung auf einer Reise in Griechenland verschollen.

Nichts Menschliches ist mir fremd

Gleich zu Beginn des Stückes *Heautontimorúmenos* (*Der Selbstquäler*) von Terenz unterhalten sich zwei athenische Gutsnachbarn, Chremes und Menedemus, in ihrem Dorf in der Umgebung der Stadt. Menedemus hat sein blühendes Landgut erst vor Kurzem gekauft, ist also neu im Ort. Obwohl Menedemus über viele Sklaven verfügt, sieht ihn Chremes dauernd selbst mit Arbeit beschäftigt, was er für Selbstquälerei hält: »Ich seh dich graben, pflügen oder sonst was tun: / Kein Feierstündchen gönnst du dir und schonst dich nicht.« Sich selbst an der Feldarbeit zu beteiligen, galt für den Gutsbesitzer als geradezu unschicklich. Menedemus wundert sich nun darüber, dass Chremes so viel Zeit hat, sich in anderer Leute Angelegenheiten einzumischen, worauf Chremes antwortet: »Mensch bin ich; nichts was menschlich acht ich mir fremd.« Menedemus möge ihn nicht missverstehen. Wenn es recht sei, so zu handeln wie Menedemus, würde Chremes es auch für sich selbst erwägen.

Der Grund für Menedemus' Arbeitseifer ist eine Buße, die er sich auferlegt hat, weil er die Beziehung seines Sohnes zu einer Hetäre missbilligte und Clinia, der Sohn, daraufhin weggelaufen ist und Soldat wurde. Diesen Verlust des Sohnes bedauert Menedemus zutiefst. Auch hier bringt Terenz wieder »im griechischen Gewand« Kritik am unmenschlichen römischen Patriarchalismus zum Ausdruck. Nach römischer Auffassung hätte sich ein Vater mit seiner uneingeschränkten Verfügungsgewalt über Familie, Sklaven und Besitz keinerlei Vorwürfe machen müssen. Ein Sohn hatte zu gehorchen. Basta.

Du sprichst in Rätseln

Doch die Sache steht in *Heautontimorúmenos* (s. o.) nicht ganz so schlimm, wie man nach dem Eindruck des ersten Aktes meinen könnte. Clinia, der Sohn des Menedemus, ist inzwischen zurückgekehrt und lebt versteckt im Haus des Chremes bei seinem gleichaltrigen Freund Clitipho. Clitipho unterhält ebenfalls – heimlich – eine Beziehung zu einer von seinem Vater Chremes nicht gebilligten Geliebten namens Bacchis. Das ganze Stück entwickelt sich von nun an zu einer sehr komplexen Verwechslungskomödie, die sich daraus ergibt, dass der Skalve Syrus den beiden jungen Männern den Vorschlag macht, Clitiphos Freundin könnte doch als angebliche Freundin von Clinia in Chremes' Haus einziehen. Dagegen hätte Chremes, der sich die Versöhnung seines Freundes Menedemus mit dessen Sohn wünscht, sicher nichts einzuwenden. Auch Clinias Geliebte zieht später unter einem Vorwand unter Chremes' Dach ein, was dann für weitere Verwirrung sorgt.

Als Syrus in der dritten Szene des 2. Aktes seinen Plan vor den beiden jungen Männern etwas weitschweifig auszubreiten beginnt, unterbricht ihn Clitipho einmal ungeduldig: *Ambages mihi narrare occipit* – »Was redet der so breit um die Sache herum?«. Dieses *ambages narrare* wurde auch oft mit »vieldeutig reden«, »in Rätseln sprechen« übersetzt.

Im Übrigen hat zwischendurch auch Chremes, der von der Beziehung seines Sohnes zu der Hetäre Bacchis nichts weiß, eine kurze Unterredung mit Clitipho, in der er seinem Sohn vor Augen stellt, wie richtig er die Strenge des Menedemus findet: »Wohl muss der Sohn dem Vater sich doch fügen und nicht umgekehrt!«, denn »ein Vater (…) will nimmer, dass der Sohn sich oft mit Dirnen, oft mit Gelagen sich zu schaffen macht«. Kaum ist der Vater nach dieser

Ermahnung gegangen, murmelt Clitipho vor sich hin: »Welch ungerechte Richter sind die Väter doch den Söhnen. / Sie möchten, dass wir gleich als alte Männer auf die Welt kommen.« Das ist eine klassische, perfekte Formulierung des Generationen-Konflikts und zeigt auch in dieser beiläufigen Szene die ungebrochene Humanität der antiken Dichtung.

Auslöffeln, was man sich eingebrockt hat

Terenz' Komödie *Phormio* ist nach der gleichnamigen Figur aus dem Stück benannt, einem Schmarotzer und Intriganten. Auch hier geht es um verliebte junge Brüder, deren eigene Heiratspläne von den Vätern durchkreuzt werden. Wiederum sorgt der Intrigant, Phormio, dafür, dass die Herzen zueinanderfinden – bevor er sich in der eigenen Intrige verheddert. Phormio hat zu Beginn des Stücks dafür gesorgt, dass einer der Brüder seine Geliebte heiraten konnte, während der Vater verreist war. Die Geliebte war eine Waise und angeblich besagt ein »altes Gesetz«, dass Waisenmädchen von einem Nächstverwandten geheiratet werden müssen, und zu diesem Zweck bezeugt Phormio das »Verwandtschaftsverhältnis«. So sollen Fakten geschaffen werden, bevor der Vater zurückkehrt, vor dessen Zorn sich alle Beteiligten zu Recht fürchten. Da es auch noch um die väterlicherseits nicht erwünschte Heirat des anderen Bruders geht, sieht Phormio sich im Mittelpunkt aller Verwicklungen und sagt in der zweiten Szene des 2. Aktes zu sich selbst: *Tute hoc intristi, tibi omne est exedendum* – »Du hast dir das eingerührt, nun musst du alles auslöffeln«.

Eine Hand wäscht die andere

Die römischen Komödiendichter Plautus und Terenz haben einen bedeutenden literarischen Vorfahren, den griechischen Dichter Menander (341–290 v.Chr.) aus der Zeit Alexanders des Großen. Sie verwendeten viele seiner Stoffe. Von Menander ist kaum Originaltext überliefert, doch er prägte etliche berühmte Formulierungen wie »Das Auge des Gesetzes« (s. S. 178) und »Die Würfel sollen fallen«, was Cäsar am Rubikon bekanntlich auf Griechisch zitierte. Bei Menander kommt dieses Zitat in einer Hochzeitskomödie vor, in der es um die Frage geht, ob man heiraten soll oder besser nicht. Literarische Kenntnis zeichnete bekanntlich den gebildeten Römer aus und Zitierkunst war ein wichtiger Bestandteil der berühmten antiken Rhetorik.

Auch die Formulierung »Eine Hand wäscht die andere« stammt von Menander (*cheir cheira niptei*); in lateinischer Form (*manus manum lavat*) findet sie sich bei dem römischen Philosophen, Dichter und Staatsmann Seneca, der auch Erzieher und ranghoher Berater von Kaiser Nero war, und in Senecas *Apokolokyntsosis* (geschrieben 54 n. Chr.), einer Satire auf den Vorgänger Neros, den gebrechlichen Kaiser Claudius. *Apokolokyntosis* bedeutet auf Deutsch »Veräppelung« – wobei die Lateiner nicht von »Äpfeln« sprachen, sondern wörtlich von »Verkürbissung«. Der Titel parodiert das griechische Wort »Apotheose«, die »Vergöttlichung« eines Verstorbenen. In dem Stück verhandeln in der Tat die Götter über die Vergöttlichung von Claudius, die Meinungen sind geteilt. Herkules, von Kaiser Claudius dazu überredet, sich für ihn einzusetzen, wird der Satz *Manus manum lavat* in den Mund gelegt. Ein besseres Argument, als dass er selbst bei nächster Gelegenheit einem Götterkollegen einen Gefallen tun könnte, fällt Herkules zugunsten des Claudius nicht ein. Claudius wird die Vergöttlichung denn auch verweigert und er wird in die Unterwelt abgeführt.

Apokolokyntosis steckt natürlich voller ironischer Seitenhiebe auf Claudius. Gleich zu Anfang werden beispielsweise die letzten Worte des sterbenden Kaisers wiedergegeben: »Weh mir, ich glaube, ich habe mich vollgeschissen« – worauf ein Wortspiel folgt, aus dem hervorgeht, dass Claudius seinerseits während seines Lebens alle anderen »beschissen« hat. Zu solch ätzendem Humor war Seneca fähig, der in der Umgebung Neros eine bedeutende geschichtliche Rolle spielte und als stoischer Philosoph nicht zuletzt durch seinen von Nero erzwungenen und mit heiterem Gleichmut ertragenen Freitod seinerseits »unsterblich« wurde.

Irgendwas bleibt immer hängen

Der griechische Schriftsteller Plutarch lebte ebenfalls in der Blütezeit des römischen Kaiserreichs und somit in der Blütezeit der klassischen lateinischen Literatur. Mit seinen Lebensdaten ca. 45–125 war er auch ein Zeitgenosse der greisen Apostel und der Evangelisten. Von ihm stammt eines der umfangreichsten literarischen Werke (ca. 4500 überlieferte Druckseiten) der Antike. Berühmt ist er heute vor allem für seine *Parallelbiografien*, in denen er immer einen Griechen und einen seiner Ansicht nach vergleichbaren Römer in Lebensbildern gegenüberstellt: beispielsweise Alexander – Cäsar oder die Redner Demosthenes – Cicero. Plutarch war dem westlichen Mittelalter nicht bekannt. Die Werke des lebensklugen Autors haben sich aber in Byzanz erhalten, wurden im Zuge der Renaissance wiederentdeckt, übersetzt und seit dieser Zeit viel gelesen. Er beeinflusste mit seinen »Parallelbiografien« und seinen »moralischen« Schriften unter anderem Shakespeare, Montaigne und Schiller.

Auch der bedeutende englische Staatsdenker Francis Bacon zitierte Plutarch: »Verleumde nur dreist, etwas bleibt immer hängen«; die Formulierung Bacons wurde zur Grundlage der verbreiteten Redewendung. Bei Plutarch findet sie sich in seiner zweiten wichtigen Schrift, den *Moralia*, das sind Essays über alle möglichen Themen, eine Idee, die Michel de Montaigne, ein Zeitgenosse von Bacon, zu einer eigenen literarischen Gattung entwickelte. Eine dieser Abhandlungen von Plutarch trägt den Titel *Über den Schmeichler und den Freund*. Ausführlich erörtert Plutarch unter anderem die offenbar sehr wichtige Frage, wie man einen wahren Freund von einem Schmeichler unterscheidet. In Absatz 24 gibt er das Beispiel eines »Erzparasiten« namens Medius am makedonischen Hof von Alexander dem Großen. Dieser war offenbar der Anführer einer ganzen Schar von gleichgesinnten Gegnern des Adels, die sich dort tummelten. Medius »schärfte den Seinen ein, kühn mit Verleumdungen zu packen und zu beißen, so dass, auch wenn der Gebissene die Wunde behandelt, die Narbe bleibt«. Der medizinische Vergleich wird bei Plutarch sogleich weitergeführt und einige Personen aufgezählt, die »dieser Narbe, oder um es genauer zu sagen, diesem Wundbrand und Krebsgeschwür falscher Anschuldigungen erlagen«.

In trefflicher Einsicht in die menschliche Natur und durchaus mit Blick auf Alexander den Großen stellt Plutarch noch fest, dass die

Schmeichler ihre größten Erfolge bei den bedeutendsten Männern erzielen: »Schwache Geister, die aber dank ihrer vornehmen Geburt, ihres großen Vermögens oder Ähnlichem aufgeschäumt und aufgeblasen sind, sind so gut wie wehrlos gegen derartige Attacken gerade der niederträchtigsten und gemeinsten Angreifer.«

Römische Staatsdichter

Das Angenehme mit dem Nützlichen verbinden

rät Horaz in *De arte poetica* (*Über die Dichtkunst*). Dieses Buch ist altertümelnd gesagt eine »Dichterschule«, modern gesprochen eine Anleitung zu *Creative Writing*. Mit »poetischer Kunst« sind dabei nicht nur »Gedichte« im modernen Sinn gemeint, sondern alle literarischen Texte, und das waren zu Horaz' Zeiten vor allem Theaterstücke. Wie man sie aufbaut, interessant und spannend macht, davon handelt die kleine, sehr praktisch gehaltene Anleitung *Über die Dichtkunst* in erster Linie. Man muss sich also in die Zuschauer in einem antiken Theater hineinversetzen, wenn Horaz sagt (Vers 343): *Omne tulit punctum, qui miscuit utile dulci* – Den Beifall aller erhält derjenige, der das Angenehme mit dem Nützlichen vermischt. (*Omne tulit punctum* ... – hier ist im Wortlaut sogar von »alle Punkte erhält ...« die Rede – wie bei »Schlag den Raab«.) Horaz' Ratschläge sind in der Tat auch für die Gegenwart vollkommen zeitgemäß. Mit dem »Nützlichen« ist hier das »Nachdenkenswerte«, die moralische Botschaft, gemeint, die jedenfalls das gebildete Publikum von einem Theaterstück erwartete. Sie sollte aber bekömmlich, wörtlich: »süß« (*dulci*) verpackt sein.

Ein gutes literarisches Werk lädt also zum Genießen und Nachdenken ein, ist »angenehm und nützlich« – damals wie heute. Mit praktischem Sinn fügt Horaz sogleich im folgenden Satz an: »Mit solchen Werken verdienen die Brüder Sosius (das waren seine »Verleger«) gutes Geld; sie werden auch im Ausland gelesen und gespielt und sichern dem häufig genannten Autor die Unsterblichkeit.«

Horaz (65–8 v.Chr.) war neben Vergil der wichtigste Staatsschriftsteller der klassischen römischen Literatur zur Zeit des Kaisers Augustus. Horaz gehörte zum Kreis der von Maecenas unterstützten Künstler und war eng mit dem »Ur-Mäzen« befreundet. Horaz war klein und dick, wie der römische Biograf Sueton schreibt; er bezog sich dabei auf eine Selbstaussage Horaz' und einen Brief von Augustus. Berühmt ist Horaz vor allem für seine poetischen Werke (*Oden*). Theaterstücke hat er selbst keine geschrieben. In seinen dichterischen Werken thematisierte er oft Sitte und Moral in der Kernfrage: Wie führe ich ein erfülltes und glückseliges Leben? Horaz propagierte in diesem Zusammenhang die altrömischen Tugenden – ganz im Sinne der Reichspropaganda von Kaiser Augustus.

Seltener Vogel

Der sprichwörtliche »seltene Vogel« kommt bei mehreren antiken Autoren vor.

Bei Herodot ist damit der Phönix gemeint. Herodot gilt als »Vater der Geschichtsschreibung«, er wurde im Jahrzehnt der Perserkriege (490–480 v.Chr.) geboren und lebte in der darauf folgenden Zeit der athenischen Klassik, also als Bekannter und Zeitgenosse des Dichters Sophokles und des Staatsmanns Perikles. Herodot bereiste nach eigenen Angaben den ganzen Vorderen Orient vom Schwarzen Meer bis nach Ägypten und berichtet darüber in seinen *Historien*. Die Sage vom Phönix kannte er aus Ägypten, von den Bewohnern der Stadt Heliopolis, wo der Phönix »nur alle fünfhundert Jahre erscheint« (*Historien* 2, 73, 1). Das stimmt insofern, als die Phönix-Sage aus Ägypten stammt, der Phönix ein Sonnensymbol ist und Heliopolis (griechisch = Sonnenstadt) seit ältester Zeit das wichtigste Zentrum des ägyptischen Sonnenkultes war (s. S. 24).

Der römische Satirendichter Juvenal (ca. 55–130 n.Chr.) zieht in seiner sechsten Satire ausgiebig über wollüstige Frauen seiner Zeit her, und der Text lässt in dieser Hinsicht nichts an Deutlichkeit und Deftigkeit zu wünschen übrig. Umgekehrt bezeichnet Juvenal in Vers 165 eine schöne, wohlhabende, ehrbare Frau aus gutem Haus als etwas so Seltenes wie einen schwarzen Schwan: *Rara avis in terris nigroque simillima cycno* (Ein seltener Vogel auf Erden, ähnlich dem schwarzen Schwan).

Ist im Deutschen meist allgemein von einem »seltenen Vogel« die Rede, so spricht man im modernen Englisch nicht etwa von »rare bird«, sondern direkt von *black swan*. Der »schwarze Schwan« ist ein ganz gebräuchliches Sprachbild für ein seltenes Ereignis. Ganz aktuell findet es sich in einem Buchtitel des amerikanischen Nationalökonomen Nassim Nicholas Taleb: *Der schwarze Schwan*. Es geht um unvorhersehbare Risiken am Finanzmarkt, die nur mit sehr geringer Wahrscheinlichkeit eintreten, dann aber gewaltige Folgen haben.

Juvenal gibt aber, der literarischen Tradition folgend, noch ein anderes Beispiel für einen »seltenen Vogel«: *Felix ille tamen corvo quoque rarior albo* (Ein solcher Glückspilz ist jedoch noch seltener als ein weißer Rabe).

Horaz macht sich in seinen *Satiren* (II, 2) über »Tafelsünden« lustig. Damit meint er die übertriebenen Schlemmereien luxuriöser Esser, die »schlichte Hausmannskost verschmähen« und sich nur mit teuren, schwer zu beschaffenden Gerichten zufriedengeben, etwa »mit dem Pfau, der aufgetragen lieber deinen Gaumen kitzelt als ein gebratenes Huhn; der Schein betört dich, *quia veneat auro rara avis et picta pandat spectacula cauda* – da der seltene Vogel nur für schweres Geld zu haben [ist] und mit dem bunten, ausgespreizten Schweif ein prächtig Schauspiel bietet«.

Wehret den Anfängen!

Außer den *Metamorphosen* und der *Liebeskunst* (*Ars amatoria*) hat Ovid auch *Remedia amoris* (*Heilmittel gegen die Liebe*) geschrieben. Darin ist zwar in der Tat auch von allerlei Kräutermitteln die Rede, aber das ist nicht die Hauptsache. In erster Linie sind es kluge Ratschläge an unglücklich Verliebte wie etwa »Meide das Nichtstun«, »Meide die Einsamkeit«, »Du bist sicherer inmitten des Volkes« (gemeint ist: Geh unter die Leute statt allein zu Hause herumzusitzen) oder die erwägenswerte Alternative, sich von vornherein zwei Frauen gleichzeitig zuzuwenden. Ist die Liebe erst noch im Entstehen, so empfiehlt Ovid, umkränzt von einer ganzen Reihe wortreicher Vergleiche (ein angetrabtes Pferd wieder zum Stehen bringen; junge Halme ausreißen, bevor sie zum kräftigen Baum werden; den Hals noch rechtzeitig aus dem Joch ziehen), die generelle Formel: *Principiis obsta* – Wehre den Anfängen.

Ovid (43 v.Chr.-ca. 17 n.Chr.) war einer der bedeutendsten lateinischen Dichter. Er stand dem Kaiserhaus nahe, wurde aber im Jahr 8 n.Chr. von Kaiser Augustus aus unbekannten Gründen ans Schwarze Meer verbannt, von wo er nie mehr zurückkehren durfte und wo er, als ausgesprochener Hauptstadtmensch, verschmachtete.

Die Zeiten ändern sich

Im fünfzehnten, dem letzten »Buch« (Kapitel) seiner *Metamorphosen* (*Verwandlungen*) regt sich Ovid zunächst in der Rolle des »Weltweisen« Pythagoras darüber auf, wie frevelhaft es sei, Tiere zu schlachten, um sie a) zu essen und b) durch Eingeweideschau die Zukunft vorhersagen zu wollen. (Ovid/Pythagoras empfiehlt natürlich vegetarische Kost.) Dann kommt Pythagoras auf die Seelenwanderung zu sprechen und ist damit schon nahe am Hauptthema des Buches. In Vers 165 heißt es: *Omnia mutantur, nihil interit* (Alles verwandelt sich, nichts geht zugrunde). Wie »alles fließt und jede Erscheinung sich im Lauf der Zeit wandelt« (Vers 179) wird anschließend an vielen Beispielen aus der Natur ausgeführt: der Lauf der Gestirne, das Aufkeimen der Saaten, Jugend und Alter des Menschen, sogar die »Elemente«: »Löst sich die Erde auf, wird sie durchsichtig, wird fließendes Wasser« (Vers 245).

Der gelehrte und dichtende Kaiser Lothar I., Enkel von Karl dem Großen, griff diese Formulierung auf und veränderte sie in die uns geläufige Form *Tempora mutantur, et nos mutamur in illis* (Die Zeiten ändern sich und wir verändern uns in ihnen).

Es ist noch nicht aller Tage Abend

In seiner ebenso umfangreichen wie detailreichen römischen Geschichte mit dem sprichwörtlichen Titel *Ab urbe condita* (*Seit Gründung der Stadt*) beschreibt Livius (ca. 60 v.Chr.-17 n.Chr.) im 39. Buch die Zeit zwischen 190 und 180 v.Chr., die letzten Lebensjahre des Makedonen-Königs Philipp V. Er war die wichtigste Figur in jener Zeit der ersten aktiven römischen Ostpolitik. Nach dem Sieg über die Karthager im Zweiten Punischen Krieg (218–201 v.Chr.) waren die Kathager als nautische Vormacht im Mittelmeer beseitigt. Die Römer strebten nun nach der Dominanz über die großen und kleinen Herrschaften rund um die Ägäis und in Kleinasien. In den wichtigeren unter diesen regierten Nachfolge-Dynastien, sog. Diadochen, des rund hundert Jahre zuvor zerfallenen Alexanderreiches. Dazu zählte auch Philipp, König von Makedonien. Er war zwar ein Bundesgenosse der Römer, sogar der wichtigste in Griechenland, aber er hasste sie auch.

Im Winter 186 v.Chr. ging es um eine lokale Streitfrage, die von einer eigens angereisten römischen Kommission entschieden werden sollte. Philipp hatte zwei von den Römern für frei und unabhängig erklärte thrakische Städte besetzt. Er hoffte auf die Billigung seines Vorgehens durch die Römer und brachte in dem heftigen Streitgespräch Ausflüchte und Scheinargumente vor. Livius schreibt (*Liber XXXIX, 26*), zum Schluss habe er sich vom Zorn hinreißen lassen und in drohendem Ton gesagt »*nondum omnium dierum solem occidisse* – noch sei nicht die Sonne aller Tage untergegangen«. Zwar sprach er von den anwesenden Thrakern, aber die Römer waren mit gemeint und verstanden es auch so. Sie wiesen Philipp mit ihrem Schiedsspruch in die Schranken.

Unter der Herrschaft von Philipps Sohn Perseus verlor das blühende und in Griechenland dominierende Makedonien 168 v.Chr. in der Schlacht von Pydna endgültig seine Selbständigkeit und wurde eine römische Provinz.

Schuster bleib bei deinem Leisten

Aus der griechischen Antike kennen wir nicht ein einziges Originalgemälde, ein ganz herber Verlust für die Kulturgeschichte. Nur einige Beschreibungen sind bekannt (man stelle sich vor, von Rembrandts oder Raffaels Bildern gäbe es nur Beschreibungen) – und die Namen berühmter Maler. Einer von ihnen war Apelles (ca. 370–300 v.Chr.), ein Zeitgenosse von Alexander dem Großen und von Aristoteles. Der römische Universalgelehrte Plinius (ca. 23–79) überliefert die Anekdote, Apelles habe sich gern hinter seinen Bildern ver-

steckt, um die Kritik der Betrachter anzuhören. Einem Schuster fiel
auf, dass bei einem gemalten Schuh eine Öse fehlte. Nachdem Apelles das korrigiert hatte, habe der Schuster auch an dem Schenkel der
dargestellten Person etwas auszusetzen gehabt. Plinius berichtet,
was Apelles darauf entgegnete: *Ne supra crepidam sutor iudicaret*:
Der Schuster solle sich gefälligst nur ein Urteil über den Schuh erlauben, also bei seinem Leisten/Gewerbe bleiben.

Krokodilstränen weinen

Die Beobachtung, dass Krokodile beim Verschlingen ihrer Beute
ein Tränensekret absondern, findet sich schon bei Plinius in seiner
Naturalis historia. Seine Interpretation, sie würden damit Trauer
heucheln, hat sich das Mittelalter hindurch erhalten. Der nieder-
ländische humanistische Gelehrte Erasmus von Rotterdam nahm
das in seine umfangreiche Sprüchesammlung *Adagia* auf, die er
1500 erstmals herausbrachte und jahrzehntelang erweiterte. Daraus
wurde (lateinisch) *Crocodili lachrymae* in alle großen europäischen
Sprachen übernommen (englisch *crocodile tears*, französisch *larmes
de crocodile*) und redensartlich verwendet.

Die *Naturalis historia*, die sogenannte »Naturgeschichte« des Plinius ist kein Geschichtswerk, sondern ein grandioses Sammelwerk
des Wissens, vor allem der Naturkunde. Es ist das bedeutendste seiner Art, das aus der Antike überliefert ist, sozusagen der *Brockhaus*
oder die *Encyclopedia Britannica* der römischen Kaiserzeit. Von der
Pflanzen- und Tierkunde über Mineralogie und Metallverarbeitung
bis hin zu Erdkunde, Heilkunde und Kunst ist darin »alles« enthalten. Die Enzyklopädie gewährt staunenswerte und umfangreiche
Einblicke in das Wissen der Antike. Auch das Mittelalter, das selbst
kaum forschende Blicke auf die Natur warf, zehrte unter anderem
von Plinius' enzyklopädischem Sammelwerk.

Plinius stammte aus einer angesehenen und wohlhabenden Familie und diente zunächst als Offizier im kaiserlichen Heer unter
Vespasian und Titus (dem Jerusalem-Zerstörer). Als Militär kam
Plinius auch nach Germanien. Er starb beim Ausbruch des Vesuvs
im Jahr 79.

Ein vernichtender Blick

geht auf den Basiliskenblick zurück, von dem Plinius im 8. Buch seiner Naturgeschichte berichtet. Er beschreibt das angeblich in der Cyrenaika (Libyen) vorkommende (Un-)Tier genauso selbstverständlich wie das Krokodil, den Elefanten und andere Tiere Afrikas. Der hühnerartige Vogel entsteht angeblich aus einem Ei, das von einer Schlange oder einem Vogel ausgebrütet wird; er hat auch reptilhafte Merkmale, geht aber aufrecht und windet sich nicht. Wegen seines sengenden Atems ist der Basilisk in Tiermythen und Märchen gefürchtet, vor allem aber wegen seines Blickes, der töten beziehungsweise versteinern kann. In dergleichen altertümlicher Fantasyliteratur wird der Basilisk oft auch mit Drachen in eins gesetzt. Die Vorstellung davon hat sich von der Antike über das Mittelalter bis in die Aufklärungszeit bewahrt. Noch *Zedlers Universallexikon* (um 1750), sozusagen der Vorläufer des Brockhaus, geht von der realen Existenz des Basilisken aus.

Satiriker der römischen Kaiserzeit

Hast du was, bist du was

In dem derb-komischen Roman *Satyricon* von Petronius (ca. 14–66) nimmt das berühmt-berüchtigte »Gastmahl des Trimalchio« eine zentrale Stelle ein. Hier geht es genau so zu, wie man es sich unter dem Stichwort »Toll trieben es die alten Römer« vorstellt; im Übrigen dürften unsere Vorstellungen solcher Gelage zu guten Teilen auf eben dieser Schilderung des Petronius mit all ihren deftigen Einzelepisoden und Anekdoten beruhen. Schauplatz des Gastmahls ist ein nicht genannter Ort in der Umgebung von Neapel. Gegen Ende des Mahls erzählt Trimalchio, wie er es als junger Sklave aus Kleinasien über das Bett seines Herrn und Prinzipals zum eigentlichen Herrn in dessen Haus gebracht hat. (»Ich stellte auch die Prinzipalin zufrieden.«) Trimalchio erbte einen Großteil des Vermögens. Davon ließ der unternehmerisch begabte ehemalige Sklave eigene Schiffe für den Fernhandel bauen, die alle kenterten (»An einem Tag hat Neptun dreißig Millionen geschluckt«). Doch er fing mit dem Geld seiner Frau, die Schmuck und Kleider verkauft hatte, noch einmal von vorn an und schuf sich mit Glück ein neues Riesenvermögen. Solche Unternehmerkarrieren waren im alten Rom keine Seltenheit. In Kapitel 77 weist Trimalchio in protziger Neureichenmanier auf sein luxuriöses Haus hin (»... jetzt ist es ein Tempel (...) zwanzig Schlafräume, zwei Marmorkolonnaden«) und versichert treuherzig: »Ihr könnt mir glauben – *assem habeas, assem valeas; habes, habeberis*« (wörtlich: Hast du einen Groschen, bist du einen Groschen wert. Hast du etwas, giltst du etwas). Die Wendung wurde von Petronius in genau demselben Sinn verwendet wie heute: als Motto aller Neureichen.

Das *Gastmahl des Trimalchio* ist das längste Stück des einst wohl sehr umfangreichen *Satyricon*, das nur in Fragmenten überliefert ist. Es wurde erst in der Barockzeit (nach 1645) wiederentdeckt und veröffentlicht. Sein Verfasser, der römische Senator Petronius, war unter Kaiser Nero einer der angesehensten Männer Roms. Er war Nero auch persönlich eng verbunden und vom Kaiser zum *arbiter elegantiae*, zum obersten Schiedsrichter in allen Fragen des guten Geschmacks, bestellt. Petronius wäre also heute eine Art schriftstellernder Karl Lagerfeld und sozusagen im freiberuflichen Staatsdienst für Angela Merkel in Fragen von Frisuren, Kleidung und gutem Benehmen zuständig. (Wobei wir Angela Merkel natürlich nur im Hinblick auf die Inhaberschaft der Regierungsmacht mit Nero vergleichen wollen, nicht in irgendeiner anderen Hinsicht.)

Brot und Spiele

»Schon lange [...] kümmert sich die Menge um nichts: das Volk [...] hält sich zurück jetzt. Nach zwei Dingen lechzt es nur – nach Brot und Spielen« (*panem et circenses*), schreibt der römische Satiriker Juvenal in *Satire X* (Vers 78–81). Im alten Rom gab es außer gelegentlichen Sondersteuern keine regelmäßigen Steuern, mithin auch keine regelmäßigen Staatseinnahmen. Alle öffentlichen Ämter waren Ehrenämter. Diese auszuüben konnten sich deswegen nur reiche Aristokraten »leisten«. Manche nahmen sogar hohe Schulden auf sich, um sich überhaupt erst in solch ein Amt wählen lassen zu können (wie etwa Cäsar, der aus hocharistokratischer Familie stammte, aber ziemlich verarmt war). Auch öffentliche Bauten und »Infrastrukturmaßnahmen« wie der Bau von Straßen oder Wasserleitungen wurden von sehr reichen Römern privat finanziert. Deswegen heißen etwa die Via Appia oder die Aqua Appia nach ihrem Bauherrn, dem Censor Appius (um 310 v.Chr.). So gesehen war der ganze römische Staat eine Privatveranstaltung der aristokratischen Oberschicht und später natürlich auch der Neureichen. Refinanziert wurden solche Ausgaben in älterer Zeit beispielsweise durch Kriegsbeute oder die Tributzahlungen unterworfener Völker, in Zeiten des Imperiums ebenfalls durch Feldzüge, vor allem aber durch das systematische Auspressen der Provinzen. Deren Statthalterschaften schoben sich die Aristokraten gegenseitig zu. Dort konnten sie nach Belieben schalten und walten. (Auch in dieser Art von Kontosanierung war Cäsar ein Meister; seine Statthalterschaft in Spanien wie sein berühmter »Gallischer Krieg« dienten hauptsächlich diesem Zweck.) Aus verfassungsrechtlichen Gründen waren die Herrschenden in Rom auf die Zustimmung der Volksmassen angewiesen, die sie sich, wie Juvenal an dieser Stelle formuliert, durch Getreidezuteilungen und die Finanzierung der Volksbelustigungen erkauften.

Juvenal (ca. 60–130) schrieb seine (16 überlieferten) Satiren mit dem erklärten Ziel, die »Zustände wie im alten Rom« anzuprangern (s. S. 106, *Difficile est satiram non scribere*).

Lateinische Zitate im Deutschen

Non plus ultra

Damit waren die »Säulen des Herkules« gemeint, die Meerenge von Gibraltar zwischen Europa und Afrika, also das westliche Ende des Mittelmeeres und sein Übergang in den Atlantik. An dieser Stelle liegen in Sichtweite zwei Berge gegenüber: Die Felsen von Gibraltar

und an der marokkanischen Küste der Dschebel Musa (»Moses-
berg«). In der Antike fürchtete man sich davor, über diese Grenze
hinaus in die unbekannten Gewässer des Atlantiks zu segeln. Davon
spricht erstmals der frühgriechische Dichter Pindar (ca. 520-ca. 445
v.Chr.) in seiner *Nemeischen Ode* (3, 21 ff), und es wird überliefert,
Herkules selbst habe die Worte in die »Säulen« (Berge) eingraviert.
Das *Non plus ultra* ist also »das Äußerste«, im Sinne von »die äußerste Grenze«, heute eher im Sinn von »das Höchste«.

Übrigens: Der Wahlspruch des deutschen Kaisers Karl V. (als spanischer König Carlos I.), unter dem die spanischen Entdeckungs-
fahrten gleich nach der Entdeckung Amerikas ihren ersten Höhepunkt erreichten, lautete konsequenterweise: *Plus ultra* (Darüber
hinaus).

Per aspera ad astra

»Nur durch raue Gefilde führt der Weg zu den Sternen« ist ein vor
allem in den Vereinigten Staaten beliebtes Motto: Man muss sich auf
einen langen, steinigen Weg gefasst machen, wenn man ein großes
Ziel erreichen will, lautet die so von Seneca in *Hercules furens* auf
Lateinisch formulierte Lebensweisheit. Von Hesiod an findet sie sich
bei vielen antiken Schriftstellern. Bei Hesiod heißt es etwas um-
ständlicher: »Doch vor das Gutsein haben den Schweiß die unsterb-
lichen Götter / dir gesetzt, und lang und steil ist der Pfad, der hin-
aufführt, / und auch rau zu Beginn, doch wenn er die Höhe erreicht
hat, / leicht ist das Gutsein dann ...« (*Werke und Tage*, 288-291).

»Ohne Fleiß kein Preis (= Lob)«, der »schmale, steile Pfad der
Tugend«, all diese bis heute gebräuchlichen Sprachbilder sind Ausdruck der Lebensweisheit und des Tugendkanons der Antike, die
in der gegenwärtigen »Wertediskussion« etwas in den Hintergrund
getreten sind.

Nomen est omen

Die Komödie *Persa* von Plautus (s. S. 80) spielt nur unter Sklaven;
der Titel rührt daher, dass sich einer der Sklaven in einer Szene
als Perser verkleidet. Vier Sklaven verbünden sich, um die Hetäre
Lemniselenis aus dem Besitz eines Bordellinhabers loszukaufen.

Einer dieser Sklaven ist in Lemniselenis verliebt. Da die Sklaven kein Geld haben, wird es nach mehreren Versuchen letztlich dadurch beschafft, dass der verkleidete »Perser« die Tochter eines der Mitverschwörer als arabische »Sklavin« an den Bordellbesitzer verkauft, der damit das Geld für die Ablösesumme von Lemniselenis unwissend selbst bereitstellt. In der »Verkaufsszene« im 4. Akt wird das in alles eingeweihte Töchterchen von dem Bordellbesitzer nach seinem Namen gefragt und antwortet, ihr Name sei »Lucris« (*lucrum* = Gewinn, Vorteil, Profit; davon im Deutschen: lukrativ). In diesem Moment wendet sich der Hauptdrahtzieher der Intrige, der Sklave Toxilus, an den Bordellbesitzer mit dem Satz: *Nomen atque omen quantivis iam est pretii* – »Der Name und seine Bedeutung sind doch schon etwas wert«. Man hatte dem Bordellbesitzer vorgegaukelt, das Mädchen sei womöglich vornehmer Herkunft. Diese »Profitchance« will sich der Bordellbesitzer in der Tat nicht entgehen lassen. Er erliegt also der damals durchaus nicht abwegigen Vorstellung, die Familie von »Lucris« würde sie gegen ein hohes Lösegeld heimholen. Im Übrigen war Sklavenhandel ein alltägliches, gewinnbringendes Geschäft. Sklaven und Sklavinnen mit besonderen Fähigkeiten, ja Kunstfertigkeiten (vom Schreiben und Lesen bis zum Tanz und zur Unterhaltung) wurden teilweise speziell ausgebildet und teuer weiterverkauft.

Summa summarum

Zu Beginn des Stückes *Truculentus* (= Grobian) von Plautus, gleich nach dem Prolog, gibt der junge Athener Diniarchus eine Art einleitende Erklärung ab, worum es in dem Stück geht: »Sammelt ein Verliebter auch sein ganzes Leben lang seine Erfahrungen und lernt immer wieder dazu / so kommt er dennoch nie dahinter, auf welch vielerlei Weise / er immer wieder genasführt wird. *Venus / quam penes amantum summa summarum redit* – Ja, Venus selbst, / die doch in allen Liebessachen die oberste / Gebieterin ist, wäre außerstande Auskunft ihm zu geben, wie so oft man den Verliebten foppt«. *Summa summarum*, »die Höchste der Hohen« ist also niemand anderes als die Göttin Venus. Keine Frage: In Liebessachen ist sie die höchste Instanz, steht »alles über allem«, wie die Wendung mittlerweile in deutlicher Loslösung von ihrem ursprünglichen Kontext gebraucht wird.

In dem Stück von Plautus ist Diniarchus einer von drei sehr unterschiedlichen Männern, die von der Hetäre Phronesium skrupellos gegeneinander ausgespielt und ausgebeutet werden. Sie geht sogar so weit, sich ein neugeborenes Kind zu besorgen, als dessen Vater sie einen ihrer Liebhaber, einen Offizier, bezeichnet, von dem sie dadurch noch mehr Geld und Geschenke erpresst. Zufällig ist der Vater des Kindes aber Diniarchus, was Phronesium aber nicht weiter anficht. Sie ist sozusagen »das Biest« (wie die »Alexis« der Joan Collins in *Denver-Clan*) in dieser attisch-römischen Seifen-Komödie.

Ceterum censeo

Auf gut Deutschlatein spricht auch heute noch ein bildungssprachlich versierter Mitbürger von »meinem *Ceterum censeo*«, wenn eine regelmäßig wiederholte Mahnung gemeint ist. Der römische Staatsmann Marcus Porcius Cato (234–149 v.Chr.) verlangte nach jeder seiner Reden, egal zu welchem Thema, mit der Schlussformel »Im Übrigen meine ich« (Ceterum censeo), dass Karthago nicht nur besiegt werden müsse – das war bereits geschehen –, sondern auch völlig zerstört. Das wurde schließlich 146 v.Chr. umgesetzt.

Cato absolvierte die römische Ämterlaufbahn bis zum Konsul. Wegen seiner Unbestechlichkeit und Unvoreingenommenheit insbesondere als Zensor gilt er als Inbegriff eines Konservativen. Neben der Vermögensschätzung und Volkszählung (*census*) beurteilten die Zensoren auch den moralischen Lebenswandel der Römer und konnten bei Verfehlungen Änderungen am Bürgerstand vornehmen. Von daher leitet sich der moderne Gebrauch des Wortes »Zensur« ab.

Variatio delectat

Im Prolog zu seinem zweiten Buch mit Fabeln weist Phaedrus (s. S. 9) voll Lob und Dank auf seinen Vorgänger Äsop hin und erwähnt auch noch einmal Sinn und Zweck der Fabeln: »Dass sie der Menschen Irrungen berichtigen / und sich an ihnen schärfe Geistestätigkeit.« Phaedrus will sich auch künftig eng an sein Vorbild halten und erklärt, sozusagen als editorische Anmerkung: »... schieb ich aber etwas ein / damit des Ausdrucks Wechsel auch ergötzen mag (*dictorum sensus ut delectet varietas*)« und somit den Leser erfreue. Von dieser Stelle leitet sich die sprichwörtliche Fassung *Variatio delectat* (Abwechslungsreichtum ist erfreulich) her.

Übrigens gab es zu dieser Stelle einst den Pennälerspruch: »Delectat variatio steht nicht erst bei Horatio.« Obwohl Horaz und Phaedrus in der Epoche von Kaiser Augustus Zeitgenossen waren, soll damit zum Ausdruck gebracht werden, dass nicht alles und jedes lateinische Zitat untrüglich bei Horaz zu finden ist. Von Horaz stammen allerdings sehr viele bildungsbürgerliche Zitate.

Carpe diem

üblicherweise übersetzt mit »Nutze den Tag« ist eines der bekanntesten Antikenzitate und ein Inbegriff antiker Lebensweisheit. Es findet sich in einem kurzen Gedicht, Nummer 11, im ersten Buch der *Carmina* (= Lieder /Oden) des Horaz. In diesem Gedicht an Leukonoe, seine Geliebte, rät ihr Horaz, von den auch damals schon weitverbreiteten »astrologischen Rechenkünsten abzulassen«. Mit ihrer Hilfe wollte man in der extrem abergläubischen Antike bei jeder Gelegenheit, von banalen Alltagsgeschäften bis zu bedeutenden Staatsakten, den »günstigen Tag« oder den »günstigen Zeitpunkt« bestimmen. Horaz dagegen meint, man solle sich lieber in sein Los schicken, man wisse ja nie, ob das laufende Jahr das letzte für einen sei. Man solle sich lieber »nur auf das Heute einstellen«. Das neunzeilige Gedicht schließt mit den Worten: *Dum loquimur, fugerit invida /aetas: Carpe diem quam minimum credula postero* – »Während wir reden, verstreicht die neidische Zeit; Greif diesen Tag, vertraue nicht auf den nächsten.« Da Horaz hier eindringlich darauf hinweist, wie unablässig die Zeit verstreicht, ist *Carpe diem* sicherlich auch im Sinne von »Augenblick, Gelegenheit« zu verstehen: »Koste den Augenblick aus.«

Den richtigen Augenblick, die gute Gelegenheit stellten sich Griechen und Römer als Person vor, den *kairos*, einen engelhaft vorbeiflatternden jungen Mann, den man an seinem Haarschopf vorne an der Stirn packen muss. Aus dieser antiken Vorstellung stammt die Redewendung: **»Die Gelegenheit beim Schopf packen.«**

In medias res – Ab ovo

Bekannt ist, dass Horaz für alle Zeiten maßstabsetzend den Homer in *De arte poetica* (*Über die Dichtkunst*; s. S. 89) lobte, weil er »immer rasch zum Endziel strebt und den Hörer mitten hinein in die Geschichte führt, als kenne jeder den Hergang (*semper ad eventum festinat et in medias res ...*).

Diese kurze Stelle über Homers Epik enthält noch ein weiteres berühmt gewordenes Sprachbild: Homer schildere den Beginn des Trojanischen Krieges eben nicht *ab ovo*: Die schöne Helena war bekanntlich der Auslöser für den Trojanischen Krieg; sie war, gemeinsam mit ihren Brüdern, den Zwillingen Kastor und Pollux, aus einem Ei der Leda geboren worden. Deswegen sagt man spöttisch von Erzählungen, die umständlich bei den Uranfängen beginnen: »Bitte nicht *ab ovo*!«, also bitte nicht »vom Ei« (der Leda) anfangen. (So wie man auch sagt: »Bitte nicht bei Adam und Eva anfangen.«) Das Gegenteil von *in medias res* ist also: *ab ovo*.

Ferner gibt Horaz an dieser Stelle ein negatives Beispiel eines pompösen Auftaktes mit viel Wortgeschwafel, wobei man immer fürchten muss, dass nicht viel Spannendes hinterherkommt: **Der Berg kreißte und gebar eine Maus** (*parturient montes, nascetur ridiculus mus*, wörtlich: Kreißen werden die Berge, geboren wird nur eine lächerliche Maus).

Sui generis

Aus einer völlig beiläufigen Stelle in Plinius' *Naturalis historia* stammt diese bekannte lateinische Formulierung. Plinius' Artikel über Maulbeerbäume (lateinisch *mora*) beginnt mit dem Satz: *Mora, in Aegypto et Cypro sui generis ut diximus ...* – Wie wir bereits gesagt haben, sind die Maulbeerbäume in Ägypten und Zypern von eigener Art ...

»Sui generis« wird nach wie vor gebraucht, um Besonderheiten hervorzuheben.

Sine ira et studio

Diese berühmte Formulierung steht am Anfang, gleich im zweiten Absatz, des umfangreichen Geschichtswerks *Annalen* von Tacitus.

Tacitus sagt hier ausdrücklich, dass er »unparteiisch« berichten wolle: »Deshalb beabsichtige ich, nur Weniges über Augustus, und zwar das Ende seiner Regierung, zu berichten, dann die Herrschaft des Tiberius und die Folgezeit darzustellen, und zwar ohne Gefühle oder Absichten (*sine ira et studio*), wofür mir jeglicher Anlass fehlt.«

Publius Cornelius Tacitus (ca. 55–ca. 120), aus Gallien gebürtig, absolvierte eine senatorische Ämterlaufbahn in Rom. Um das Jahr 100 begann er mit der Abfassung seiner geschichtlichen Werke, zunächst – und in Deutschland berühmt – natürlich der *Germania*. (Die Germanen – je weiter weg, desto wilder – werden zu Erzfeinden des Reiches erklärt, was allerdings auch damit zusammenhängt, dass Rom damals keine anderen mehr hatte.) Darauf folgten die *Historiae*, eine Geschichte des flavischen Kaiserhauses, also aus Tacitus' Sicht die jüngste Geschichte seit dem Jahr 70. Die Lücke zwischen dem Ende des Augustus bis dahin behandeln die *Annalen*.

Pro domo

Ciceros Haus in Rom war während des Bürgerkriegs von seinem langjährigen Gegenspieler Clodius beschlagnahmt worden, als Cicero im Exil war. Clodius hatte es abreißen und auf einem Teil des Grundstücks einen Tempel errichten lassen. Nach seiner Rückkehr aus fünfzehnmonatigem Exil forderte Cicero in einer Rede die Rückgabe wenigstens des Grundstücks. Die Rede aus dem Jahr 57 v. Chr. ist an die zuständige Behörde adressiert und beginnt mit den Worten *Pro domo sua ad pontifices* (Für das eigene Haus an das Pontifikalkollegium gerichtet). Mit dieser Wendung wird heute noch bildungssprachlich ausgedrückt, dass man »in eigener Sache« (pro domo) redet.

Cicero (106–43 v. Chr.) und Cäsar waren praktisch gleich alt. Folglich spielte sich ihr Leben vor dem gleichen geschichtlichen Hintergrund des römischen Bürgerkrieges im letzten Jahrhundert vor der Zeitenwende ab. Terror, Mord und natürlich Vermögenskonfiskationen gehörten damals in Rom zum politischen Tagesgeschäft.

Cicero stand zwar nicht auf Seiten Cäsars, war aber auch nicht an dem Attentat auf ihn beteiligt. Nach dessen Ermordung begünstigte Cicero den Cäsar-Erben Oktavian (später Kaiser Augustus) gegen den unmittelbaren Cäsar-Nachfolger Marc Anton. Als Marc Anton in dem hochdramatischen Jahr 43 v. Chr. vorübergehend die Oberhand gewann, ließ er Cicero ermorden. Ciceros abgeschlagener Kopf und seine Hände wurden auf dem Forum ausgestellt, wo er mit seinen glänzenden Reden so manche Erfolge errungen hatte.

Cicero war ein politisch exponierter Universalgelehrter wie Goethe oder der amerikanische »Gründervater« und Verfasser der Unabhängigkeitserklärung Thomas Jefferson. Über keine andere Person der Antike sind wir – vor allem wegen der vielen erhaltenen Briefe – so gut unterrichtet wie über Cicero; bisweilen über sein Leben Tag für Tag. Als Rhetor war Cicero umfassend gebildet; seinen philosophischen Schriften verdankt die Nachwelt die Kenntnis etlicher Inhalte des griechischen Denkens. Ciceros Sprachstil galt schon in der Antike als Inbegriff des klassischen Lateins.

Genius loci

Den Menschen der Antike galt die gesamte Natur, ob Wind, Wellen, Quellen, Pflanzen, Wachstum, was auch immer, von göttlichen Kräften durchwaltet. Naturgesetze im modernen Sinne kannte man nicht, ebenso wenig eine materielle Auffassung von der Natur. Der antike Mensch begriff sich zutiefst eingebettet in kosmisches Gesamtgeschehen. Überall in der Natur sah man »Vorzeichen« des Willens der Götter beziehungsweise des »Schicksals«. Hausgötter, Schutzgötter, Lokalgottheiten waren allgegenwärtig. Daher verwundert es nicht, wenn völlig selbstverständlich vom *genius loci*, dem örtlichen Schutzgeist die Rede ist.

Wie er sich manifestiert, kann man eindrucksvoll einer Stelle in Vergils *Aeneis* (5. Gesang, Vers 96) entnehmen. Nach dem Aufbruch von Karthago, wo Äneas die unglückliche Dido zurücklassen musste, die sich daraufhin auf den Scheiterhaufen warf, landet er mit seinen Troja-Flüchtlingen auf Sizilien und vollzieht hier einen ausführlich beschriebenen Trauer- und Gedenkritus zu Ehren seines Vaters Anchises. Als Erstes streut er Blüten, bringt mehrere Trankopfer dar und spricht dann ein Gebet. »Er hatte eben geendet, als sich aus der Tiefe des Grabes eine schillernde Schlange, ungeheuer groß, in sieben Windungen hervorwand. Geruhsam umschlang sie den Hügel und glitt an den Altären vorbei. Bläulich gefleckt war ihr Rücken und goldschimmernder Glanz ließ ihre Schuppen leuchten, wie wenn auf die Wolken ein Regenbogen den Widerschein seiner tausend Farben fallen lässt, gegenüber der Sonne. Starr vor Staunen war bei dem Anblick Äneas. Jene Schlange aber kroch weiter und weiter, ringelte sich schließlich zwischen den Opferschalen und blanken Bechern und labte sich an den (Opfer-)Speisen. Dann verschwand sie wieder harmlos in der Tiefe des Hügels und ließ leergeschmaust die Altäre zurück. Umso eifriger vollzog Äneas seinem Vater zu Ehren das begonnene Opfer, *incertus, geniumne loci famulumne parentis esse putet* – auch wenn er nicht wusste, ob er die Schlange für den Schutzgeist des Ortes oder eine Botin des Vaters halten sollte.«

Vergil (ca. 70 v.Chr.-20 n.Chr.) gehörte wie Horaz zum Maecenas-Kreis der römischen Staatsdichter und verfasste im Auftrag des Kaisers Augustus mit der *Aeneis* das hochgerühmte literarische Nationalepos der Römer. Es ist sehr umfangreich und, wie die zitierte kleine Stelle zeigt, ein sprachliches Meisterwerk. Nicht »Homer«, sondern die *Aeneis* war im ganzen Mittelalter die bei Weitem bekanntere »Sage« vom Untergang Trojas. »Homer« wurde erst im Barock wiederentdeckt und als abschreckendes Beispiel »barbarischer« Dichtung zunächst ins Französische übersetzt. Aber gerade »Homers« »Urwüchsigkeit« und »ungekünsteltes« Erzählen begeisterte rund hundert Jahre später die Dichter des Sturm und Drang und die Romantiker, und erst nach 1750 überflügelte »Homer« hinsichtlich literarischer Wertschätzung und Bekanntheit den Vergil.

Tabula rasa

Damit war in der Antike keineswegs der »leergefegte Tisch« gemeint, wie manche glauben, vielmehr wurde die Wendung im Sinn von »ein unbeschriebenes Blatt« verwendet. In der Antike kannte man allerdings noch kein Papier, sondern benutzte als »Notizbuch« wachsüberzogene Täfelchen (*tabula*), die mit einem Griffel beschrieben wurden. Wurde die Notiz nicht mehr benötigt, wischte man sie wieder weg (*radere;* Participium femininum: *rasa*).

In der Antike gebrauchten Aristoteles (*De anima*) und Platon (*Theaitetos*) und im Mittelalter Albertus Magnus (*De anima*) dieses

Sinnbild. Auch noch John Locke (1632–1704) nahm es als Vergleich für den kindlichen Verstand, der durch Wissen und Erfahrung geformt wird. Der bedeutende englische Aufklärer war der Meinung, dass alle Vorstellungen, die wir von der Welt haben, auch die religiösen, kulturell geprägt sind.

In vino veritas

Der römische Gelehrte Plinius (23 v.Chr.-79 v.Chr.) hinterließ ein sehr viele Bände umfassendes Werk mit dem Titel *Naturalis historia* (Naturkunde, s. S. 94). In Buch 14 wird unter anderem der Weinanbau behandelt, von Weinsorten ist die Rede sowie vom Weingenuss. Plinius zitiert *in vino veritas* ausdrücklich als »Sprichwort des Volkes«. Die Wendung geht zurück auf den frühgriechischen Dichter Alkaios aus Lesbos (ca. 600 v.Chr.), der feinsinnig formuliert hatte: »... der Wein ist der Spiegel der Seele«. Sie wird mehrfach in der antiken Literatur zitiert, auch bei Platon – natürlich in seinem *Symposion* (üblicherweise übersetzt mit *Gastmahl*).

Die Stelle bei Plinius ist aber prägend für die auch im Deutschen auf Latein zitierte Wendung geworden. Über die Folgen des Zechens heißt es: »Dann schätzen die lüsternen Augen die Hausfrau ab, voller Trunkenheit verraten sie es dem Gatten, dann werden die Geheimnisse der Seele hervorgeholt. Die einen sprechen ihr Testament vor Zeugen aus, die anderen führen todbringende Reden und halten die Worte nicht zurück, die über ihre Kehle den Weg zurückfinden werden – und wie viele sind so zugrunde gegangen! – und schon im Volke heißt es ›im Wein liegt Wahrheit‹ (*volgoque veritas iam attributa vino est*).« Über weitere Folgen heißt es kurz darauf: »Blässe und herabhängende Wangen, Augengeschwüre, zitternde Hände, die volle Becher verschütten (...), nächtliche Unruhe und (...) als höchster Preis der Trunkenheit eine widernatürliche Wollust und Freude am Laster. Am folgenden Tag ein Atem wie aus einem Weinkrug, treten Vergessenheit aller Vorgänge und Schwinden des Gedächtnisses ein.«

Difficile est satiram non scribere

»Es fällt schwer, darüber keine Satire zu schreiben« ist ein weiterer berühmter Satz des römischen Satirendichters Juvenal (s. S. 90), den zumindest die Gymnasiasten kennen. In der Einleitung seiner ersten Satire regt sich Juvenal über die sprichwörtlichen »Zustände wie im alten Rom« auf, die Ausschweifungen, die Manipulationen in der Politik, den Kulturverfall, die Prasserei und den Luxus, die Habgier, und kündigt an, dass er sie zum Thema seiner nachfolgenden Satiren machen will (Vers 30). Juvenal mag in seinen Satiren manches drastisch überzeichnen, aber sie geben dennoch in vieler Hinsicht ein anschauliches Sittenbild vom Rom der Kaiserzeit, sind also eine Art Originalton-Doku. Allerdings gehören Juvenals Texte nicht in Kinderhände.

Mens sana in corpore sano

In seiner zehnten Satire verspottet Juvenal, was sich die Leute so wünschen: Reichtum, Beredsamkeit, Ruhm. All das erklärt er zu vergänglichem, eitlem Wahn. Was, fragt er dann am Schluss, sollen sich die Menschen denn nun eigentlich wünschen, wenn sie zu den Göttern beten? Hier nennt er an erster Stelle (Vers 356): *orandum est ut sit mens sana in corpore sano* – man solle die Götter darum bitten, dass ein gesunder Geist in einem gesunden Körper sei. Juvenal trifft hier also keine Tatsachenfeststellung »In einem gesunden Körper wohnt ein gesunder Geist«, sondern es ist ein Wunsch, ein Gebet. Der Satz lautet zu unserem Ergötzen übrigens vollständig: »Aber damit du etwas hast, worum du betest, weshalb du vor dem Schrein die Kutteln und die göttlichen Weißwürste opferst, sollst du um einen gesunden Geist in einem gesunden Körper beten.«

Historische Zitate aus der Antike

Ich lege meine Hand ins Feuer

Der römische Geschichtsschreiber Titus Livius (ca. 60 v.Chr.-17 n.Chr.) überliefert in seinem während der beginnenden römischen Kaiserzeit unter Augustus entstandenen Geschichtswerk *Ab urbe condita* (*Seit Gründung der Stadt*) die Legende von Gaius Mucius

Scaevola. Die Geschichte aus der römischen Frühzeit soll sich angeblich im Jahr 508 v.Chr. zugetragen haben. Das war nach römischer Geschichtsschreibung die Zeit, als sich Rom, damals eine kleine Bauerngemeinde am Unterlauf des Tibers, aus der Bevormundung durch die benachbarten Etrusker löste und zur selbstverwalteten Polis wurde.

Livius zufolge belagerte der Etruskerkönig Lars Porsenna in jenem Jahr das in den Augen der Etrusker aufmüpfige Rom. Scaevola schlich sich in das Lager des Feindes, um Porsenna zu töten, wurde aber entdeckt. Von Porsenna zur Rede gestellt, erklärte Gaius Mucius Scaevola ganz cool, es werde den Etruskern nicht gelingen, Rom unter ihr Joch zu beugen. Quasi als Beweis für seine kühne Behauptung streckte er seine rechte Hand über eine offene Flamme (in ein Becken mit glühenden Kohlen nach einer anderen Überlieferung). Porsenna soll von dieser Demonstration »römischer Standhaftigkeit« so beeindruckt gewesen sein, dass er die Belagerung abbrach.

Da Gaius Mucius von da an nur noch seine linke Hand gebrauchen konnte, erhielt er den Beinamen »Linkshand« (Scaevola).

Alle Bürger sind vor dem Gesetz gleich

Die Glanzzeit Athens, das sogenannte Perikleische Zeitalter, endete 429 v.Chr. mit Ausbruch des Peloponnesischen Krieges zwischen Athen und Sparta. Auch Sparta war mächtig, aber es hatte an der freiheitlichen und demokratischen Verfassungsentwicklung nicht teilgenommen, in der Athen führend war. Sparta war im Grunde eine Militärdiktatur geblieben.

In seiner Rede auf die Gefallenen des ersten Kriegsjahres in diesem noch lange anhaltenden Peloponnesischen Krieg formulierte Athens führender Staatsmann Perikles (ca. 490–429 v.Chr.) das Selbstverständnis der attischen Demokratie mit der Betonung auf Freiheit, Gleichheit, hohem kulturellen Bewusstsein und natürlichem Mut (statt anerzogenem Drill), was in deutlichem Gegensatz zu der »spartanischen« Mentalität und Verfassung stand. In der durch den Geschichtsschreiber Thukydides (ca. 460-ca. 400 v.Chr.) überlieferten Fassung dieser Rede sagt Perikles über die Volksherrschaft (Demokratie), dass »nach den Gesetzen alle persönlichen Vorzüge niemandem ein Vorrecht verleihen ... [sondern] jeder, wie er sich in etwas auszeichnet, im Staatsdienst seine volle Anerkennung findet«.

Das war vor allem gegen die bis dahin in der Regierung tonangebende Aristokratie gerichtet. Athen hatte in einem lang anhaltenden Prozess mit immer neuen Verfassungsreformen mehr und mehr erweiterten Kreisen auch der bäuerlichen Bevölkerung (dem *demos*) Zugang zu Volksentscheiden, Wahlen und Staatsämtern verschafft. (Natürlich nicht den Sklaven und auch nicht den Frauen; sie blieben von jeder Beteiligung an den Staatsgeschäften ausgeschlossen.) Einen wesentlichen Anstoß zu dieser Art von athenischem Gleichheits- und Wir-Gefühl hatte die Schlacht von Salamis (480 v. Chr.) gegeben, als der Arme neben dem Reichen gleichberechtigt auf den Ruderbänken der Trieren saß, um Athen mit den Schiffen gegen die Perser zu verteidigen. Hier war »die gemeinsame Sache« existentiell spürbar geworden.

Bis in die Gegenwart hinein beziehen sich Denker und Staatsmänner des modernen Verfassungsstaates auf diese und einige andere Passagen in der Gefallenenrede von Perikles.

Sein Schwert in die Waagschale werfen

Der keltische Rom-Eroberer Brennus verlangte im Jahr 387 v. Chr. für seinen Abzug aus der Stadt ein erhebliches Lösegeld: tausend Pfund Gold. Beim Abwiegen kam den Römern der Verdacht, Brennus verwende falsche Gewichte. Sie beschwerten sich deswegen bei ihm. Doch Brennus spielte seine Macht voll aus. Der kaiserzeitliche römische Historiker Titus Livius (s. S. 107) überliefert in seinem umfassenden Geschichtswerk *Ab urbe condita* (V, 47), Brennus habe wie zum Hohn »Vae victis!« (»Wehe den Besiegten!«) gerufen und auch noch sein Schwert in die Waagschale geworfen.

Zu der Goldübergabe kam es dann aber gar nicht, weil in diesem Augenblick der römische Diktator Camillus hinzutrat und die zwischen Brennus und einem Militärtribun getroffene Abmachung über das Lösegeld für nichtig erklärte. Die Kelten forderte er einfach auf, sich zu entfernen, die Römer, »die Vaterstadt mit dem

Schwert in der Hand und nicht mit Gold zurückzugewinnen«, was auch gelang.

Brennus war Anführer des Kelten-Stammes der Senonen. »Brennus« ist allerdings kein Eigenname, sondern ein keltisches Wort für »König«. Die Senonen siedelten entlang der Adria-Küste um das heutige Rimini und Ancona. Die Grenze war der Rubicon. Rom war damals noch eine vergleichsweise kleine Landgemeinde am Unterlauf des Tibers, die sich gerade erst von etruskischer Vorherrschaft befreit und »unabhängig« gemacht hatte. Die Senonen und andere keltische Stämme aus der Po-Ebene versetzten damals durch ihre Beutezüge die italischen Völker bis hinunter nach Sizilien in Angst und Schrecken – verstärkt durch die keltische Gewohnheit, Kopftrophäen ihrer erschlagenen Gegner einzusammeln. Die entscheidende Schlacht wurde am 18. Juli 387 v. Chr. zwischen Brennus' Senonen und den Römern am Flüsschen Allia, ca. zwanzig Kilometer nördlich von Rom, geschlagen. Den Römern galt dieser Tag seither als *Dies ater*, als »**Schwarzer Tag**«. Er hatte auf sie eine ähnliche, unvergessliche Schockwirkung wie der 11. September 2001 auf die Amerikaner. Der Allia-Tag wurde bei den Römern jedes Jahr als Staatstrauertag begangen.

Die Eroberung durch Brennus war aber für achthundert Jahre die letzte Erstürmung Roms bis zu Alarichs Westgoten 410 n. Chr. Rom war niedergebrannt und praktisch vernichtet worden, die Bevölkerung stark dezimiert. Nur den einigermaßen befestigten Burgberg auf dem Kapitol hatten die Kelten nicht stürmen können, weil die schnatternden Gänse der Juno die Verteidiger rechtzeitig aus dem Schlaf gerissen hatten. Nach dem Abzug der Kelten wurde die erste richtige römische Stadtmauer errichtet, die Servianische Mauer; die aus Griechenland übernommene Phalanx-Kampfweise mit dem langen Speer wurde durch den Kampf mit dem Kurzschwert (*gladius* – davon: Gladiator) ersetzt, und die Legionäre trugen künftig stabilere Eisenhelme statt der bisherigen Bronzehelme.

Ein Schatten seiner selbst

Magni nominis umbra – »Er war ein Schatten seines großen Namens« bezog sich auf den im römischen Bürgerkrieg gegen Cäsar unterlegenen Pompeius nach der Schlacht bei Pharsalos. Die Wendung *magni nominis umbra* entstammt dem Epos *Pharsalia* des römischen Dichters Lukan über diese Schlacht, das um 60 n.Chr. entstand.

Auf dem Schlachtfeld von Pharsalos im nordgriechischen Thessalien entschied sich am 9. August 48 v.Chr. der römische Bürgerkrieg in seiner Schlussphase zugunsten Cäsars.

Gnaeus Pompeius (106–48 v.Chr.) stammte aus einer nicht ganz so angesehenen Adelsfamilie wie Cäsar, mit dem er im Übrigen verschwägert war. Pompeius war der zunächst erfolgreichere Feldherr, zumindest in den Augen des Senats. Rund zehn Jahre vor Cäsars gallischen Eroberungen hatte er Kleinasien und den Nahen Osten endgültig dem Römischen Reich einverleibt und sich dadurch nach dem Vorbild Alexanders des Großen den Beinamen »der Große« erworben. Doch der Senat verweigerte Pompeius' Veteranen die versprochene Versorgung. Daraufhin schlossen Cäsar und Pompeius im Jahre 59 das erste Triumvirat gegen den Senat. Später neigte Pompeius aber doch wieder der Senatspartei, den Optimaten, zu und geriet dadurch in Gegensatz zu Cäsar, den Anführer der Popularen. In dieser Zeit führte Cäsar den *Bellum gallicum* und schickte sich anschließend an, die Alleinherrschaft in Rom zu übernehmen. Am 10. Januar 49 v.Chr. überschritt er mit den Worten »Die Würfel sollen fallen« den Rubikon (s. S. 86). Pompeius war vom Senat eigentlich damit beauftragt, Rom zu verteidigen, doch seine militärischen Kräfte reichten dazu nicht. Er wich nach Griechenland aus. Ein Jahr lang mobilisierten beide Feldherrn noch einmal alle verfügbaren Kräfte und im Sommer 49 v.Chr. kam es bei Pharsalos zu der Schlacht, die Pompeius' politisches Schicksal besiegelte.

Er floh nach Ägypten, wo sich im Monat darauf auch sein persönliches Schicksal erfüllte. König Ptolemäus XIII., der Bruder von Kleopatra, ließ ihm den Kopf abschlagen und diesen Cäsar übergeben, der seinen Exschwager nach Ägypten verfolgt hatte. Cäsar war zutiefst erschüttert. Händel hat diesen Moment in seiner Oper *Julius Cäsar* (*Giulio Cesare*) in eine musikalisch bewegende Trauerszene gegossen.

Ein Sturm im Wasserglas

In seinem fragmentarisch überlieferten Buch *De legibus* (*Über die Gesetze*), das um 50 v.Chr. entstand, erörtert Marcus Tullius Cicero (106–43 v.Chr.) nach dem Vorbild Platons in der Form eines Streitgesprächs die Beziehung von Staat und Gesetz. Im heftigst tobenden römischen Bürgerkrieg wurde damals eine neue Seite aufgeschlagen: Im Januar 49 v.Chr. überschritt Cäsar den Rubikon. Cicero, das kommt in *De legibus* zum Ausdruck, hoffte noch auf eine Wiederherstellung der römischen Republik auf der Grundlage des altrömisch-republikanischen Rechts. Im dritten Teil geht es unter anderem um eine Reihe von Magistrats- und Sakralgesetzen und deren Zustandekommen. Die Stelle liest sich wie eine moderne Zeitungsnotiz, ist aber ohne genauere Kenntnis der tagespolitischen Zusammenhänge, die wir nicht haben, nur schwer verständlich. Der Antragsteller für eines dieser Gesetze wird mit Namen genannt, Marcus Gratidius, und dann heißt es: *Excitabat enim fluctus in simpulo* (Er entfachte nämlich einen Sturm in einem Schöpflöffel).

Der französische Staatsdenker Montesquieu (1689–1755) schrieb ebenfalls ein Buch »über die Gesetze« (*De l'ésprit des lois – Über den Geist der Gesetze*), sein staatstheoretisches Hauptwerk, in dem er unter anderem die Gewaltenteilung als Verfassungsprinzip vorschlug. Vor dessen jahrelanger Niederschrift hatte er nicht nur die für die moderne Verfassungsentwicklung vorbildliche Geschichte Englands vor Ort studiert, sondern auch die einschlägige Literatur aus der römischen und griechischen Antike. Ciceros *De legibus* dürfte ihm also bestens vertraut gewesen sein. Als Nachrichten über Unruhen in dem Zwergstaat San Marino kamen, kommentierte Montesquieu das mit den Worten: »Une tempête dans un verre d'eau« (Ein Sturm in einem Wasserglas), dabei unverkennbar die Formulierung Ciceros in einer leichten Abwandlung zitierend.

1739 war San Marino vorübergehend durch den Kardinal-Statthalter der benachbarten Romagna, Giulio Alberoni, besetzt worden, wogegen sich die San-Marinesen heftig sträubten und beim Papst vorstellig wurden, der ein halbes Jahr später seinem Kardinal den Rückzug aus der Bergrepublik an der Adria befahl.

Den Mantel nach dem Wind hängen
Literarische Zitate

Bekannte Zitate weniger bekannter Autoren

Den Mantel nach dem Wind hängen

Seit dem Mittelalter ist die Wendung häufig belegt. Eine der frühesten literarischen Stellen findet sich in dem umfangreichen Epos *Tristan* von Gottfried von Straßburg aus der Stauferzeit (um 1210). Schon dort wird die Formulierung offensichtlich wie eine Redewendung verwendet. Das war lange Zeit überhaupt nicht tadelnd gemeint, sondern als lebenskluges Sich-Dreinschicken in die Verhältnisse, wie sie sind. Die deutsche Sprache arbeitet immer mit dem Bild des Mantels, im Lateinischen nahm man dafür das Segel, wodurch deutlicher wird, dass die Aussage nicht moralisch wertend gemeint war: *Utcumque est ventus, exin velum vortitur* – Woher der Wind weht, danach muss man das Segel ausrichten (um mit dem Schiff voranzukommen) – so zu finden beim römischen Komödiendichter Plautus.

Im *Tristan* werden die Worte aus dem Mund der vornehmen und klugen Brangäne gesprochen, während Tristan gerade aus der Badewanne steigt. Isolde wollte ihn eigentlich während des Bades mit seinem Schwert erschlagen, weil sie durch Zufall erkannt hat, dass er bei einem früheren Besuch ihren Onkel getötet hat. Von diesem voreiligen Racheakt rät Brangäne ihr ab: »Sîn muot is lîhte viel guot / hin zeiuwer beider êren. / Man sol den mantel kêren / als wie die winde sint gewant.« (Vielleicht kommt er mit besten Absichten, die euch beiden durchaus zur Ehre gereichen. Man soll den Mantel dahin kehren, woher der Wind weht.) Brangäne, Isolde und deren Mutter fragen sich gleichzeitig, was für eine angeblich günstige Nachricht Tristan ihnen überbringen will. Und in der Tat hat er sehr gute Neuigkeiten für sie, denn er kommt als Brautwerber für König Marke.

Dorthin gehen, wo der Pfeffer wächst

Auch Thomas Murner (1475–1537) aus dem Elsass rieb sich – wie sein Zeitgenosse Luther – an Missständen seiner Zeit und nahm sie in literarischen Satiren aufs Korn. In seiner *Narrenbeschwörung* findet sich mit der Formulierung »Ach warents an derselben statt, / do der Pfeffer gewachsen hat« der erste literarische Beleg für die Redewendung. Die Pfefferinseln (heute Indonesien) waren damals sozusagen identisch mit dem äußersten Rand der bekannten Welt.

Die bessere Hälfte

Sir Philip Sidney (1554–1586) war ein junger Autor, Offizier und Gentleman am Hof der englischen Königin Elisabeth I. und somit ein Zeitgenosse Shakespeares. Unter anderem verfasste er einen barocken Schäferroman mit dem Titel *The Countess of Pembroke's Arcadia* (Das Arkadien der Gräfin von Pembroke). Die Handlung um einen König Basilius, der seine beiden schönen Töchter in einem idyllischen Arkadien zu tugendhaften Schäferinnen erzieht, war selbst nach den Maßstäben der damaligen Zeit reichlich verworren. Die Tugend der »Schäferinnen« wird durch die Ankunft zweier schiffbrüchiger, in Verkleidung brautwerbender Prinzen auf die Probe gestellt – was etwas an Mozarts *Così fan tutte* erinnert. Das idyllische Arkadien wird in zahlreichen Nebenhandlungen und Episoden sogar in Kriegswirren hineingezogen, bis sich alles in Wohlgefallen und einer Doppelhochzeit auflöst. In diesem Werk verwendet Sidney erstmals die Formulierung »die bessere Hälfte« für die Bezeichnung des Ehegespons.

Der wahrhaft noble Autor erlebte und überlebte als 17-Jähriger die mörderische Bartholomäusnacht in Paris, starb im Alter von 31 Jahren nach einer Oberschenkelverwundung in einer Schlacht in den Niederlanden einen 26-tägigen qualvollen Tod und wurde in der St. Pauls-Kathedrale in London prunkvoll beigesetzt. In England gilt er als Inbegriff eines ebenso gebildeten wie militärisch tapferen und politisch engagierten Gentleman.

Der Weg zur Hölle ist mit guten Vorsätzen gepflastert

Samuel Johnson (1709–1784) ist in der englischsprachigen Welt genauso bekannt und wird fast ebenso häufig zitiert wie Shakespeare oder wie Goethe und Schiller im deutschsprachigen Raum. Hierzulande ist er leider weit weniger bekannt. Der Universalgelehrte erarbeitete um 1750 ein Wörterbuch der englischen Sprache, das Maßstäbe setzte, und brachte eine für seine Zeit epochale Shakespeare-Ausgabe heraus. In der angelsächsischen Welt eine legendäre, praktisch auch heute noch allgegenwärtige Gestalt wurde Johnson durch das höchst lebendige biografische Werk seines Freundes und Bewunderers James Boswell *Leben und Meinungen von Dr. Samuel Johnson* (1791).

Aus dieser Biografie stammt auch das Zitat des äußerst schlagfertigen und geistreichen Johnson aus dem Jahr 1775. Johnson, so schreibt Boswell nach einer Begegnung am Karfreitag, lege bisweilen eine eindrucksvolle Frömmigkeit an den Tag. Dabei sei er sich wie kaum ein anderer über die Vergeblichkeit frommer Vorsätze im Klaren. Boswell erinnert sich bei der Gelegenheit an die folgende Äußerung Johnsons einem Bekannten gegenüber: »Sir, die Hölle ist mit guten Absichten gepflastert.«

Sich seitwärts in die Büsche schlagen

In dem balladenartigen Gedicht *Der Wilde* erzählt Johann Gottfried Seume (1763–1810) die Geschichte von einem Indianer, einem Huronen in Kanada, der seine Jagdbeute auf dem Markt verkauft und auf dem Heimweg von einem Regensturm überrascht wird. Ein europäischstämmiger »zivilisierter« Pflanzer weist die Bitte des »wilden« Huronen um Obdach ab. Der kehrt daher völlig durchnässt heim. Wochen später verirrt sich der Pflanzer auf der Jagd im Wald. Bei hereinbrechender Dunkelheit sucht der Europäer »furchtsam schmeichelnd« Zuflucht in der Behausung einer Indianerfamilie, die ihn großzügig aufnimmt und bewirtet. Es ist die Familie jenes Huronen, den er abgewiesen hat. Der Pflanzer erkennt ihn aber nicht. Erst als der Hurone ihn am darauffolgenden Morgen aus dem Wald herausführt, gibt sich der Indianer zu erkennen: »Seht, wir Wilden sind doch bess're Menschen!« Der Jäger ist »wie vom Blitz getroffen«. Die letzte Zeile des Gedichtes lautet: »Und er schlug sich seitwärts in die Büsche.«

Seume war als Student 1781 von Soldatenwerbern des für seinen Menschenhandel berüchtigten Landgrafen von Hessen-Kassel in den Armeedienst gezwungen und als Söldner für den Kampf der Engländer gegen die amerikanische Unabhängigkeit nach Halifax in Kanada deportiert worden. Als er dort ankam, waren die Kampfhandlungen allerdings bereits beendet. Seume begeisterte sich aber für die Lebensweise der amerikanischen Ureinwohner, was sich nicht zuletzt in seinem Gedicht niederschlägt. Er wanderte später zu Fuß von Leipzig nach Syrakus auf Sizilien und zurück und schildert in *Spaziergang nach Syrakus* das darniederliegende Italien mit großem Realitätssinn. Eine völlig andere Art von Bildungsreise, als Goethe sie etwa gleichzeitig unternahm.

Von Seume stammt auch die Strophe »Wo man singet, lass dich ruhig nieder / Ohne Furcht, was man im Lande glaubt; / Wo man singet, wird kein Mensch beraubt; / Bösewichter haben keine Lieder«. Sie wurde später zu dem berühmten Verszitat verkürzt: »Wo man singt, da lass dich ruhig nieder, böse Menschen haben keine Lieder.«

Durch Abwesenheit glänzen

Trauerzeremonien waren in älteren Zeiten bei Weitem aufwendiger als heute. Das gilt nicht nur für die jüngere Vergangenheit des 19. Jahrhunderts und die Jahrhunderte davor, sondern natürlich auch für das Mittelalter und erst recht für die Antike. (Es gilt übrigens auch in besonderem Maße für die »Naturvölker«!) Die sprichwörtlichen Klageweiber, die man in der Antike bestellte und dafür bezahlte, dass sie die Totenklage unterstützten, sind nur ein Teilaspekt eines solchen Zeremoniells. Bei den Römern, insbesondere beim römischen Adel, gab es die Sitte, dass im Trauerzug (ebenfalls bezahlte) Darsteller mitgingen, die Masken oder Bilder der bereits früher verstorbenen Mitglieder der Sippe trugen. (Man wollte mit diesem »Geisterzug« die lange Reihe der Ahnen ehren und vergegenwärtigen – und natürlich die Bedeutung der Familie für die Gegenwart herausstellen.) Der römische Historiker Tacitus berichtet in seinen *Annalen*, dass bei der Trauerfeier für Iunia während der Regierungzeit des Kaisers Tiberius (er regierte von 14 bis 37 n.Chr.), des unmittelbaren Nachfolgers von Augustus, zwei derartige Bildnisse fehlten: das ihres Mannes Cassius und das ihres Bruders Brutus. Diese beiden gehörten zum Kreis der Cäsarmörder, und es war von der kaiserlichen Regierung verboten worden, ihrer zu gedenken. Tacitus bemerkt, dass die beiden gerade dadurch auffielen, dass ihre Bildnisse fehlten.

Der heute weniger bekannte, seinerzeit aber wichtige und erfolgreiche französische Revolutionsdramatiker Marie-Joseph Chénier (1764–1811) kleidete nun diese Episode in seinem letzten Theaterstück *Tibère* in die Worte: »Brutus et Cassius brillaient par leur absence« – sie glänzten durch ihre Abwesenheit.

Als der Großvater die Großmutter nahm

wusste man noch nichts von Mamsell und Madam« ist die Anfangszeile des Gedichts *Das Großvaterlied* (1812) von August Friedrich Ernst Langbein (1757–1835). Bereits damals war diese Zeile im Sinne von »guter alter Zeit« gemeint, denn aus der Sicht der Jahre um 1800 bezog sie sich auf frühere Generationen, als das deutsche Gesellschaftsleben und die deutsche Sprache noch nicht so stark unter französischem Einfluss standen. Im 18. Jahrhundert richtete sich ganz Europa nach Versailles aus. Die deutsche Sprache war viel stärker vom Französischen überformt als heute vom Englischen.

Besonders populär wurde die Wendung als Titel der von dem Leipziger Archivar Gustav Wustmann 1886 herausgegebenen Liedersammlung mit dem Untertitel *Ein Liederbuch für altmodische Leute*.

Revolution von oben

Die Formulierung erschien erstmals in der Zeitschrift *Concordia*, die Friedrich Schlegel 1820–1823 in Wien herausgab. Mit dem von Schlegel geprägten Begriff ist »die aus der Revolution hervorgegangene neue Despotie« gemeint, also die neureiche, großbürgerliche Schicht, die zumindest bis 1848 in Politik, Wirtschaft und Gesellschaft nach der Französischen Revolution tonangebend sein sollte. In Frankreich war niemand anderer als Napoleon der politische

Exponent dieser Schicht, die nach seinem Sturz die restaurativen Regime in Europa unterstützte, weil diese ihre neuen Privilegien verteidigten.

Von einer »Revolution von unten« konnte in jener Zeit noch keine Rede sein. Die nächste Revolution kam, wie Schlegel ebenfalls seit 1820 voraussah, aus der bürgerlichen Mitte (1830 und 1848).

Friedrich Schlegel (1772–1829) war der Bruder des bekannten Shakespeare-Übersetzers August Wilhelm Schlegel und gehörte in jungen Jahren zum engsten Kreis der Frühromantiker in Jena (Novalis, Ludwig Tieck, Clemens Brentano, Friedrich Schleiermacher sowie die Philosophieprofessoren Friedrich von Schelling und Johann Gottlieb Fichte).

Am deutschen Wesen soll die Welt genesen

Der aus Lübeck stammende Dichter Emanuel Geibel (1815–1884) hatte es geschafft, sich mit patriotischen (und preußenfreundlichen) Gedichten bei zwei deutschen Königen dermaßen beliebt zu machen, dass ihm Wilhelm Friedrich IV. (Preußen) und Maximilian II. (Bayern) so auskömmliche Pensionen bewilligten, dass er seinen ungeliebten Hauslehrer-Beruf aufgeben konnte. (Die bayerische Pension wurde nach Maximilians Tod wieder gestrichen.) Im 19. Jahrhundert war Geibel einer der bekanntesten deutschen Poeten. Geibels Reimwerke füllen Bände über Bände. Sein Gedicht *Der Mai ist gekommen* ist vor allem in der Vertonung sehr bekannt.

In dem Poem *Deutschlands Beruf* propagiert Geibel ein starkes, geeintes Deutschland als Friedensmacht in der Mitte Europas: »Wenn die heil'ge Krone wieder / einen hohen Scheitel schmückt (…) Wird im Völkerrath vor allem / deutscher Spruch aufs neu erschallen.«

Deutschland war damals noch nicht geeint und daher verglichen mit der großen Kontinentalmacht Frankreich schwach (»Denn nicht mehr zum Weltgesetze / wird die Laun' am Seinestrom«). Auch den Einfluss der katholischen Kirche möchte Geibel zurückgedrängt sehen (»Dann vergeblich seine Netze / wirft der Fischer aus in Rom«). Und vor Russland bräuchte sich ein geeintes Deutschland auch nicht mehr zu fürchten (»Länger nicht mit seinen Horden / schreckt uns der Koloss im Norden«). So wurden damals politische Ansichten in deftige Reime gegossen. Darauf sollten sich die Literaten und Redakteure von Grass bis *Bild* zur Ergötzung des Publikums vielleicht wieder besinnen.

Die zitatgebende letzte Strophe lautet dann: »Macht und Freiheit, Recht und Sitte, / klarer Geist und scharfer Hieb / zügeln dann aus starker Mitte / jeder Selbstsucht wilden Trieb, / und es mag am deutschen Wesen / einmal noch die Welt genesen.«

Die Sonne bringt es an den Tag

lautet der Titel einer Ballade aus dem Jahr 1827 von Adelbert von Chamisso (1781–1838). Die Zeile kehrt immer wieder, denn jedes Mal, wenn die Sonne scheint, erinnert sich ein Handwerksmeister daran, dass er zwanzig Jahre zuvor als fahrender Geselle, hungrig, ohne Geld, einen alten Juden erschlug, der ihm über den Weg lief, aber nur acht Pfennige in der Tasche hatte. Sterbend hatte der Jude geschrien, die Sonne werde es an den Tag bringen. In Hörweite seiner Frau verplappert sich der Meister angesichts seines schlechten Gewissens bei Sonnenschein, und sie dringt so lange in ihn, bis er ihr die Geschichte erzählt. »So hatte die Sonn eine Zunge nun, / Der Frauen Zungen ja nimmer ruhn.« Weil sie es weitererzählt, wird ihr Mann schließlich zum Tode verurteilt.

Mein lieber Freund und Kupferstecher

So sprach Friedrich Rückert (1788–1866) in mehreren Briefen seinen langjährigen Freund Carl Barth an, der in der Tat von Beruf Kupferstecher war. Die beiden hatten sich 1818/19 auf einer gemeinsamen Romreise kennengelernt. Barth arbeitete viel für *Meyers Enzyklopädie*. Lexika und andere Druckwerke wurden damals mit Stahlstichen illustriert und diese Kunst stand in einer auch heute noch staunenswerten Blüte, auch wenn sie von der Kunstgeschichte etwas vernachlässigt ist, weil es sich um »Gebrauchskunst« handelt.

Rückert ist einigermaßen bekannt durch seine *Kindertotenlieder* (entstanden nach dem Tod seiner beiden Lieblingskinder und vertont von Gustav Mahler; auch Komponisten wie Schumann, Schubert, Brahms und Richard Strauss vertonten Rückert-Gedichte, Mahler außerdem die *Rückert-Lieder*).

Rückert war ein Sprachgenie. Er beherrschte 44 Sprachen so weit, dass er aus ihnen übersetzen und sprachwissenschaftlich damit arbeiten konnte, u.a. Sanskrit, Hawaiisch, Hebräisch, Estnisch, Altkirchenslawisch und Türkisch. Er begründete als Professor in Erlangen und Berlin die Orientalistik in Deutschland, übertrug Werke der persischen Dichter Rumi und Hafis ins Deutsche und übersetzte den Koran sowie das *Schahname* (*Buch der Könige*) des persischen Dichters Firdausi (ca. 940–1020), eins der bedeutendsten Werke der Weltliteratur.

Es ist höchste Eisenbahn

Adolf Glaßbrenner (1810–1876) war im 19. Jahrhundert einer der bekanntesten Journalisten Berlins und gilt beinahe als Erfinder und Inbegriff des Berliner Humors. Der gebürtige Berliner publizierte meist in Zeitschriften und Heftchen, die er selbst herausgab – und das alles unter dem stets wachsamen Auge der Zensurbehörden der Biedermeierzeit. Als preußenkritischer Satiriker wurde er immer wieder mit Verboten belegt. Die aus rund dreißig Heften bestehende Zeitschriftenserie *Berlin wie es ist und – trinkt* (1832–1850) gilt als sein bekanntestes Werk. In der Satire *Heiratsantrag in der Niederwallstraße* (1847) denkt ein zerstreuter Briefträger plötzlich an noch zu erledigende Post – mitten in seinem Heiratsantrag bei der Familie der Braut: »Es ist allerhöchste Eisenbahn, die Zeit ist schon vor drei Stunden anjekommen.« Er wollte natürlich sagen: »Es ist allerhöchste Zeit, die Eisenbahn ist schon vor drei Stunden angekommen.« Diese Wortvertauschung fanden die Berliner so witzig, dass sie sich bis heute erhalten hat, auch wenn sich die Leute dabei nicht mehr vor Lachen den Bauch halten.

Als die Römer frech geworden

/ Zogen sie nach Deutschlands Norden, / Vorne beim Trompetenschall / Ritt der Generalfeldmarschall, / Herr Quinctilius Varus« lautet die erste Strophe des gleichnamigen Gedichts von Victor von Scheffel (1826–1886). Es erschien 1848 in den *Fliegenden Blättern*, jener populären Satirezeitschrift aus München, die auch Autoren wie Wilhelm Busch als Publikationsforum diente. Scheffel war ein

in der wilhelminischen Zeit sehr populärer Autor. Sein derb-patrio-
tischer Ton bis hin zur Deutschtümelei kam in der Zeit nach der
Gründung des Deutschen Reiches durch Bismarck beim damaligen
bürgerlichen Publikum gut an. Erst danach setzte auch die große
»Wirkung« Scheffels ein; er wurde nach 1871 ein nationaler Best-
sellerautor.

Es hat nicht sollen sein

Der Trompeter von Säckingen, ein sehr langes Epos in Versen von
Viktor von Scheffel (s.o.) entstand 1854 auf Capri. Scheffel hielt sich
damals ein Jahr lang in Italien auf, weil er sich eigentlich zum Maler
berufen fühlte. Als Rechtspraktikant hatte der Badener und studierte Jurist Scheffel wenige Jahre zuvor im südbadischen Säckingen zugebracht. Das Versepos spielt um 1675 und ist eine kitschi-
ge Liebesgeschichte: Seine musikalische Begabung verschlägt den
gescheiterten Jurastudenten Werner Kirchhof aus »Alt Heidelberg,
du feine« nach Säckingen, wo er aus Standesgründen ein Adelsfräu-
lein nicht heiraten darf. Daraufhin verlässt Werner Säckingen. Fünf
Jahre später ist er Trompeter im Vatikan, begegnet seiner Geliebten
wieder, wird vom Papst geadelt und kann sie nun heiraten. Zwischen
dem Weggang aus Säckingen und der Fortsetzung in Rom schaltet
Scheffel einen »bunten Liederstrauß« mit Gedichten der beteiligten
Hauptpersonen ein, und die Schlusszeilen des Abschiedsliedes von
»Jung Werner« lauten: »Behüt' dich Gott, es wär zu schön gewesen,
/ Behüt' dich Gott, es hat nicht sollen sein!« Die bekannten Worte
beziehen sich also – wer hätte das gedacht? – auf das zunächst ver-
hinderte Liebesglück mit der Freiherrntochter Margareta.

Das größte Glück der Erde

»Das Paradies der Erde / liegt auf dem Rücken der Pferde, / in der
Gesundheit des Leibes / und am Herzen des Weibes« lautet ein lange
für orientalisch gehaltenes Gedicht aus der Sammlung der *Lieder des
Mirza-Schaffy* (1851), das im 19. Jahrhundert im deutschsprachigen
Raum berühmt und sehr verbreitet war. Orientalismus war damals in
vielen europäischen Ländern sehr in Mode. »Mirza Schaffy« (Mirze
Şefi Vazeh) war in der Tat ein aserbeidschanischer Dichter der ers-

ten Hälfte des 19. Jahrhunderts. Der deutsche Gelehrte Friedrich von Bodenstedt (1819–1892), der die Sprachen des Kaukasus studierte, besuchte Şefi in seiner kaukasischen Heimat, blieb dort von etwa 1843–1846 und gab anschließend »dessen« Gedichtband heraus, den er »übersetzt« hatte, wobei die Vermutung besteht, dass etliche der angeblichen Gedichte Şefis in Wirklichkeit aus Bodenstedts Feder stammen – darunter auch jenes von dem »Glück der Erde auf dem Rücken der Pferde«.

Allein auf weiter Flur

Das Gedicht *Schäfers Sonntagslied* des Tübinger Dichters Ludwig Uhland (1787–1862) beginnt mit den folgenden Versen: »Das ist der Tag des Herrn! / Ich bin allein auf weiter Flur. / Noch eine Morgenglocke nur! / Nun Stille nah und fern.« Anschließend kniet er nieder und es kommt ihm vor, als beteten »viele« mit ihm – in diesem romantischen Bild ist wohl die ganze Natur gemeint.

Der ausgesprochene Schulprimus Uhland wurde in Jura promoviert, arbeitete als Anwalt, Professor und sehr zurückgezogener literarischer Privatforscher. Zudem wurde er mehrmals Abgeordneter, auch der Paulskirchenversammlung. Der demonstrativ bescheidene Mann starb hochgeehrt. Auch die berühmten Zeilen »Ich hatt' einen Kameraden« sowie »Als wär's ein Stück von mir« stammen von Uhland (s. S. 268).

Man muss die Feste feiern, wie sie fallen

In dem Berliner Schwank *Graupenmüller* von Hermann Salingré (1833–1879) streitet ein reicher Kolonialwarenhändler namens Gottlieb Müller (der »Graupenmüller«) um das Erbe eines schon seit Längerem verstorbenen Müllers, das durch Zins und Zinseszins inzwischen stattlich angewachsen ist. Der sprichwörtlich gewordene Aufruf zum Feiern wird mehrmals von dem alten Diener Nusspicker vorgebracht.

Die Tücke des Objekts

In seinem seinerzeit viel gelesenen, sehr bekannten Buch ›Auch einer. Eine Reisebekanntschaft‹ (1879) beschreibt der schwäbische Literaturwissenschaftler und Schriftsteller Friedrich Theodor Vischer (1807–1887) einen etwas cholerischen Reisebekannten, der »mit Donnerlaut« schreiend »Meine Brille, meine Brille! Die Kanaille hat sich wieder einmal verkrochen« ruft. »Vom Schlüssel, dem kleinen Teufel vorerst nicht zu reden!« Anschließend wird in einem längeren Gespräch die koboldhafte Gemeinheit vieler kleiner Objekte anhand mehrerer kleiner Beispiele beleuchtet: Die »Lorgnettenschnur, die sich um meinen Westenknopf wickelt, just, wenn es auf der Eisenbahn aufs Äußerste eilt, einen klein gedruckten Fahrplan« zu lesen, überhängende Tischdecken, die in Schubladen eingeklemmt werden, schwierig zu findende Ärmellöcher in Jacketts und dergleichen: »Wer kann eine solche Tücke des Objekts« vermeiden?

Professor Vischer war nicht nur ein bedeutender Intellektueller, sondern auch Politiker (Paulskirchenabgeordneter) und ein Kritiker Bismarcks. In seiner Heimat war er mit Mitgliedern des schwäbischen Dichterkreises befreundet, in Zürich, wo er später als Dozent arbeitete, war er Teil des Kreises um Richard Wagner und Gottfried Semper.

Von Vischer stammt auch die Unterteilung in **Sinnhuber** und Stoffhuber, die er als kritischer Philologe in Bezug auf die Literaturwissenschaft machte. Vischer entfaltete dies in seiner höchst witzigen Faust-Parodie *Faust III*. Vor allem unter seinem Einfluss verlor die literarische Generation seiner Zeit (Hebbel, Mörike, Keller) ein Gutteil ihrer Begeisterung für Goethe – besonders wegen des symbolisch überfrachteten zweiten *Faust*-Teils. Stichwort: Sinnhuberei. Ein weiterer von Vischers Einfällen war sein Pseudonym Deutobold Symbolizetti Allegoriowitsch Mystifizinsky. Derartig geistvolle Professoren sind sehr, sehr selten geworden. Vischer war Akademiemitglied, wurde geadelt und starb hochgeehrt.

Jedem Tierchen sein Pläsierchen

Die *Fliegenden Blätter* waren eine populäre, illustrierte humoristische Wochenschrift, ähnlich wie der heute noch bekannte *Simplicissimus*. Sie erschien von 1845 bis 1944 in München. Zu ihren Mitarbeitern zählten namhafte Künstler und Karikaturisten: Wilhelm Busch, Franz Graf von Pocci, Carl Spitzweg und auch Adolf

Oberländer (1845–1923), eine Art bayerischer Wilhelm Busch. Zu den Autoren gehörte auch der sächsische (Mundart-)Dichter Edwin Bormann (1851–1912), der 1887 das Buch *Ein jedes Tierchen hat sein Pläsierchen* herausbrachte, das Oberländer illustrierte.

Ebenfalls aus den *Fliegenden Blättern*, die man sich am ehesten als eine Art Comic-Zeitschrift des 19. Jahrhunderts vorstellen muss, stammen übrigens – seit 1845 – die beiden Serienfiguren »Biedermann« und »Bummelmaier«, von denen sich der Begriff »Biedermeier« ableitet.

Kraftmeierei

Ernst Freiherr von Wolzogens (1855–1934) Buch *Der Kraft-Mayr* von 1897 ist – laut Untertitel – ein »Humoristischer Musikanten-Roman, dem Andenken Franz Liszts gewidmet«. Er handelt von einem mittelmäßigen jungen Pianisten namens Florian Mayr. Dessen »persönliches Auftreten wirkte eben nicht so hinreißend, dass es dem unglücklichen Namen Mayr zu einer besonderen Anziehungskraft verholfen hätte. Sein Äußeres ließ die Damen kalt, und er verstand es gar nicht, sich durch absonderliche Mätzchen in Szene zu setzen und zu seinem eigenen Ruhme das Tamtam der Reklame zu schlagen«. Während des ganzen Romans gelingt es dem Kraft-Mayr nicht, die erhoffte Förderung seiner Karriere durch die Fürsprache des schon sehr alten, hochberühmten Liszt zu gewinnen. Der Roman ist eine köstliche Satire auf die Musikwelt der Kreise um Liszt und Wagner in deren letzten Lebensjahren (Liszt starb 1886 in Bayreuth; Wagner war 1883 in Venedig gestorben).

Zitate bekannter Autoren

Schnee von gestern

Der französische Renaissancedichter François Villon (1431-ca. 1463) ist bekannt für sein unstetes Vagantenleben, Folge mehrerer Straftaten von der tödlichen Messerstecherei bis zum Kirchenraub im

Frankreich des zu Ende gehenden Hundertjährigen Krieges. Gerade zur Zeit von Villons Geburt hatte in diesem Krieg in den Jahren 1429/30 die »Jungfrau von Orléans«, das Bauernmädchen Jeanne d'Arc, die ausschlaggebende Rolle gespielt und die Wende zugunsten der Franzosen herbeigeführt. Kulturell war dieser »Herbst des Mittelalters« in Frankreich und im angrenzenden Burgund von einer Endzeitstimmung erfasst, die in der Kunst in zahlreichen Darstellungen von Totentänzen und »Vanitas«-Motiven zum Ausdruck kommt: Die Menschen sollten sich daran erinnern, dass sie sterblich und im Tode alle gleich sind und dass aller menschlicher Prunk eitel und vergänglich ist (*vanitas = Eitelkeit, leerer Schein*).

Auch Villons Gedichte und Balladen sind von dieser Vergänglichkeitsstimmung durchzogen. Seine Hauptwerke tragen die Titel *Das kleine Testament* und *Das große Testament*. Im *Großen Testament* findet sich unter anderem die *Ballade des dames du temps jadis* (Ballade der Frauen von einst), in der von längst verblichenen historischen und mythologischen weiblichen Schönheiten die Rede ist, wie von Flora, Echo und der frommen Heloïse; auch Jeanne d'Arc wird erwähnt. Was ist von ihnen geblieben, fragt der Dichter am Schluss in seiner berühmten Formulierung: »Mais où sont les neiges d'antan?« – Wo ist der Schnee vom vergangenen Jahr?

Ein wortgleiches Echo dieser poetischen Untergangsstimmung findet sich in der Oper *Der Rosenkavalier* von Richard Strauss (1911). In seinem Libretto lässt der Dichter Hugo von Hofmannsthal die Hauptfigur, die gerade auf dem Gipfel ihrer Schönheit stehende Marschallin, beim Blick in den Spiegel die gleichen Worte sagen. Auch sie räsoniert in dieser Szene über die Vergänglichkeit von Jugend, Zeit und Schönheit. »Schnee von gestern« ist eine der bekanntesten literarischen Redewendungen aus dem Französischen.

Kampf gegen Windmühlen

Miguel de Cervantes Saavedra (1547–1616) entstammt derselben Schicht verarmten Adels wie viele der spanischen Konquistadoren, die mangels Erwerbs- und Aufstiegschancen im Heimatland ihr Glück in der Neuen Welt suchten. Cervantes war ein Zeitgenosse von König Philipp II. von Spanien, der bei Lepanto gegen die

Türken siegte und 1588 die Armada gegen England schickte. Als Marinesoldat hatte Cervantes ein sehr abenteuerliches Leben. In der Schlacht von Lepanto verlor er seine linke Hand, in Algerien wurde er jahrelang als Sklave in Gefangenschaft gehalten. Sein Roman über den *Scharfsinnigen Ritter Don Quijote von der Mancha* (erster Teil 1605) brachte ihm den ersehnten Erfolg und Wohlstand. Literaturgeschichtlich betrachtet begründete »der« Nationaldichter Spaniens mit diesem Buch die Gattung des modernen Romans. Mit der Niederschrift hatte er im Gefängnis begonnen, wo er als Steuereintreiber wegen Veruntreuung einsaß.

Don Quijote ist, oberflächlich betrachtet, eine Parodie auf die Ritterromane des (Spät-)Mittelalters, wuchs dann aber weit darüber hinaus. »Ritterromane« waren eine der – wenigen – Formen weltlicher Literatur im Mittelalter und zu Cervantes' Zeit eigentlich längst out, aber als Volksliteratur noch sehr lebendig: Es gab hehre Dichtungen über die Gralssuche, den Kampf für die Schwachen oder um bedrohte Prinzessinnen. Von dieser Art Fantasy-Literatur seiner Zeit hat die Hauptfigur des Romans, der dörfliche Edelmann Alonso Quijanos, so viel gelesen, dass er diese Bücherwelt mit der Wirklichkeit verwechselt, seinen Namen in Edler Don Quijote ändert, sich von einem Schankwirt zum Ritter schlagen lässt und in konsequenter Weltverneinung mit seinem »Knappen« Sancho Pansa als fahrender Ritter auszieht, um als närrischer Schelm und reiner Tor vermeintliche Heldentaten zu vollbringen. Bereits im zweiten Abenteuer erblickt Don Quijote auf einem Feld dreißig bis vierzig Windmühlen, die er, unter anderem wegen ihrer »gewaltigen Arme« für Riesen hält, gegen die er in die Schlacht ziehen will. Mit der Beute will er »den Anfang [seines] Reichtums machen« – übrigens kein unwesentlicher Aspekt der Kriegsführung in der gesamten älteren Geschichte. Schon beim ersten Lanzenstoß in einen der Flügel der ersten Windmühle wird Don Quijote samt seinem Schlachtross Rosinante in die Luft gehoben, weil »sich gerade ein kleiner Wind [erhebt], der die großen Flügel in Bewegung [setzt]«. Die Lanze zerbricht, und Pferd und Reiter werden weit fortgeschleudert. Sancho Pansa hilft Don Quijote wieder auf, aber damit ist der Kampf gegen die Windmühlen auch schon wieder beendet. Eine der kürzesten

Episoden wurde durch die Redensart zur bekanntesten des Buches. Im Übrigen gibt sich der lange, hagere Don Quijote selbst den Beinamen **Ritter von der traurigen Gestalt**, der ebenfalls sprichwörtlich geworden ist.

Der Himmel auf Erden

Mit *Paradise lost* (Das verlorene Paradies) versuchte der englische Dichter John Milton (1608–1674) für seine Zeit die Gattung des Epos wiederzubeleben, vor allem nach dem Vorbild von Vergils *Aeneis*, der dichterisch-epischen Gründungssage Roms aus der Kaiserzeit, die wiederum Homers *Odyssee* sowie dessen *Ilias* zum Vorbild hatte. Milton diktierte dieses mehr als zehntausendzeilige Werk seinen Töchtern gegen Ende seines Lebens, als er bereits erblindet und von schweren Schicksalsschlägen gezeichnet war. Den Plan zu einem großen epischen Werk hatte er schon länger gefasst. Für das religiöse Thema des Ringens Satans mit Gott schon vor der Erschaffung des Paradieses und der anschließenden Verführung Evas und Adams in Gestalt der Schlange entschied er sich wegen der fundamentalen Bedeutung dieser »Geschichte« für die christlich-abendländische Kultur. Miltons Zeitgenossen fanden das langatmige Epos großartig. Es wurde bis ins 18. Jahrhundert doppelt so häufig nachgedruckt wie Shakespeares Dramen. Miltons detailverliebte Schilderungen der kosmischen Urwelt mit Gottes Himmel, Satans Hölle (dessen Wohnsitz das »Pandämonium« ist) und dem recht orientalisch anmutenden Paradies haben unsere Vorstellung von diesen »Orten« nachhaltig geprägt. Besonders die Schilderung der Figur und der Umtriebe Satans gilt, ohne dass dies Miltons Absicht gewesen wäre, als ausgesprochen gelungen. Die Furcht vor dem Satan beziehungsweise dem »Teufel«, welche viele Menschen bis weit ins 19. Jahrhundert hinein beherrschte, fand hier einen anschaulichen Aufhänger. Das Echo solcher Anschauungen findet sich, vor allem in der angelsächsischen Welt, noch in der Gegenwart, etwa in propagandistisch-politischen Sprüchen vom »Reich der Finsternis« (ehemalige Sowjetunion) oder der »Achse des Bösen« (in wechselnder politischer Besetzung: mal mit Gaddafi, mal ohne ihn, aber meist mit Iran und Nordkorea). Die ausschweifende Satanslegende, eine Kopfgeburt

Miltons, ist die Essenz der puritanischen Auffassung vom Christentum. Im katholischen Christentum spielte dieser »Teufelskult« nie eine solch herausragende Rolle.

Miltons dichterische Kraftanstrengung entstand am Anfang der Aufklärungszeit. Es sollte noch einmal eine Zusammenfassung des statischen, von Gott geordneten kosmischen Weltbildes sein, wo alles seinen Platz hat, und nur leider der Störer, eben der Satan, für Unordnung sorgt. Ihm darf eine bußfertige, gottesfürchtige Menschheit nicht anheimfallen wie seinerzeit Eva und Adam in ihrem Leichtsinn. Die Paradiesvorstellung – der »Himmel auf Erden« – ist bei Milton dagegen wirklich sehr hübsch utopisch ausgemalt. Dabei war der gelehrte, politisch engagierte Frühaufklärer durchaus antiklerikal eingestellt. Er war ein Befürworter sinnvoller Pädagogik gegen geistlosen Schuldrill sowie ein Wegbereiter der Pressefreiheit. In seiner herausgehobenen Stellung als »geheimer Parlamentssekretär« befürwortete er nachdrücklich die Hinrichtung König Karls I., der nach Auffassung der Puritaner seinen Verfassungseid gebrochen hatte und als »Tyrann« zu betrachten war. Im anschließenden englischen Bürgerkrieg, der die Stuart-Könige wieder auf den Thron brachte, verlor Milton Stellung und Vermögen, beim großen Brand von London 1666 sein Haus. Nachdem seine zweite Ehefrau gestorben war, nahm Milton die Arbeit an seinem großen Epos auf.

Was macht die Kunst?

Der zweite Auftritt des 1. Aktes in Lessings Trauerspiel *Emilia Galotti* beginnt mit der Frage des Prinzen von Guastalla an den Maler Conti: »Guten Morgen, Conti. Wie leben Sie? Was macht die Kunst?« Worauf Conti antwortet: »Prinz, die Kunst geht nach dem Brot« – ebenfalls ein berühmter Satz. Der Prinz besucht den Maler, weil er bei ihm das Porträt einer Gräfin in Auftrag gegeben hat. Dabei entdeckt er das Bildnis der bürgerlichen Emilia Galotti, die er mit Gewalt zu seiner Geliebten machen will.

Gotthold Ephraim Lessing (1729–1781) entwickelte mit *Miss Sara Sampson* und *Emilia Galotti* Musterbeispiele des »bürgerlichen« Trauerspiels im Sinne der deutschen Aufklärung als Gegenentwurf zu der damals noch vorherrschenden und tonangebenden französischen Theatertradition. Lessings Vorbild dabei war Shakespeare. Die deutsche Shakespeare-Begeisterung, die auch Schiller und Goethe beflügelte, geht auf Lessing zurück. Der Freimaurer Lessing lebte in der Zeit Friedrichs des Großen. Er war, wie vor ihm der Philosoph Gottfried Wilhelm Leibniz, in seinem letzten Lebensjahrzehnt Bibliothekar der damals bedeutendsten Bibliothek nördlich der Alpen in Wolfenbüttel.

Tu, was du nicht lassen kannst

Im 2. Akt, dritte Szene von *Emilia Galotti* nötigt der Bandit Angelo seinen früheren Helfershelfer Pirro, wieder einmal an einer Schurkerei teilzunehmen. Angelo hat den Auftrag, Emilia Galotti auf einer Kutschfahrt zu entführen, und Pirro, als mitreitender Bediensteter eigentlich zu Emilias Bewachung da, soll etwas vorausreiten und auf diese Weise den Überfall erleichtern. Pirro wehrt sich mit schlechtem Gewissen und fleht »um Himmels willen«, doch Angelo lässt ihn mit einem höhnischen »Tu, was du nicht lassen kannst« mit seinen Gewissensnöten allein zurück.

Wenn einer eine Reise tut, so kann er was erzählen

»Wenn jemand eine Reise tut, / So kann er was verzählen. / Drum nahm ich meinen Stock und Hut / Und tät das Reisen wählen.« Der Dichter und Journalist Matthias Claudius (1740–1815), der aus einer nordfriesischen Pastorenfamilie stammte, schuf den *Wandsbeker Boten* (erschien vier Mal wöchentlich) als volkstümliche Zeitung. Obwohl er beschaulich und bescheiden in Wandsbek – damals *bei* Hamburg – lebte, gewann er Autoren wie Goethe, Lessing und Herder als Beiträger zum *Wandsbeker Boten*, der zwar berühmt, aber nach vier Jahren eingestellt wurde, weil er sich nicht rentierte. Das obige Zitat stammt aus dem Gedicht *Urians Reise um die Welt* (1774). Das berühmteste Gedicht von Claudius ist das *Abendlied* (1779) mit der bekannten ersten Zeile »Der Mond ist aufgegangen«, ein tief empfundener, sprachlich kunstvoll wiedergegebener Natureindruck und eine ebensolche religiöse Empfindung – ganz ohne den Schwulst der späteren Romantiker.

Bleierne Zeit

In dem Gedicht *Der Gang aufs Land* fordert Friedrich Hölderlin
(1770–1843) seinen Freund Landauer zu einem Ausflug auf. Er will
aus dem Talkessel Stuttgarts »wünschend den Hügel hinauf«, trotz
schlechten Wetters: »Trüb ists heute, es schlummern die Gäng und
die Gassen und fast will / mir es scheinen, es sei, als in der bleiernen
Zeit.« Ziel ist ein Wirtshaus, wo »dem Geiste gemäß / Mahl und Tanz
und Gesang und Stutgards [sic!] Freude gekrönt sei.« Mit der »bleiernen Zeit« dürfte der Herbst gemeint sein, da Hölderlin am Ende
des Gedichts als Kontrast die Pracht des Frühlings preist.

Das Zitat wurde auch Titel eines Films von Margarethe von Trotta
(1981), der vor dem Hintergrund der Jugendbewegung und des RAF-
Terrorismus spielt.

Den Kriegspfad beschreiten

stammt ebenso wie die Wendungen **Das Kriegsbeil begraben** und **Die
Friedenspfeife rauchen** aus den *Lederstrumpf*-Romanen von James
Fenimore Cooper (1789–1851), die während des französisch-eng-
lischen Kriegs auf dem nordamerikanischen Kontinent spielen, also
zu einer Zeit, als es die Vereinigten Staaten noch gar nicht gab.
Cooper war die erste prägende Gestalt einer sich selbständig entwi-
ckelnden amerikanischen Literatur.

Er stammte aus einer durch Landspekulation steinreich gewordenen New Yorker Familie und schlug, da er in der Schule keinen
Erfolg hatte, auf Betreiben seines Vaters eine erfolgreiche Karriere
bei der Marine ein. Er begann mit dem Schreiben, um sich vor dem
drohenden finanziellen Ruin zu retten (der Verfall des Familien-
vermögens hatte ihn schon arg mitgenommen), was ihm dank des
Erfolgs seiner Bücher auch gelang. Die Zentralgestalt seiner *Lederstrumpf*-Romane ist eine erstmals typisch amerikanische Figur aus
dem Milieu der Siedler und Pioniere, der Trapper und Fallensteller
Natty Bumppo, genannt Lederstrumpf, dessen Leben in fünf Romanen nachgezeichnet wird. Ein großes Verdienst Coopers besteht
darin, dass er die Indianer weder als »edle Wilde« stilisiert noch als
blutrünstige Wilde herabwürdigt.

Goethe las die *Lederstrumpf*-Romane im englischsprachigen Ori-

ginal und war begeistert – so wie viele andere bedeutende Schriftsteller nach ihm. Da die Erzählungen zur Jugendliteratur gemacht
wurden, haben sie etwas an literarischer Bedeutung eingebüßt, andererseits hat ihnen das zu großer Bekanntheit und einer breiten
Wirkung verholfen.

Auch **Der letzte Mohikaner** wurde zu einem geflügelten Wort im
Sinne von »der Letzte seines Stammes, der Letzte seiner Art«, wobei es nie einen »Mohikaner«-Stamm gab; das Wort ist eine Fiktion,
eine Zusammensetzung Coopers aus den wirklichen Stammesna-
men Mohegan (Algonkin: Muheconneok) und Mahican (Algonkin:
Muhhekunneuw). Diese Indianer der Algonkin-Sprachgruppe siedelten am Connecticut-Fluss beziehungsweise am Hudson. Auch
»Manhattan« ist übrigens ursprünglich ein Algonkin-Wort (»hügeli-
ges Land«).

Einer für alle, alle für einen

ist das Motto der »drei Musketiere« Athos, Porthos und Aramis, zu
denen am Beginn des gleichnamigen Romans von Alexandre Dumas
(1802–1870) der junge d'Artagnan aus der gascognischen Provinz
stößt. Am Anfang macht er sich zwar durch seine Unerfahrenheit mit
den Gepflogenheiten und Umgangsformen der Musketiere in Paris
ein wenig lächerlich, aber er lernt schnell dazu und zeichnet sich wie
diese durch seine unerschrockene Tapferkeit aus. Bald darauf wird
er als Vierter im Bunde akzeptiert. Der Roman beginnt im Jahr 1625.
Die Musketiere sind Garden im Dienst des Königs, damals Ludwig
XIII., der Vater des Sonnenkönigs Ludwig XIV. Die Hauptaufgabe
für Athos, Porthos, Aramis und d'Artagnan in *Die drei Musketiere* ist
die Wiederbeschaffung einiger Diamanten der Königin. Premiermi-
nister Kardinal Richelieu gedenkt, sie in aller Öffentlichkeit bloßzu-
stellen und damit auch den König zu schwächen – hat er doch selbst
zwei der zwölf Diamanten entwenden lassen. Um die Diamanten zu
bekommen, muss wenigstens einer der Musketiere nach London.
In einer halsbrecherischen Jagd, stets verfolgt von der mysteriösen
Lady Winter und ihrem Komplizen Rochefort, gelingt das Husaren-
stück. Nur wenige Minuten bevor die Königin mit dem Schmuck auf
einem Ball erscheinen muss, überreicht d'Artagnan im Palast die

nachgemachten Diamanten. Der Ruf der Königin ist gerettet – wie es sich für einen Ritterroman gehört.

Dumas hat diese fiktive Geschichte mit großem historischen Einfühlungsvermögen und sehr viel Schwung in Szene gesetzt. Sie erschien zunächst als Fortsetzungsroman in einer Zeitung. In den vier Musketieren zeichnete Dumas auch vier typische Franzosen und arbeitete anhand dieser Figuren wesentliche Züge des französischen Nationalcharakters heraus.

Vorschusslorbeeren

In dem Gedicht *Plateniden* in der Sammlung *Romanzero* machte sich Heinrich Heine (1797–1856) über Möchtegern-Dichter mit hohem Anspruch, aber wenig Können lustig, die sich in der Nachfolge August von Platens, des Dichters der »Busentowogen« allerlei zutrauten, aber nicht einlösten, dafür aber möglichst im Voraus gelobt (und bezahlt) werden wollten. Ihnen stellt Heine die in seinen Augen wahren Dichterfürsten gegenüber: »Wahre Prinzen aus Genieland / zahlen bar, was sie verzehrt, / Schiller, Goethe, Lessing, Wieland / haben nie Kredit begehrt. // Wollten keine Ovationen / von dem Publiko auf Pump, / keine Vorschuss-Lorbeerkronen / rühmten sich nicht keck und plump.«

Das Grab im Busento ist Platens bekanntestes Gedicht. Es schildert, wie die Goten ihren König Alarich in dem italienischen Fluss Busento begraben, indem sie den Fluss zeitweilig umleiten. Mit Platen führte Heine eine literarische Kontroverse, die in gegenseitige persönliche Gehässigkeiten ausartete. Heinrich Heine, in Düsseldorf geboren, stammte aus begütertem jüdischem Elternhaus, studierte trotz erheblicher literarischer Neigungen Jura, ließ sich nach dem Ende seines Studiums, obwohl religiös indifferent, protestantisch taufen und wurde in dieser Zeit von Platen angegriffen, den er zuvor wegen seines »orientalischen« Literaturgeschmacks verspottet hatte. Eine erhoffte Professur in München wurde Heine versagt, so dass er nach einigen Reisejahren nach Paris ging, das später sein endgültiges Exil wurde. Hier wurde er, bereits kränkelnd, ein äußerst produktiver und vielseitiger Schriftsteller, politisch engagiert und klarsichtig. Als Dichter überwand er den schwülen romantischen Ton seiner Zeit, er konnte auch ätzend kritisch sein. Im Revolutionsjahr 1848 erkrankte er so schwer, dass er fast bewegungsunfähig wurde. Die letzten acht Lebensjahre verbrachte er bei ungebrochener Schaffenskraft in beengten Verhältnissen. Viele seiner Lieder und Gedichte wurden vertont.

Man hat es oder hat es nicht

ist die Überschrift eines Gedichtes von Theodor Fontane: »Nur als Furioso nichts erstreben / Und fechten bis der Säbel bricht, / Es muss sich Dir von selber geben – / Man hat es oder hat es nicht.« Auch am Ende der folgenden beiden Strophen wird die Titelzeile wiederholt. Sie enthalten ebenfalls Beispiele für den Grundgedanken: Man kann nichts erzwingen, auch wenn man sich noch so sehr bemüht, abstrampelt und anstrengt, und man sollte es daher auch nicht tun.

Fontane verwendet die gleiche Formulierung auch in seinem Roman *Cécile*. Darin charakterisiert ein Verehrer Cécile in einem Brief unter anderem mit den Worten: »Sie besitzt [...] eine vornehme Haltung und ein feines Gefühl, will sagen ein Herz. Denn ein feines Gefühl lässt sich so wenig lernen wie ein echtes. Man hat es oder hat es nicht.« Dieser Roman entstand in der gleichen Zeit wie Fontanes Gedicht.

Theodor Fontane (1819–1898) aus Neuruppin in Brandenburg war, wie sein Vater, Apotheker. Er kam über journalistische Tätigkeiten für die *Kreuzzeitung* zum Schreiben. Aus den ersten Zeitungsbeiträgen gingen die *Wanderungen durch die Mark Brandenburg* hervor. Fontane schrieb auch Theaterkritiken. Erst nach 1876, also im Alter von fast sechzig Jahren, begann er als freier Schriftsteller auch Romane zu schreiben. Seine Werke zählen zu den klangschönsten der deutschen Literatur.

Aus dem Nähkästchen plaudern

In Fontanes Gesellschaftsroman *Effi Briest* (1894/95) verletzt sich Effis kleine Tochter am Knie, während Effi Briest gerade zur Kur in Ems ist. Die Haushälterin ist sich sicher, einen Verband in Effis Nähkästchen gesehen zu haben, und sucht dort danach. Dabei kommt ein Päckchen Briefe zutage. Effis Ehemann sieht kurz darauf die Briefe durch, die ihm eine über sechs Jahre zurückliegende außereheliche Beziehung seiner jungen Frau zu einem befreundeten Major enthüllen. Fontane verwendet hier die bereits geläufige Redewendung und gibt ihr als Wendepunkt seines berühmten Romans ihre literarische Prägung. Effis Mann, ein hoher preußischer Beamter, tötet den Major daraufhin im Duell, verstößt seine Frau und unterbindet auch deren Zugang zur gemeinsamen Tochter. So strikt waren seinerzeit die »Family values«. Selbst ihre eigenen Eltern wollen mit Effi nichts mehr zu tun haben, nehmen sie aber schließlich doch auf, als sie todkrank ist.

Ein weites Feld

Nach Effis Tod (s. o.) machen sich ihre Eltern Vorwürfe und fragen sich, ob alles so weit kommen musste, doch das Gespräch wird nicht vertieft, der Roman endet mit dem Schlusssatz des alten Briest »Ach, Luise, lass ... das ist ein *zu* weites Feld«.

Als Formulierung findet sich dieses Zitat auch schon im *Faust*, in der Szene, als Mephisto für den Schüler seine sehr ironische Studienberatung abhält. Hier ist von Medizin als Studienfach die Rede, aber der Schüler würde angesichts der innerhalb von drei Jahren zu bewältigenden Studienfülle (»ein weites Feld«) davon lieber Abstand nehmen.

Howgh, ich habe gesprochen

Howgh wird »haau« gesprochen. Die Kenntnis dieses »Indianer«wortes geht auf den französischen Jesuitenpater Jean de Brébeuf (1593–1649) zurück, der bei den Huronen (am Huronsee im heutigen Kanada) missionierte und am Marterpfahl starb. Er hinterließ Beschreibungen der Sitten und Gebräuche sowie der Sprache der Huronen und gilt daher als einer der ersten Ethnologen. *Howgh* bedeutet nichts anderes als »Ich habe gesprochen« im Sinne von »Das ist meine Meinung« und war als rhetorische Schlussformel eines Redebeitrags bei Stammesversammlungen in der Tat üblich.

»Howgh« entwickelte sich in der Literatur zu einer typischen Indianerfloskel. Auch in den *Lederstrumpf*-Romanen James Fenimore

Coopers kommt es vor (s. S. 130). Bei Karl May wird es natürlich von
Winnetou verwendet, obwohl dieser ein »Häuptling der Apachen«
ist, die einer ganz anderen Sprachgruppe angehörten und in einer
ganz anderen Gegend lebten, nämlich im Südwesten der USA nahe
der Grenze zu Mexiko (New Mexico, Arizona, Colorado). »Apachen«
ist ein Oberbegriff für viele kleine, nur lose zusammengehörige
Gruppen, die man kaum als »Stämme« bezeichnen kann. Die bedeutendste Apachen-Sprache ist das Navajo. Zu dieser indianischen
Sprachfamilie gehören auch Indianersprachen in Alaska.

Weitere typische Karl-May-Wörter mit Bezug zum Wilden Westen sind: »Greenhorn«, »Die ewigen Jagdgründe«, »Feuerwasser«,
»Feuerwaffe«, »Skalp« oder »Bleichgesicht«. Manitu, ebenfalls von
May als Hauptgottheit Winnetous eingeführt, stammt aus der indianischen Algonkin-Sprache und bezeichnet eine unpersönliche
wirksame Kraft, ein höchstes spirituelles Wesen. Bereits Brébeuf
verwendete den Begriff als Name Gottes für seine Übersetzung eines Weihnachtsliedes in die Sprache der Huronen.

Die Seele baumeln lassen

Der literarische Inbegriff für (Sommer-)Urlaub stammt aus der Liebesgeschichte *Schloss Gripsholm* (1931), einer der bekanntesten
Erzählungen Kurt Tucholskys (1890–1935): Der Erzähler und seine
Freundin Lydia fahren in den Sommerurlaub nach Schweden und
beschließen nach einigem anfänglichen Herumreisen, für einige
Zeit in einem Anbau von Schloss Gripsholm, einem Renaissance-
schlösschen in Mittelschweden, ein Zimmer zu mieten. Nachdem
die Koffer ausgepackt sind, fährt Tucholsky fort: »Wir lagen auf der
Wiese und baumelten mit der Seele.«

Man sieht nur mit dem Herzen gut

das Wesentliche ist für die Augen unsichtbar« ist sicherlich einer
der meistzitierten Sätze der Gegenwart. Er stammt aus dem Buch
Der Kleine Prinz (1943) von Antoine de Saint-Exupéry (1900–1944).
Der Edelmann, Pilot und Schriftsteller, der sein Buch eigenhändig
illustrierte, gibt darin die Geschichte von der Asteroiden-Rundreise
eines kleinen Prinzen wieder, der auf unterschiedlichen Sternen

einige fabelhafte Begegnungen hat. Zuletzt kommt er auf die Erde, wo ihn ein Pilot nach einer Notlandung in der Sahara zufällig trifft.

Doch vorher erklärt ein Fuchs dem Kleinen Prinzen, der nach Freunden sucht, das Wesen der Freundschaft: Unter den Tausenden von gleichgültigen Jungen und Tausenden von gleichgültigen Füchsen findet man einen, den man »zähmt«, zu dem man eine besondere Bindung aufbaut. Und beim Abschied sagt der Fuchs: »Du bist zeitlebens verantwortlich für das, was du dir vertraut gemacht hast.«

Der Kleine Prinz wurde in 180 Sprachen und Dialekte übersetzt und ist eines der meistgelesenen Bücher der Moderne weltweit. Antoine de Saint-Exupéry starb bei einem Aufklärungsflug vor der französischen Mittelmeerküste bei Marseille.

Sprichwörtliche Figuren aus der Weltliteratur

Artus

Die mythologische Artusfigur wird als heldenhafter Vorkämpfer der keltischen Britannier gegen die germanische Invasion der Angeln und Sachsen während der Völkerwanderungszeit um 500 gesehen. Der Name Artus geht vermutlich auf das indoeuropäische Wort für »Bär« zurück (griechisch *árktos*, lateinisch *ursus*), das in den germanischen Sprachen aus Tabugründen durch »Bär« (= der Braune) ersetzt wurde. Man wollte das mächtige Tier nicht mit seinem Namen ansprechen und wählte daher eine beschreibende Bezeichnung. Der Bär war das höchstrangige Totemtier. Im Mittelalter wurde die Artussage ausgeschmückt und mit anderen Mythen verknüpft, vor allem mit dem Gralsmythos. Artus wurde dabei zum Inbegriff des idealen Ritters stilisiert.

Casanova

Der Venezianer Giacomo Casanova (1725–1798) machte sich selbst zur literarischen Figur und zum Inbegriff eines Frauenhelden und Verführers, indem er über sein ungeheuer bewegtes Leben eine bemerkenswerte Autobiografie mit dem schlichten Titel *Geschichte meines Lebens* verfasste. Die in der Tat zahllosen Affären mit Frauen machen aber nur einen kleinen Teil des fast 4000-seitigen Werkes aus. Casanova, eine internationale Figur mit besten Beziehungen zu den bedeutendsten Höfen Europas, unermüdlicher Reisetätigkeit bis nach Russland und persönlichen Bekanntschaften mit den wichtigsten Geistern seiner Zeit, ist durch sein Leben und dieses Werk einer der Repräsentanten des Rokoko schlechthin. Gerade seine Art der vorbehaltlosen Frauenverehrung ist ein Signum seiner Epoche und seiner Gesellschaftsschicht.

Don Juan

Der klassische Verführer geht auf eine spätmittelalterliche Sagengestalt im Umkreis Sevillas zurück. Ein junger Ritter namens Juan tötete im Zweikampf den hochgestellten Vater eines seiner Verführungsopfer und verhöhnte ihn nach dessen Tod auch noch, indem er im Übermut die Grabmalstatue zum Abendessen einlud, woraufhin diese tatsächlich erschien und ihn in die Hölle mitriss. Der moralisch verwerfliche Übermut ist hierbei das zentrale Moment: der Mann, der alles übertreibt – Frauenverführung, Trink- und Essgelage (Party, Party) – und mit der Totenlästerung die Grenze überschreitet und dafür bestraft wird (darauf verweist auch der eigentliche Titel der Mozart-Oper: *Il dissoluto punito ossia il Don Giovanni* – Der bestrafte Lotterkerl oder Don Giovanni). In den von Genusssucht und Ausschweifung besonders in den mediterranen Ländern gekennzeichneten Epochen der Renaissance und des Barock hatte diese mahnende Parabel eine sehr reale Kontrastfolie. So ist es auch nur konsequent, dass die erste dramaturgische Gestaltung als abschreckende Mahnung von einem Mönch stammt, dem weltlichen wie geistlichen Dramatiker Tirso de Molina (1579–1648), der den Stoff in *El burlador de Sevilla y convidado de piedra* (Der Verführer von Sevilla und der steinerne Gast) verarbeitete. Molina gehört neben Lope de Vega und Pedro Calderón de la Barca zum Dreigestirn der großen Barockdramatiker Spaniens. Der Stoff wanderte dann nach Frankreich und Italien, wo ihn Molière (*Dom Juan ou le Festin de pierre*, 1665) und Carlo Goldoni (*Don Giovanni Tenorio ossia il dissoluto*,

1736) neu fassten. Daneben gab es unzählige andere Bearbeitungen bedeutender Autoren bis ins 20. Jahrhundert hinein (zum Beispiel von Max Frisch, Peter Handke). Im Italien des 18. Jahrhunderts gehörte der Stoff zum stehenden Repertoire der umherziehenden Schauspieltruppen. Die bekannteste Version ist die Mozart-Oper *Don Giovanni* auf der Grundlage einer Textfassung von Lorenzo da Ponte, 1787 uraufgeführt unter Mozarts eigener Leitung in Prag.

Dorian Gray

Das Bildnis des Dorian Gray ist Oscar Wildes (1854–1900) einziger Roman. Darin altert statt des schönen Dorian Gray dessen Porträt aus seinen jüngeren, besseren Jahren. Die Lizenz zur Ausschweifung, zum hemmungslosen Ausleben seiner ewigen Jugend führt zum moralischen Verfall des Dandys, der sich in den Zügen des Bildnisses gnadenlos eingräbt. Die Einheit von Körper und Seele ist durch den Kunstgriff mit dem immer gruseliger werdenden Bild, das Gray auf dem Dachboden versteckt, auseinandergebrochen. Er ermordet sogar den Maler, kann den Anblick des Bildes, das natürlich sein innerstes Selbst zeigt, aber irgendwann nicht mehr länger ertragen. Im Selbsthass »taucht« er schließlich ein Messer in die Leinwand, zerschneidet sie und stirbt daran – so wie einst der Narziss bei dem Versuch, sein Spiegelbild im Wasser zu umarmen, ertrank. Das Bild zeigt nun wieder den strahlend schönen Jüngling, am Boden liegt der aufgeschwemmte, hässliche Greis.

Der irische Schriftsteller Oscar Wilde war berühmt für sein dandyhaftes, exzentrisches Auftreten, seine unübertroffen geistreichen Bemerkungen und seine homosexuellen Affären, die ihm im spätviktorianischen England eine skandalumwitterte Verurteilung wegen Unzucht eintrugen.

Dracula

Die weltberühmte Figur des Erzvampirs im Roman von Bram Stoker (erschienen 1897) hat ein »historisches« Vorbild in Vlad III. der Walachai (ca. 1431–1476). Stoker hat sich nachweislich mit diesem Fürsten beschäftigt und sich überlegt, ob er seinen Roman in Moldawien, der Walachai oder in der Steiermark spielen lassen sollte.

Letztlich entschied er sich für das benachbarte »Transsylvanien« (= Siebenbürgen, heute in Rumänien).

In der Walachei regierte Vlad von 1456 an und musste zwischen den auf dem Balkan mächtigen Türken und dem christlichen ungarischen König Matthias Corvinus lavieren. Diesem gegenüber brüstete er sich mit seinem harten Vorgehen gegen die Osmanen: Er habe über 23 000 Menschen töten, teilweise aufspießen lassen. Von daher rührt sein Beiname »Tepes« (= der Pfähler) und sein Ruf exzessiver Grausamkeit. Sein weiterer Beiname Dracula bedeutet »kleiner Drache« beziehungsweise »Sohn des Drachen«, was wohl auf die Mitgliedschaft seines Vaters Vlad II. in der von Kaiser Sigismund gestifteten Rittergesellschaft vom Drachen (= Dracul) zurückzuführen ist.

»Vampyr« ist vermutlich ein slawisches Wort für den Aberglauben an nächtlich wandelnde Untote, die dem steinzeitlichen Geisterglauben an das Weiterleben von Verstorbenen entspringt, eine der ältesten Wurzeln religiöser Vorstellungen überhaupt.

Dr. Jekyll und Mr. Hyde

Der angesehene Arzt Dr. Jekyll hat sich in seinem häuslichen Laboratorium ein Elixir gebraut, mit dessen Hilfe er das Gute vom Bösen in der menschlichen Seele trennen kann. Er nimmt es selbst zu sich und verwandelt sich in den hässlich-gnomenhaften, bösartigen Mr. Hyde. Die Rückverwandlungen gelingen ihm im Lauf der Zeit immer schlechter, die Untaten von Mr. Hyde werden immer erschreckender. Dem Arzt bleibt schließlich nichts anderes übrig, als das Ungeheuer zu töten. Der *Schatzinsel*-Autor Robert Louis Stevenson (1850–1894) hat dem altbekannten Doppelgänger-Motiv mit seinem zweiten literaturgeschichtlich bedeutenden Buch eine sprichwörtlich gewordene moderne Prägung gegeben – sei es, um eine die moderne Psychologie vorwegnehmende Deutung dieses Motivs zu liefern (verdrängte Aggressionen werden durch Mr. Hyde ausgelebt), sei es, um das religiöse Thema von Schuld und schlechtem Gewissen zu bearbeiten (Mr. Hyde wäre dann das Böse, sozusagen der Teufel in uns, der ja auch immer in hässlicher, fratzenhafter »Gestalt« dargestellt wird), oder sei es, um die Doppelmoral der spätviktorianischen Gesellschaft anhand einer literarischen Fabel zu veranschaulichen. Die

Diskrepanz zwischen hehrer öffentlicher Moral und gelebter Sittenlosigkeit war ein gesellschaftliches Kennzeichen dieser Epoche und angesichts der großen inneren Spannungen, die die Menschen auszuhalten hatten, ein literarisches Hauptthema der Zeit – man denke etwa an Ibsens *Die Stützen der Gesellschaft* oder an Fontane (s. a. »Aus dem Nähkästchen plaudern«, S. 133).

Dulcinea

heißt mit vollem Namen Dulcinea von Toboso. Das Bauernmädchen ist in der Vorstellung von Don Quijote eine edle Dame, für deren Ehre er als Ritter kämpfen will. Die Zeit der Ritterromane ist längst vorbei, als sich der Landedelmann in Cervantes Roman, verblendet von allzu inniger Ritterromanlektüre, selbst zum fahrenden Ritter macht. Seitdem Don Quijote Dulcinea in seiner Jugend einmal kurz gesehen hat, verehrt er sie. Allerdings taucht sie im Roman nicht wieder auf (s. S. 126).

Frankenstein

Der Naturwissenschaftler Viktor Frankenstein hat, getrieben von übersteigertem wissenschaftlichem Ehrgeiz, in einem Laboratorium in Ingolstadt aus Leichenteilen ein neues Geschöpf zusammengefügt, dem er sogar Leben einhauchen kann. Aber er flieht entsetzt, als er sieht, wie hässlich es ist. Das prometheische Geschöpf (Originaltitel: *Frankenstein or the modern Prometheus,* 1818) trägt selbst den Namen seines Schöpfers. Der überaus große und starke Frankenstein macht sich selbständig und verfolgt von nun an seinen Schöpfer, und zwar eigentlich, weil er sich einsam fühlt. Diese Verfolgung macht den Rest der Handlung des Romans von Mary Wollstonecraft Shelley aus. Die damals Neunzehnjährige dachte sich den Schauerroman bei einem Aufenthalt am Genfer See aus, wo sie den Sommer 1816 unter anderem gemeinsam mit ihrem künftigen Ehemann, dem Dichter Percy B. Shelley, und Lord Byron verbrachte. Der Kreis interessierte sich sehr für damals neu entdeckte Phänomene wie die Elektrizität und diskutierte Vorideen zur Evolutionstheorie, die Erasmus Darwin, ein Großvater von Charles Darwin, bereits etliche Jahre zuvor formuliert hatte. Ihm wurde auch nachgesagt, mithilfe von Elektrizität tote Materie beleben zu können. Der ebenfalls bei dem Aufenthalt am Genfer See anwesende und mit der Gruppe befreundete Leibarzt Byrons, John Polidori, schrieb gleichzeitig mit *The Vampyre* die erste Vampirerzählung der Weltliteratur.

Godot

Vier Personen mit den schönen Namen Estragon und Wladimir, zwei Landstreicher, sowie Pozzo und sein Diener Lucky warten irgendwo, irgendwann, aus irgendeinem Grund auf Godot, dessen Ankunft sich immer wieder verzögert und der bis zum Schluss nicht kommt. Dieses in jeder Hinsicht offene Bühnenstück des Iren Samuel Beckett (1906–1989), 1948/49 geschrieben und 1953 in Paris uraufgeführt, gilt als Musterbeispiel des absurden Theaters, machte seinen Autor weltberühmt und den Titel **Warten auf Godot** sprichwörtlich für ein endloses, letztlich fruchtloses (philosophisch gesehen: sinnloses) Warten. Auch die Frage, wer Godot ist, wird nicht beantwortet. Beckett erhielt 1969 den Nobelpreis für Literatur.

Lolita

ist die Titelheldin des 1955 erschienenen Romans von Vladimir Nabokov, der von der unerfüllten Liebe des pädophilen Humbert Humbert zu seiner zwölfjährigen Stieftochter Dolores Haze erzählt, die von ihrer Mutter Lo und von Humbert Lolita genannt wird. Nach dem Tod der Mutter reist Humbert mit dem Mädchen eine Zeitlang durch die USA. Der hochliterarische Roman war bei seinem Erscheinen zunächst als pornografisch verschrien. Der Name Lolita wurde zum Begriff für die Kindfrau, das erotisch anziehende, vorpubertäre Mädchen.

Quasimodo

ist die Titelfigur von Victor Hugos (1802–1885) großem Spätmittelalterroman *Der Glöckner von Notre-Dame*, erschienen 1831. Das ganze Geschehen um den hässlichen, buckligen und tauben Glöckner, der sich in die schöne Zigeunerin Esmeralda verliebt, sowie all die übrigen Handlungsstränge des üppigen Romans spielen sich rund um die Kathedrale ab. Quasimodo hat seinen Namen von »Quasimodogeniti«, dem Sonntag nach Ostern, als er als Findelkind an der Kathedrale von Notre-Dame abgelegt wurde (*Quasi modo geniti infantes* = Wie die neugeborenen Kinder; gefeiert am ersten Sonntag nach Ostern).

Die literarische Beschäftigung mit dem Mittelalter als Hintergrund für einen Roman war zur Zeit Hugos in Frankreich etwas Neues. In England kannte man das schon, vor allem durch Walter Scott (*Ivanhoe*, 1819). Hugo engagierte sich als Publizist und Abgeordneter auch politisch. In seinem zweiten überragenden literarischen Erfolg *Les Misérables* (Die Elenden) schildert er das Elend der Volksmassen in Paris. Während der Zeit des durch einen Staatsstreich herbeigeführten Kaisertums Napoleons III. musste Hugo ins Exil, das er auf den Kanalinseln Jersey und Guernsey verbrachte. Nach seiner Rückkehr in das nunmehr wieder republikanische Frankreich (Dritte Republik) galt er den Franzosen während seines letzten Lebensjahrzehnts als ihr unangefochten berühmtester Landsmann, der mit einem Staatsakt im Panthéon in Paris beigesetzt wurde.

Romeo und Julia

aus William Shakespeares Tragödie von 1597 sind »das« Liebespaar der Weltliteratur schlechthin. Sie sind in allen Kulturkreisen bekannt. Die beiden Liebenden stammen aus erbittert verfeindeten Elternhäusern, was ihre Beziehung gesellschaftlich unmöglich macht. Sie heiraten trotzdem heimlich. Nachdem Romeo einen Verwandten Julias in einem der üblichen Straßenkämpfe getötet hat, muss er aus Verona fliehen; Julia soll anderweitig verheiratet werden. Nun erst kommt es zu den eigentlichen tragischen Missverständnissen um den Scheintod Julias. Um der geplanten Verheiratung zu entgehen, nimmt Julia einen Betäubungstrank, Romeo hält seine Braut für tot, vergiftet sich an ihrem »Sarg«, und als Julia erwacht und ihrerseits den Geliebten tot sieht, erdolcht sie sich. Dass Liebende alle Hindernisse der Konvention und des Schicksals überwinden, um zueinanderzufinden, ist Gegenstand jedes Heftchenromans, doch Romeo und Julia wird gerade dies zum tragischen Verhängnis. Das ist ein Unterschied zwischen Hollywood und Weltliteratur. Dazu kommt die sprachliche Finesse, mit der Romeo im Shakespeare-Drama nach anfänglichem konventionellen Liebesgestammel für Rosalinde nach dem Anblick Julias zu echtem Gefühlsausdruck findet.

Schwejk

Dem verschmitzten »braven Soldaten Schwejk« gelingt es, sich während des gesamten Ersten Weltkriegs vor dem eigentlichen Kriegseinsatz zu drücken und dadurch zu überleben. Die »Völker« Österreich-Ungarns zogen nicht durchweg gerne für ihren Kaiser Franz-Joseph in den Krieg; das traf besonders auf die am schlechtesten behandelte Minderheit, die Tschechen, zu. Zu ihnen gehört Schwejk und natürlich sein Autor Jaroslav Hašek (1883–1923). Der *Schwejk* ist ein ausgesprochen kriegs- und donaumonarchie-kritisches Buch, in dem Hašek durch die berechnende Einfältigkeit Schwejks die Stupidität und lächerliche Absurdität der Militärmaschinerie entlarvt.

Sherlock Holmes

Der Urtyp aller Detektive entstand einige Jahre vor 1890. Der Arzt und Autor Arthur Conan Doyle erarbeitete sich bewusst die Figur eines »wissenschaftlich« analytisch arbeitenden Detektivs. Die Sherlock-Holmes-Geschichten wurden zuerst in illustrierten Zeitschriften veröffentlicht, seit 1891 hauptsächlich im *Strand Magazine*, das in etwa das Format des *Spiegel* hatte. Da Sherlock Holmes vermögend und unverheiratet ist, ist er absolut unabhängig und betreibt die Aufklärung seiner Fälle eher als »Gentleman's occupation« oder wie ein freischaffender Künstler, also nicht als Kriminalbeamter. Auch sein Auftreten ist aufgrund seiner umfassenden Bildung und seiner ausgesprochen gepflegten Sprache sehr gentlemanlike. Im Notfall weiß der hagere, sportlich trainierte Holmes natürlich auch von seinen Fäusten Gebrauch zu machen. Insofern war er auch das Vorbild für James Bond (bei dem Geheimagenten spielt allerdings die Liebe zu den Frauen eine große Rolle, s. S. 61). Spätere (amerikanische) (Privat-)Detektive sind in bewusstem Kontrast zu Holmes eher schäbig in Habitus und Charakter (so zum Beispiel die Figur des Sam Spade in *Der Malteser Falke* von Dashiell Hammett).

Anders als viele meinen, hat Sherlock Holmes nie in der Baker

Street 221 b in London gelebt, denn er ist eine fiktive Figur der Literatur.

Zorro

ist der kalifornische Verschnitt aus Robin Hood (Rächer der Enterb-
ten) und Dr. Jekyll und Mr. Hyde (Doppelleben, s. S. 139): Tagsüber
ist Zorro ein unscheinbarer Gutsherr, nachts agiert er mit schwarzer
Augenbinde und Umhang als Fechtkünstler und Edelbandit für die
Belange des Volkes und kämpft gegen die Unterdrückung durch die
Oberschicht und den spanischen Gouverneur. Seinen schurkischen
Gegnern ritzt er sein Z auf die Stirn (spanisch *zorro* = Fuchs). Die
Romane spielen zu Beginn des 19. Jahrhunderts, als Kalifornien
noch nicht Teil der USA war, sondern, wie das angrenzende Mexiko,
spanischer Kolonialbesitz. Zorro war von Anfang an ein Groschen-
roman-Held von Johnston McCulley und diente auch als erklärtes
Vorbild für Superman.

Sprichwörtliche Figuren aus der deutschsprachigen Literatur

Baron Münchhausen

Der »Lügenbaron« Hieronymus Carl Friedrich von Münchhausen
(1720–1797) hat den Vorzug, eine reale Person aus norddeutschem
Adel gewesen zu sein, einiges erlebt zu haben und sogar der Erzähler einiger Lügenschwänke gewesen zu sein, aber bei Weitem
nicht so vieler, wie ihm zugeschrieben werden. Münchhausen war
ein Offizier des friderizianischen Rokoko. Er ging im Gefolge seines
Vorgesetzten aus der Herzogsfamilie Braunschweig-Wolfenbüttel
nach Russland, das von den Zarinnen Anna Iwanowa, Elisabeth I.
und Katharina II. beherrscht wurde. Seine Teilnahme am Russisch-
Türkischen und am Russisch-Schwedischen Krieg bildet den Hintergrund für einige der Münchhausen-Geschichten (Der Ritt auf der
Kanonenkugel; der rasend schnelle Tokajer-Transport nach Kon-

stantinopel). Sprichwörtlich ist die Geschichte, wie sich Münchhausen **an den eigenen Haaren aus einem Sumpf zieht**.

Die heute gängigen Versionen der Münchhausen-Geschichten stammen von dem Frühromantiker Gottfried August Bürger (1747–1794), der privat wie beruflich ein unglückliches Leben hatte, sowie von Carl Leberecht Immermann (1796–1840).

Hans-guck-in-die-Luft

ist eine der vielen sprichwörtlich gewordenen Figuren aus dem *Struwwelpeter*, dem weltberühmten Kinderbuch des Frankfurter Arztes Heinrich Hoffmann (1809–1894): »Wenn der Hans zur Schule ging, / Stets sein Blick am Himmel hing.« Hans ist unterwegs so abgelenkt und unaufmerksam, dass er nie aufpasst, wo er hintritt, und schließlich sogar vom Flussufer ins Wasser fällt.

Zu den weiteren Berühmtheiten aus dem *Struwwelpeter* gehört auch der hyperaktive **Zappel-Philipp**: »›Ob der Philipp heute still / wohl bei Tische sitzen will?‹ / Also sprach in ernstem Ton / der Papa zu seinem Sohn, / und die Mutter blickte stumm / auf dem ganzen Tisch herum.« Doch der Zappel-Philipp kippelt mit dem Stuhl und reißt mit der Tischdecke schließlich alles Geschirr und die Speisen zu Boden.

Der **Suppen-Kaspar** schließlich verweigert die Nahrungsaufnahme und verhungert.

Der im Zusammenhang mit der Paulskirchenversammlung auch politisch engagierte Heinrich Hoffmann arbeitete zunächst als Armenarzt in Frankfurt-Sachsenhausen. Später war er Leiter einer Nervenheilanstalt und einer der ersten Jugendpsychiater in Deutschland. Der *Struwwelpeter* beweist ein für seine Zeit bemerkenswertes Verständnis für die Probleme von Kindern.

Hauptmann von Köpenick

Die Köpenickiade beruht auf einer wahren Begebenheit aus dem Jahr 1906 und wurde von Carl Zuckmayer (1896–1977) zum vielgespielten Theaterstück gestaltet. Der mehrfach vorbestrafte Schuhmacher Friedrich Wilhelm Voigt hatte sich nach dem Motto »Kleider machen Leute« Uniformstücke eines Hauptmanns besorgt und ei-

nige Gardesoldaten »seinem Befehl unterstellt«. Dann fuhr er mit
ihnen nach Köpenick am Stadtrand von Berlin, ließ den Bürgermeister und den Stadtsekretär verhaften und sich wegen angeblicher
»Unregelmäßigkeiten« die Stadtkasse aushändigen, mit der er dann
verschwand.

Die Köpenickiade wurde – nicht nur – in Deutschland mit viel
Humor aufgenommen, und Voigt erfreute sich trotz einer weiteren
Verurteilung deswegen einer gewissen Bekanntheit und Beliebt-
heit. Zuckmayer thematisiert in seinem Stück (1931 uraufgeführt)
vor allem die Autoritätsgläubigkeit der Deutschen, speziell natürlich in der militaristischen, wilhelminischen Gesellschaft. In einer
beliebten Verfilmung von Helmut Käutner spielte Heinz Rühmann
den Voigt.

Heidi

Heidis Lehr- und Wanderjahre (1880) von Johanna Spyri (1827–1901)
prägte wie kaum ein anderes Werk das Bild der Schweiz in der
Welt (»Heidiland«), vor allem natürlich durch etwas entstellende
Verfilmungen, die die kurze idyllische Phase Heidis beim Alm-Öhi
und mit dem Geißenpeter überbetonen: Bilder vom vollkomme-
nen Einklang des Menschen mit Gottes schöner Natur – leider eine
rückwärtsgewandte Utopie. Dabei dekliniert Spyri im größeren Teil
des Buches sämtliche typischen Frauenrollen des 19. Jahrhunderts
durch: die pragmatische junge Ersatzmutter Dete, die »in Dienst«
gehen muss, die blinde, völlig verarmte Großmutter Peters, die vor
lauter bürgerlichem Drill gelähmte junge Klara Sesemann in Frankfurt, die vertrocknete, sadistische Jungfer Fräulein Rottenmeier und
die gütige Großmutter Sesemann, die Heidis Not und Heimweh erkennt und dem schlafwandlerischen Spuk des Kindes in Frankfurt
ein Ende bereitet. Die aus der kirchenfrommen, konventionshörigen
schweizerischen Oberschicht stammende Johanna Spyri kannte die
für die Frauen ihrer Zeit sehr beengten Verhältnisse nur zu genau
und befreite sich mit diesem Buch selbst ein wenig von dem Lei-
densdruck, wenn auch um den Preis einer falschen Idylle.

Mutter Courage

Mit den Landsknechtsheeren vor allem des Dreißigjährigen Krieges zog ein ganzer Tross einher, der aus Marketendern (Händlern, die Ausrüstungsgegenstände für die Landsknechte verkauften), Handwerkern, Köchen, Bäckern, Dienern für die Offiziere, Ehefrauen und Kindern der Landsknechte, aber auch aus Prostituierten bestand. Zu solchen Personen zählte die von Grimmelshausen in seinem *Simplicissimus* (1668) beschriebene »Ertzbetrügerin und Landstörtzerin Courasche«, die von ihrem Wagen herunter alles mögliche verkaufte. Bert Brecht machte aus ihr die *Mutter Courage* (uraufgeführt 1941 in Zürich). Mit Courasche war aber nicht das französische Wort für »Mut« gemeint, sondern es war eine Bezeichnung für das weibliche Genital. Brechts Anna Fierling hat sich ihren Beinamen allerdings einmal durch eine mutige Tat erworben. Brecht macht aus der Landstörtzerin eine Frau, die im Krieg und am Krieg verdient. Landstörtzer bedeutet so viel wie Landstreicher.

Perry Rhodan

ist trotz seines genre-üblichen englisch-amerikanischen Namens ein Produkt der deutschen Heftchenliteratur. Das erste Heft erschien am 8. September 1961 im damaligen Moewig Verlag (der übrigens auch die ebenfalls fast sprichwörtlichen *Landser*-Heftchen produzierte). Der Titel des ersten Hefts lautete: *Unternehmen Stardust*. Dem Raumschiff-Kapitän Perry Rhodan gelingt es mithilfe einer auf der Mondrückseite gefundenen, außerirdischen Technik, die in drei Machtblöcke gespaltene Menschheit vor einem dritten Weltkrieg zu bewahren und zu einen. In den Tiefen der Milchstraße entdeckt Rhodan sodann eine Superintelligenz, die ihm Unsterblichkeit verleiht. Er wird nun für Jahrtausende Regierungschef nicht nur der Erde, sondern des »Solaren Imperiums«, das sich gegen extragalaktische Invasionen zur Wehr setzen muss ... Mittlerweile ist die Zeitrechnung der nach wie vor gut verkäuflichen Serie im Jahr 5050 angelangt. Mit inzwischen einer Milliarde verkaufter Hefte gehört die Perry-Rhodan-Serie zur meistgelesenen deutschsprachigen Literatur. Die maßgeblichen ersten Autoren waren Karl-Herbert Scheer (1928–1991), der jahrzehntelang das Handlungsgrundgerüst entwarf, sowie Walter Ernsting (1920–2005). Außerdem prägte der langjährige Chefautor Wilhelm Voltz (1938–1984) das Erscheinungsbild von Perry Rhodan.

Da die Weltraumserie sich an ein großes Publikum wendet, ist sie notwendigerweise sehr handlungsorientiert. Darüber hinaus kommt darin stets eine allmächtige und superintelligente Technik mit immer stärkeren Superwaffen zum Einsatz.

Schildbürger

Ein regelrechter Schwankroman ist das bei seinem Ersterscheinen 1597 zunächst als *Das Lalebuch*, dann als *Die Schiltbürger* (1598) betitelte Buch. Autor ist vermutlich ein Friedrich von Schönberg, der von einem Rittergut in Brandenburg stammte, das tatsächlich nahe einem Ort liegt, der noch heute Schilda heißt. Gesichert sind diese Herkunftszusammenhänge allerdings nicht.

Gleich der erste und einer der bekanntesten Schildbürgerstreiche zeigt, welcher Art die geistige Beschränktheit der Schildbürger ist: Sie haben ein neues, prächtiges Rathaus errichtet und dabei den Einbau von Fenstern vergessen. Daraufhin versuchen sie, Sonnenstrahlen in Eimern einzufangen, um so Licht ins Innere zu bringen. Bis heute spricht man von Schildbürgerstreichen meist im Zusammenhang mit den Großtaten der öffentlichen Verwaltung.

Steppenwolf

Askese oder Ausschweifung, apollinisch oder dionysisch, bürgerlich-rational oder künstlerisch-romantisch? Harry Haller, der verklemmte, vereinsamte, masochistische Kleinbürger mit hohem intellektuellen Anspruch verzagt im *Steppenwolf* angesichts seiner gewaltigen inneren Zerrissenheit. Immerhin entdeckt er noch rechtzeitig die tausendfältigen »Lebensschwingungen« zwischen diesen beiden Polen, nimmt vom bereits ernsthaft erwogenen Freitod Abstand und lockert seine verkrampfte Seele mit Tanz und sexueller Sinnlichkeit ein wenig auf. Beim Besuch einer »magischen« (vom Rauschgift beflügelten) »Kellerparty« ist er so weit enthemmt, sich seinen eigenen sexuellen Ambivalenzen zu stellen und zu humorvoller Lebensbewältigungsdistanz angesichts seiner »Probleme« zu finden. Harry Haller ist eine Art Alter Ego Hermann Hesses (1877–1962) und bezeichnet sich selbst als »Steppenwolf«. Damit meint er die animalisch schweifende, unbürgerliche Seite seiner Existenz. Die unterdrückte Sexualität des Steppenwolfs wird – durchaus zeitgemäß für Hesses Epoche – in Zivilisationskritik und Kulturpessimismus sublimiert. Als Symptome der »Krankheit der Zeit« werden diagnostiziert: Radio und Automobile. In dieser Stimmung des Überdrusses, der Ablehnung der Konsum- und Technikgesellschaft befanden sich auch die Hippies und Alternativensucher der Jugendbewegung der 1960er-Jahre, die den *Steppenwolf* zu einer Identifikationsfigur erhoben und zum neuen literarischen Ruhm Hesses beitrugen (Literaturnobelpreis bereits 1946). Auch sie waren geleitet von vagen idealistisch-künstlerischen Selbstverwirklichungsideen und begehrten gegen eine prüde Sexualmoral auf.

Till Eulenspiegel

Ein kurtzweilig Lesen von Dyl Ulenspiegel geboren uß dem Land zu Brunßwick, wie er sein leben volbracht hat – ist eine frühe (1515) Sammlung seit dem Spätmittelalter mündlich kursierender Schwankerzählungen des norddeutschen Schelms. Sein Name hat nichts mit den kauzigen Vögeln zu tun, sondern geht auf niederdeutsch *ulen* = fegen und jägersprachlich *Spiegel* = Hinterteil zurück und bedeutet demzufolge – derb gesprochen, wie es bei dieser Figur angebracht ist – so viel wie »Leck mich ...«. Eine emblematische Darstellung Tills, die die beiden Wortbestandteile zu wörtlich ins Bild »rückübersetzt« (eine Eule, der ein runder Spiegel vorgehalten wird), findet sich freilich schon in dieser ersten Buchausgabe. Sie enthält knapp hundert Anekdoten aus dem Leben Tills. Die »Streiche« ergeben sich meist daraus, dass er etwas zu wörtlich nimmt. Obwohl Till als Narr daherkommt, haben die Geschichten neben der erheiternden eine erzieherische Absicht und zielen sogar auf »Erkenntnisgewinn«, eine Wahrheit hinter den Erscheinungen. Till ist eine Figur Norddeutschlands und der angrenzenden Länder (von den Niederlanden und Nordfrankreich bis Polen).

Till wird meist als Narr mit Narrenkappe (die schellenbehangene Eselsohren symbolisiert), Narrenzepter (»Marotte«) und Schnabelschuhen dargestellt. Dieser Typus des Possenreißers, der zur allgemeinen Belustigung an Höfen oder in den Städten auftrat, hatte sich im Mittelalter herausgebildet.

Comicfiguren, die zum Begriff wurden

Asterix & Obelix

Rein äußerlich gesehen wirken Asterix & Obelix wie eine gallische Version von Dick & Doof (s. S. 59). Zwar kann der eine oder andere Franzose dick sein wie etwa Obelix oder Gérard Depardieu, aber selbstverständlich kann kein Franzose »doof« sein. Deshalb ist Asterix ein gewitztes kleines Kerlchen – wie alle Franzosen, die nicht dick sind. Mangelnde Körperkräfte werden bei Asterix nötigenfalls durch einen Schluck Zaubertrunk aus bestem druidischen Anbaugebiet kompensiert.

Erstmals erschienen sind Asterix & Obelix 1959 in der französischen Jugendzeitschrift *Pilote*, die selbst damit startete. Dort war René Goscinny (1926–1977) Chefredakteur. Albert Uderzo (*1927), der Zeichner, wurde später Art Director der Zeitschrift. Wie in Zeitschriften üblich, gab es in *Pilote* zunächst nur kurze Abschnitte in Fortsetzungsserien, die erst danach in Alben zusammengefasst wurden. Erst ab 1974 kamen die Asterix-&-Obelix-Abenteuer direkt in Alben heraus. Bisher sind 34 Alben erschienen.

Die Asterix-Bände sind in sehr viele Sprachen, Dialekte und Mundarten sowie ins Altgriechische und Lateinische übersetzt worden und werden sogar im Schulunterricht verwendet. Sie enthielten von Anfang an Bezüge zum Zeitgeschehen und zu Alltags- und Kulturtopoi der Gegenwart – neben der jeweiligen Abenteuergeschichte ein wesentliches Inhalts- und Erfolgselement, denn der eigentliche Inhalt ist nicht die Vergangenheit, sondern es handelt sich um Großkarikaturen der Gegenwart. Die Grundkonstellation des Widerstands des kleinen, unbeugsamen gallischen Dorfes gegen das fremde Imperium ist sowohl als Résistance der Franzosen gegen die deutsche Besatzungsmacht im Zweiten Weltkrieg wie auch als kulturelle Selbstbehauptung gegen die Amerikanisierung in der Nachkriegszeit interpretiert worden. Der kulturelle Anspielungsreichtum unterscheidet die Asterix-Serie auch wesentlich von den amerikanischen Duck- und Mickey-Maus-Serien, die so etwas nicht enthalten.

Goscinny und Uderzo kreierten vor und während der Asterix-&-Obelix-Serie noch andere Comics. Vor allem der über den Indianer Umpah-Pah (seit 1951) enthielt bereits viele Elemente von Asterix. Noch älter ist der Westernheld Lucky Luke (seit 1946) des belgischen Zeichners Morris. Für diesen Comic schrieb René Goscinny von 1955 bis zu seinem Tod ebenfalls die Texte. Außerdem erschien in *Pilote* seit den späten 1960er-Jahren eine weitere Goscinny-Serie (Zeichnungen: Jean Tabary) über den Großwesir Isnogud (= *Is no good* – »Taugenichts«), der es trotz hinterlistiger Anschläge nie schafft, selbst Kalif zu werden. Sein ständig wiederholter Spruch »Ich möchte Kalif werden anstelle des Kalifen« ist in Frankreich eine Redensart. Das berühmteste Zitat aus Asterix lautet *Ils sont fous, ces Romains* – Die spinnen, die Römer. Im Italienischen ließ sich daraus das schöne und sehr ironische Wortspiel SPQR – *Sono Pazzi Questi Romani* machen.

Der bewegte Mann

Der erste Erfolgscomic von Ralf König (*1960 in Soest) mit dem Knollennasen-Paar Norbert und Walter (»Waltraud«) karikiert die Schwulenszene mit viel Wortwitz und Situationskomik, aber die Hauptfiguren sind ironischerweise eben nicht Typen aus der engagierten Schwulen»bewegung«, sondern typisch kleinbürgerliche Schwule mit Verkleidungsfimmel. Einem breiten Publikum bekannt wurde der Schwulencomic durch die Verfilmung von Sönke Wortmann mit Til Schweiger und Joachim Król (1994). Es war einer der erfolgreichsten deutschen Kinofilme überhaupt und für Schweiger der Durchbruch als Filmschauspieler. Die Filmversion verarbeitet auch den Nachfolgeband zu *Der bewegte Mann, Pretty Baby*. Durch den Comictitel wurde das »Bewegt-Sein« in viele andere Zusammenhänge übertragen, ganz ironisch oder auch nicht ironisch (»Das bewegte Bad« für höhenverstellbare WCs). »Bewegung« im übertragenen Sinn (»Massenbewegung«) ist eigentlich ein politischer Begriff aus dem 19. Jahrhundert für Organisationen und Zusammenschlüsse außerhalb der etablierten gesellschaftlichen Institutionen (Arbeiter-, Gewerkschafts-, Studentenbewegung) und spielte leider auch beim Aufkommen des Faschismus eine zentrale Rolle.

Onkel Dagobert

Trotz der enormen Bekanntheit und Popularität der Bewohner von Entenhausen ist eigentlich nur der Taler zählende Milliardär Onkel Dagobert eine sprichwörtliche Comicfigur geworden – eben als unermesslich reicher Mann, der immer wieder dabei gezeigt wird, wie er in seinen Tresoren förmlich im Geld schwimmt. Er hat es vom Schuhputzer zum universalen Reichen gebracht, der sich mit allem beschäftigt, was seinen Reichtum mehrt. Dagobert hortet, nach gut calvinistisch-angloamerikanischer Tradition, seinen Reichtum um des Reichtums willen und ist dementsprechend geizig. Seinem Neffen Donald, dem Pechvogel und ewigen Verlierer, gibt er keinen Dollar davon ab. Wegen seines Aufstiegs- und Gelderfolges ist Dagobert der direkte Gegentypus zu Donald.

Geschaffen wurde Onkel Dagobert von dem genialen Entenhausen-Erfinder Carl Barks (1901–2000), der praktisch sein Leben lang für Disney tätig war. Dagoberts Originalname lautet Uncle Scrooge (gelegentlich auch *$crooge* geschrieben), in Anlehnung an den Geizhals Ebenezar Scrooge aus *A Christmas Carol* von Charles Dickens. Dagobert wurde 1947 erstmals in der Geschichte *Christmas on Bear Mountain* (*Die Mutprobe*) als Nebenfigur eingeführt.

Ansonsten sind in Anlehnung an die Disney-Welt nur noch Formulierungen wie »Das ist Micky-Maus-Kram« im Sinne von »Das sind alberne Kindereien« redensartlich geläufig.

Prinz Eisenherz

Der Wikingerprinz (im Original: *Prince Valiant*; englisch *valiant* = tapfer) kommt als Jugendlicher nach Britannien, gerät in den Ritterkreis der Tafelrunde um König Artus und besteht in zahlreichen Episoden Abenteuer an vielen historischen Schauplätzen zur Zeit des untergehenden weströmischen Reiches und der beginnenden

Völkerwanderung. »Kostümiert« wurden diese Comics allerdings bewusst nicht in der Art dieser Zeit, sondern nach Klischees aus dem Hochmittelalter, weil nur dieses den Vorstellungen des Publikums vom »Mittelalter« entspricht. Nicht zuletzt durch *Prinz Eisenherz* blieb das schon im Mittelalter popularisierte, vielfältig verschlungene und immer wieder ausgebaute Legendengewebe um König Artus und seine Tafelrunde auch in der Moderne gegenwärtig. Schon zur Minnesängerzeit waren die Artusritter Idealgestalten ritterlichen Heldentums.

Prince Valiant erschien erstmals am 13. Februar 1937 in der US-Zeitung *New York Journal* und stammt von Hal Foster (1892–1982), der die Serie bis 1971 zeichnete und schrieb. Sprichwörtlich ist vor allem seine charakteristische Prinz-Eisenherz-Frisur.

Superman

stammt vom Planeten Krypton und wurde kurz vor dessen Zerstörung als Baby in einem Raumschiff zur Erde evakuiert. Unter dem Namen Clark Kent wächst er bei einem alten Bauernpaar in der Provinzstadt Smallville auf. Später findet er eine Anstellung als Reporter in einer Stadt namens Metropolis. Superman konnte anfangs – bei den Ursprungsautoren Siegel und Shuster – nur große Sprünge machen, weil seine Superkräfte durch die anderen physikalischen Bedingungen auf Krypton erklärt wurden. Seine sonstigen übermenschlichen Fähigkeiten kamen erst im Lauf der Zeit durch die (anonymen) Autoren der Radioserien hinzu: Röntgenblick, Supergehör, entkräftendes Kryptonit. Fliegen konnte Superman erst seit Anfang der 40er-Jahre. Natürlich auch dank der Radioautoren. Erst von hier aus wurden diese Eigenschaften sowie etliche Nebenfiguren wie etwa Supermans Redaktionskollegen Jimmy Olson und Perry White in den Comic aufgenommen.

Supermans Erfinder waren die Amerikaner Jerry Siegel (1914–1996) und Joe Shuster (1914–1992) im Jahr 1933. Erst nach fünf Jahren fanden sie einen Verlag (Detective Comics), der ihnen die Rechte für ein lächerliches Honorar abkaufte. Superman wurde dann schlagartig eine sensationelle Erfolgsstory, auch durch Radio, Produktmarketing und später Filme. Für die Erfinder hingegen war das eine tragische Geschichte; sie wurden immer wieder mit kleinen Honorarpauschalen abgespeist. Diese Seite von Superman war das dreisteste und beste Geschäft der Comicgeschichte. Superman fand viele Nachahmungen, wie beispielsweise im »Superboy«; die erfolgreichsten sind Spiderman und in gewisser Weise auch Batman, der Mann mit dem Fledermausumhang, der allerdings über keine »Superkräfte« verfügt.

Krümelmonster

Eine sozusagen dreidimensionale Comic-Figur ist das Krümelmonster. Wie jedes Kind weiß, handelt es sich um eine Puppen-Figur aus der *Sesamstraße*. Das blau behaarte Fellwesen mit dem breiten Maul hat einen nie zu stillenden Hunger und vertilgt am liebsten Kekse (amerikanisch: *Cookies* – daher sein amerikanischer Name *Cookie Monster*), wobei es natürlich mächtig krümelt. Das Krümelmonster ist so gierig, dass es manchmal die Schachtel gleich mit verzehrt – oder Teile der Studiodekoration.

Ersonnen wurde diese Puppe wie die anderen Mitglieder der Muppet-»Familie« von dem genialen amerikanischen Muppet-Erfinder Jim Henson (1936–1990). Bereits zu Beginn seiner Karriere kreierte Henson derartige Figuren fürs Kinderfernsehen; Muppet ist eine Variante des englischen Wortes *puppet* = Puppe. Eine Besonderheit dieses amerikanischen Fernseh-Puppentheaters ist, dass in der *Sesamstraße* auch normale Menschen mitspielen – viele Stars aus Sport, Film und Fernsehen, bis hin zu Präsidentengattinnen.

»Wieso, weshalb, warum? Wer nicht fragt, bleibt dumm!«: Die abwechslungsreichen Episoden von *Sesamstraße* sollen die Aufmerksamkeit der Kinder fesseln und sind mit pädagogischen Inhalten aller Art aufgeladen: ein bisschen Vorschulwissen und positive Verhaltensmuster vor allem für die Kinder aus sozial benachteiligten Schichten. *Sesamstraße* wurde in den USA seit 1969 ausgestrahlt, in Deutschland seit 1973. Die später von Henson ins Leben gerufene *Muppet Show* ist die als Unterhaltungsvarieté gedachte Fortsetzung der *Sesamstraße* für Erwachsene.

In Geberlaune sein
Die meistzitierten Autoren

William Shakespeare (1564–1616)

Goethe sagte in seinem Aufsatz *Shakespeare und kein Ende* über den von ihm bewunderten englischen Dichter und Dramatiker: »Es ist über Shakespeare schon so viel gesagt, dass es scheinen möchte, als wäre nichts mehr zu sagen übrig, und doch ist die Eigenschaft des Geistes, dass er den Geist ewig anregt.«

Dem fügen wir nichts hinzu.

In Geberlaune sein

In der Tragödie *Richard III.* geht es hauptsächlich darum, wie der missgestaltete Erzbösewicht Richard mit Gewalt, List und Tücke sämtliche Gegner aus dem Weg räumt, um auf den Thron zu gelangen. Der Herzog von Buckingham hat sich zum Handlanger von Richards Untaten machen lassen und muss den neuen König nun peinlicherweise mehrmals an dessen Versprechen erinnern, ihn – Buckingham – mit der Grafschaft Hereford als Gegenleistung für seine Hilfe bei der Thronbesteigung zu belehnen. Doch Richard weist das Ansinnen mit den Worten ab: »I am not in the giving vein today« – Ich bin nicht in der Geberlaune heut. Gleichzeitig lässt er im Tower die jugendlichen Söhne seines Vorgängers Eduard IV. erdrosseln.

Ein Königreich für ein Pferd!

»A horse! A horse! My kingdom for a horse!«, ruft Richard III. (s. o.) ganz am Ende des Dramas, als er in der Entscheidungsschlacht von Bosworth gegen den Grafen Heinrich Richmond kämpft, den Anführer der Adelsopposition gegen Richards Willkürherrschaft. Richard hat im Getümmel sein Reittier verloren, so dass er zu Fuß weiterkämpfen muss. Augenblicke später verliert er im Zweikampf mit Richmond sein Leben.

Richmond besteigt danach als König Heinrich VII. den englischen Thron und begründet nach den langjährigen »Rosenkriegen« die Herrschaft der Tudors. In den Rosenkriegen, deren letzter Akt mit der Beseitigung von Richard III. in Bosworth stattfand, verbluteten wegen der unterschiedlichen Parteinahmen für York (weiße Rose) oder Lancaster (rote Rose) große Teile des englischen Hochadels auf den Schlachtfeldern. Heinrich nahm eine York zur Frau, versöhnte so die Parteien und stellte den Frieden wieder her. Sein Nachfolger war der ebenso berüchtigte wie bedeutende Heinrich VIII. Ihm wiederum folgte indirekt, noch zu Lebzeiten Shakespeares, seine Tochter Elisabeth I. nach, die letzte und glanzvollste Tudor-Herrscherin. Durch das ganze Drama *Richard III.* wird Elisabeths Großvater Heinrich VII. als Friedensfürst legitimiert – dieser Glanz strahlte natürlich auf die gesamte Tudordynastie ab.

Der Wunsch war Vater des Gedankens

Zu Shakespeares Historiendramen um englische Könige des ausgehenden Mittelalters zählt *Heinrich IV*. Es beschreibt in zwei Teilen unter anderem das spannungsreiche Verhältnis zwischen König Heinrich IV., der sich auf den Thron geputscht hatte, und seinem gleichnamigen Sohn Heinrich (später Heinrich V.). In wenig königlicher Manier treibt sich der junge Prinz seit seiner Jugend vorwiegend mit Säufern, Huren und Tagedieben herum. König Heinrich ist darüber tief enttäuscht und hält seinen Sohn nicht dafür geeignet, sein Nachfolger zu werden.

Nachdem der König bei einer Adelsrebellion in einer Schlacht besiegt wurde, liegt er ohnmächtig darnieder. Der Prinz eilt ans Krankenlager, nimmt an, der Vater sei tot, greift nach der Krone neben dem Bett und hält sich schon für den neuen König. Da erwacht Heinrich und sagt enttäuscht zu seinem Sohn: »Thy wish was father, Harry, to thy thought« – Dein Wunsch, Harry, war Vater deines Gedankens.

Kurz vor König Heinrichs Tod versöhnen sich die beiden wieder. »Harry« schwört seinem Lotterleben ab und wird als Heinrich V. ein bedeutender König.

In *Heinrich IV.* kommt übrigens auch Henry Percy, ein junger Adeliger mit dem Beinamen *Hotspur* vor, was von dem deutschen

Shakespeare-Übersetzer August Wilhelm Schlegel mit »Heißsporn« übersetzt wurde. Das ist der Ursprung dieses Wortes im Deutschen.

The happy few

Nach dem Tod seines Vaters König Heinrich IV. (s.o.) verwandelte sich der prinzliche Lotterbube in einen jungen bedeutenden König, was nicht nur in den Shakespeare-Dramen, sondern auch in der historischen Wirklichkeit der Fall war. Der Dauphin von Frankreich hielt diese Wandlung nicht für glaubwürdig und ließ sich auf einen Krieg mit England ein, als Heinrich Ansprüche auf den französischen Thron erhob. Dieser Kriegszug war Teil des Hundertjährigen Kriegs zwischen England und Frankreich. Es kam zur berühmten Schlacht bei Azincourt (1415). Frankreichs schimmernde Wehr, ein hochgerüstetes mittelalterliches Ritterheer, unterschätzte die Entschlossenheit der auf den ersten Blick armselig wirkenden und zahlenmäßig unterlegenen englischen Truppen. Die Engländer gewannen aufgrund ihrer Entschlossenheit sowie dank des Einsatzes ihrer neuartigen Fernwirkungswaffen, der Langbogen, und Heinrich V. wurde anschließend König von Frankreich. In Shakespeares Drama *Heinrich V.* feuert der junge König seine Soldaten unmittelbar vor der Schlacht in einer mitreißenden Motivationsrede an, indem er sich mit ihnen auf eine Stufe stellt, praktisch jeden Einzelnen anspricht und ihnen den großen Ruhm nach gewonnener Schlacht konkret vor Augen stellt. Er bietet sogar an, dass jeder, der keine »Lust zu fechten« habe, getrost nach Hause gehen solle, er bekäme noch Proviant dazu (Heinrichs Armee steht bereits in Frankreich!). Die Überlebenden der Schlacht würden aber jedes Jahr am Gedenktag, dem St.-Krispians-Tag, unvergessen sein: »Und nie von heute bis zum Schluss der Welt / wird Krispin-Krispian vorübergehn / dass man nicht uns dabei erwähnen sollte, / uns wenige, uns beglücktes Häuflein Brüder« (*we few, we happy few, we band of brothers*).

Zahn der Zeit

In dem Justizdrama *Maß für Maß* (1604) behandelt Shakespeare in einer handfesten Handlung, die in »Vienna« spielt, rechtsphilosophische Probleme des Verhältnisses von Gesetzesrecht, Macht und Sittlichkeit. Darauf bezieht sich der Titel: Mit »Maß« ist hier die durch das Gesetz zugemessene Strafe, das »Strafmaß« gemeint. Das »Delikt« im Zentrum des Dramas: Der junge Claudio wird nach Recht und Gesetz zum Tode verurteilt, weil er seine Geliebte – mit der er zwar verlobt, aber noch nicht verheiratet ist – geschwängert hat. Ob das sittlich richtig ist, darüber streiten sich die Beteiligten.

Zu Beginn des letzten Aktes begrüßt der vorübergehend abwesende und soeben heimgekehrte Herzog von »Vienna« seinen Statthalter Angelo und preist dessen Verdienste gerade in Rechtsangelegenheiten mit den Worten: »O! Solch Verdienst spricht laut; ich tät' ihm Unrecht, / Schlöss' ich's in meiner Brust verschwiegne Haft, / Da es verdient, mit erzner Schrift bewahrt / Unwandelbar dem Zahn der Zeit zu trotzen.«

Im Gesamtzusammenhang des Stücks ist dieser Satz zutiefst ironisch, denn der Herzog wird die Rechtsentscheidungen seines Statthalters Angelo umgehend rückgängig machen. Angelo will Claudio nämlich trotz des schreienden Gesetzesunrechts keine Gnade gewähren, weil er sich für Claudios um Gnade bittende Schwester Isabella interessiert. Er will sie mit dem Machtmittel des formal richtigen Rechtsvollzugs zum Beischlaf erpressen – ein eklatanter Fall von Machtmissbrauch. Und dies durch eine Person, die als regierender Statthalter zum »Hüter des Rechts« berufen ist.

Das Thema des Stücks ist übrigens nach wie vor aktuell und faszinierend, wie man an den *Bad-cop*-Filmen sieht, in denen korrupte Polizisten die ihnen verliehene Gesetzesmacht missbrauchen, um eigene verbrecherische Interessen zu verfolgen.

Alle Wohlgerüche Arabiens

Ein weiteres Shakespeare'sches Erzschurkenstück ist *Macbeth* (1606). Aufgehetzt von seiner Frau, Lady Macbeth, hat der schottische General seinen König Duncan eigenhändig ermordet, um selbst König zu werden. Von Anfang an werden Mr. und Mrs. Macbeth deswegen von ihrem schlechten Gewissen geplagt, was sich in »Geistererscheinungen« manifestiert. Lady Macbeth, tief verstrickt in Planung und Ausführung der Bluttat, wird deswegen verrückt und tötet sich schließlich selbst. Zuvor versucht sie sich in der Wahnsinnsszene zu Beginn des 5. Aktes wie besessen das imaginäre Blut von den Händen zu waschen: »Here's the smell of blood still: All the perfumes of Arabia will not sweeten this little hand« – Noch immer riecht es hier nach Blut. Alle Wohlgerüche Arabiens würden diese kleine Hand nicht wohlriechend machen.

Alter schützt vor Torheit nicht

Der römische Feldherr Mark Anton (auch Antonius genannt) und die letzte ägyptische Pharaonin Kleopatra gelten als das berühmteste Liebespaar der Antike. Beide waren maßgeblich in die entscheidende Schlussphase des römischen Bürgerkriegs verwickelt. Antonius, einer der fähigsten Feldherrn seiner Zeit, hat unmittelbar nach Cäsars Ermordung dessen Erbe an sich gerissen, das ihm der eigentliche Erbe, der Cäsar-Neffe Oktavian, streitig macht. Antonius weicht in den hochzivilisierten Osten aus und verliebt sich in Kleopatra. Die römische Sichtweise wird sofort am Anfang des Shakespeare-Dramas *Antonius und Kleopatra* aus dem Munde eines römischen Offiziers dargetan: Antonius habe sich zum »Narren einer Buhlerin« gemacht.

Kurz darauf kommt die Nachricht vom Tod von Antonius' Gattin Fulvia in Rom nach Alexandria. Als Antonius Kleopatra diese Nachricht überbringt, reagiert sie mit dem Satz: »Though age from folly could not give me freedom / It does from childishness.« (Wenn mich das Alter auch nicht schützt vor Torheit / doch wohl vor Kindischsein.) Sie will es gar nicht fassen, welche Perspektiven ihr das im Hinblick auf ihre Beziehung zu Antonius eröffnet, und fragt zur Sicherheit nochmal nach: »Kann Fulvia sterben?«

Gleichzeitig teilt Antonius ihr mit: »Der Zeiten strenger Zwang heischt unseren Dienst«, womit er sagen will, dass er nun nicht nur wegen der Trauerfeier, sondern auch in Staatsangelegenheiten für eine Weile nach Rom zurückkehren und dem Dienst auf dem ägyptischen Lotterbett entsagen muss. Er wird wenig später um der politischen Verständigung mit seinem Gegner Oktavian willen sogar dessen Schwester ehelichen, was Kleopatra natürlich gar nicht gefällt. Dennoch kehrt Antonius wieder zu ihr zurück. Man kann sich vorstellen, was sich daraus für ein Beziehungsdrama ergibt …

Schöne neue Welt

Brave new world ist bekannt geworden als Titel des berühmten Zukunftsromans von Aldous Huxley aus dem Jahr 1932. Die Zeile stammt aber aus Shakespeares *Sturm*. Nach einem Umsturzversuch hat es den zaubermächtigen Prospero, Herzog von Mailand, zusammen mit seiner Tochter Miranda, auf seiner Flucht in einem Boot auf eine einsame Insel verschlagen. Dort strandet später auch König Alonso von Neapel mit seinem Sohn Ferdinand und einigem Gefolge. Bei ihrem Anblick ruft Miranda begeistert aus: »O brave new world / That has such people in it« – O wunderbare neue Welt, wo solche Menschen leben.

Miranda, die noch nie einen jungen Mann gesehen hat, verliebt sich schlagartig in Ferdinand. Ihre Vermählung am Schluss ist in diesem sehr allegorischen Stück auch Ausdruck einer Versöhnung von Kunst (Bildung) und Natur – eine Utopie der Barockzeit.

Huxley bediente sich der Formulierung für seinen Romantitel also ohne eigentlichen inhaltlichen Bezug zum Stück.

Ebenfalls aus dem *Sturm* stammt der Satz des weisen Prospero: »Wir sind aus solchem Stoff wie Träume sind, und unser kleines Leben ist von einem Schlaf umringt«, womit er die Illusionshaftigkeit des gesamten menschlichen Daseins zum Ausdruck bringt.

Zitate aus Ein Sommernachtstraum

Der Anfang vom Ende

In Shakespeares Komödie *Ein Sommernachtstraum* wird im einszenigen letzten Akt am Hof des Herzogs Theseus von Athen das zuvor eingeübte Stück *Pyramus und Thisbe* aufgeführt, das auf einer mythologischen Erzählung Ovids (*Metamorphosen*) beruht. Eine tragische Liebesgeschichte mit einer ähnlichen Handlungsstruktur wie *Romeo und Julia*: zwei Nachbarskinder, die nicht zusammen sein dürfen, weil die Väter es verboten haben. Ein Missverständnis, das zu beider Tod führt: Das Paar trifft sich heimlich nachts bei einem Maulbeerbaum, Thisbe erscheint zuerst. Plötzlich taucht ein Löwe in der Dunkelheit auf. Thisbe erschrickt, lässt ihren Mantel fallen und flüchtet. Der Löwe kaut ein bisschen auf dem Mantel herum, wodurch dieser Blutflecken erhält. (Der Löwe hatte kurz zuvor ein Rind gerissen und daher noch ein blutiges Maul.) Nun tritt Pyramus auf, entdeckt den blutbefleckten Mantel, hält Thisbe für vom Löwen gefressen und erdolcht sich. Hervor tritt Thisbe, die sich hinterm Maulbeerbusch versteckte hatte, sie entdeckt den toten Liebhaber und ersticht sich mit dessen Dolch.

Die Darsteller von *Pyramus und Thisbe*, dieses Stücks im Stück von *Sommernachtstraum*, sind allesamt einfache Handwerker und in der Schauspielkunst ungeübt. Die Aufführung ist als Geschenk der Handwerker an Herzog Theseus anlässlich seiner Vermählung mit der Amazonenkönigin Hippolyta gedacht. Bevor es zu dieser Vermählung kam, waren im *Sommernachtstraum* die Liebesbeziehungen aller Beteiligten durch den Einfluss von Zaubersäften zeitweilig arg verwirrt. Doch nun erwartet man nur noch, heiter und festlich gestimmt, die rührende Aufführung der Handwerker. Einer von ihnen, der Zimmermann Squenz, tritt auf und spricht etwas verlegen einen halb entschuldigenden Prolog, um etwaigen Missverständnissen und Unzulänglichkeiten vorzugreifen. Unter anderem sagt er: »To show our simple skill / That is the true beginning of our end« – Zu zeigen unsere bescheid'ne Kunst / Das ist der wahre Zweck unseres Vorhabens. Damit kündigt er also auf etwas umständliche Weise die Aufführung an, die gleich folgen wird.

Kurioserweise hat sich aus dieser kurzen Textstelle »the true beginning of our end« durch missverstandene Übersetzung die Redewendung »Der Anfang vom Ende« herausgebildet. Die Redewendung ist also eine Verballhornung des Wortlauts.

Die Wände haben Ohren

Die an sich tragische Geschichte von *Pyramus und Thisbe* war allen Theaterbesuchern zur Zeit Shakespeares so gut bekannt, dass dieser sie in seinem *Sommernachtstraum* als Stück im Stück sehr ironisch und auf geradezu moderne Weise verfremdete. Pyramus und Thisbe dürfen sich wegen des Verbots der Väter zwar nicht sehen, aber sie leben Hauswand an Hauswand. Durch eine Lücke in der Mauer können sie sich verständigen und verabreden für den Abend bei dem Maulbeerbaum das fatale und tödlich endende Stelldichein. In dem Spiel vor dem Herzog wird die Wand nicht etwa als Teil einer Kulisse, sondern von einem Schauspieler mit ein paar Requisiten wie »Mörtel, Leim und Stein« dargestellt. Eine derartige »Symbolik« entsprach der damals gängigen barocken Bühnenpraxis. Nachdem die Verabredung zwischen Pyramus und Thisbe getroffen ist, tritt der Schauspieler ab, was der Herzog mit den Worten kommentiert »Nun also ist die Wand zwischen den beiden Nachbarn nieder«, worauf Demetrius, der »Regisseur« der Aufführung, erwidert: »Das ist nicht mehr als billig, gnädiger Herr, wenn die Wände Ohren haben.«

Gut gebrüllt, Löwe

Auch in der Maulbeerbaumszene des *Sommernachtstraums* verwendet Shakespeare diesen Verfremdungseffekt, indem er beispielsweise die Darsteller des Mondscheins und des Löwen ausführlich ansagen lässt, wer sie sind und was sie gleich machen werden. Als Thisbe nun im Mondschein (der Darsteller hält eine Laterne) den Friedhof betritt, brüllt der Löwe, worauf der »Regisseur« Demetrius sagt »Gut gebrüllt, Löwe!«. Thisbe läuft daraufhin davon. Der Herzog kommentiert dies mit den Worten »Gut gelaufen, Thisbe«.

Zitate aus Hamlet

Mit einem lachenden und einem weinenden Auge

Während Hamlet, Prinz und Thronfolger von Dänemark, im gleichnamigen Drama in Wittenberg studiert, vergiftet sein Onkel Claudius Hamlets Vater und verkündet in einer heuchlerischen Ansprache am Beginn der zweiten Szene im 1. Akt, dass er seine »weiland Schwester [...] / mit einem heitern, einem nassen Auge [...] / zur Eh' genommen« hat. Es handelt sich um die Witwe des ermordeten Königs, Hamlets Mutter, mit der Claudius das Komplott gemeinsam geplant hat. Die Verehelichung fand zwei Monate danach statt. »O schnöde Hast, so rasch / in ein blutschänderisches Bett zu stürzen«, findet Hamlet, der sich darüber im Klaren ist, dass seine Mutter dem Claudius sexuell hörig ist. Die berühmte Zeile »Schwachheit,

dein Nam' ist Weib!« im selben Monolog bringt dies unzweideutig
zum Ausdruck.

Durch die schnelle Heirat ist Claudius nun König von Dänemark –
vor dem eigentlichen Thronerben Hamlet.

Etwas ist faul im Staate Dänemark

sagt angesichts der oben beschriebenen Zustände der Hamlet-Ver-
traute und Offizier Marcellus. Die beiden stehen mit Hamlets Freund
Horatio in der vierten Szene des *Hamlet* nachts auf einer Schlosster-
rasse. Aus der Ferne tönt überdeutlich die unangenehme Geräusch-
kulisse eines Zechgelages des neuen Königs, eine Unsitte, die, wie
Hamlet meint, das ganze Land in Verruf bringt.

Ich wittre Morgenluft

Unmittelbar nach der oben beschriebenen Szene begegnet Hamlet
in einer entlegenen Ecke der Terrasse dem Geist seines Vaters in
vollem Harnisch, der ihm den Giftmord enthüllt, durch den er zu
Tode kam. (Claudius hatte behauptet, Hamlets Vater sei von einer
Schlange gebissen worden.)

Zunächst schildert der Geist ausführlich sein unschönes Dasein
als Untoter. Ungesühnt musste er durch den Mordanschlag aus dem
Leben scheiden, muss nun für seine Sünden im Fegefeuer büßen
und »verdammt auf eine Zeitlang, nachts [...] wandern«. Diese Dar-
stellung macht tiefen Eindruck auf Hamlet. Doch dann hat es der
Geist auf einmal eilig: »Doch still, mich dünkt, ich wittre Morgen-
luft: / Kurz lass mich sein.« Schnell erklärt er noch den genauen
Hergang der Tat und nimmt Hamlet das Versprechen ab, seinen
Tod zu rächen, die Mutter aber ungeschoren zu lassen. Dann ist der
Spuk vorbei.

Es gibt mehr Ding' im Himmel und auf Erden als eure Schulweisheit sich träumt

Nachdem der Geist von Hamlets Vater wieder verschwunden ist,
lässt Hamlet Marcellus und Horatio auf sein Schwert schwören,
niemals über das soeben Geschehene zu sprechen. Obwohl gerade
der Tag anbricht, ermuntert der Geist die beiden aus den Kulissen

heraus, den Schwur zu tun. Da Geister üblicherweise nur nachts unterwegs sind, wundert sich Horatio. Da belehrt ihn Hamlet mit dem Satz von der Schulweisheit.

Aus den Fugen geraten

sagt man heutzutage nicht, wenn das Ikea-Regal nach einer Weile zusammenbricht. Der Satz hat vielmehr einen über das Schreinerhandwerk hinausweisenden höheren Sinn. So auch bei Shakespeare: »The time is out of joint« – Die Zeit ist aus den Fugen, sagt Hamlet am Ende der oben beschriebenen Schwurszene noch zu seinen Kameraden und spielt damit auf alles an, was faul ist im Staate Dänemark. Hamlet spürt die schwere Bürde, die verrottete Moral im Staat ausmerzen zu müssen – das ist auch die Botschaft des untoten Vaters, weniger dessen Bedürfnis nach Blutrache.

In der Kürze liegt die Würze

Um seinen persönlichen Racheplan ins Werk zu setzen, verharmlost sich Hamlet gegenüber dem Hof, indem er nach außen hin den Wahnsinniggewordenen spielt. Das erscheint angesichts des Todes des Vaters manchen plausibel. König Claudius und die Königin sind sich allerdings nicht so sicher. Sie beraten sich mit ihrem Oberhofmeister Polonius, ob es vielleicht nur eine melancholische Gemütsverstimmung sein könnte. Polonius hat seine eigene These. Als er den ungeduldigen königlichen Herrschaften seine Sicht der Dinge schildern will, spricht er zunächst die einleitenden Worte: »Weil Kürze denn des Witzes Seele ist / [...] fass ich mich kurz« (»Therefore, since brevity is the soul of wit, [...] I will be brief«). Jedoch eher umständlich und weitschweifig erklärt er Hamlets absonderliches Verhalten sodann mit dessen angeblich verschmähter Liebe zu Ophelia. Polonius hat seiner Tochter Ophelia den Umgang mit Hamlet nämlich verboten, obwohl dieser um sie wirbt und auch Ophelia seine Gefühle erwidert: »Prinz Hamlet ist ein Fürst; zu hoch für dich.«

Die »Würze« in der Redewendung kam erst später wegen des im Deutschen durchaus treffenden Wortreims hinzu. Eng am Wortlaut Shakespeares müsste es heißen: »Das Wesen des Verstandes zeigt sich am deutlichsten in der Kurzfassung.« (*Wit* bedeutet im Englischen viel mehr als »Witz«; es ist eher die »Gewitztheit«, Klugheit, der scharfe Verstand.)

Ist es auch Wahnsinn, so hat es doch Methode

Auch Polonius ist sich letztlich nicht sicher, ob Hamlet tatsächlich wahnsinnig ist, und stellt diesen scheinbar unverfänglich zur Rede. Als »Wahnsinniger« hält Hamlet den ihm bestens bekannten Polonius für einen Fischhändler, gibt aber ansonsten einige einleuchtende Antworten. Daraus folgert der lebenserfahrene Polonius: »Though this be madness, yet there is method in it.« Er hält Hamlet also nicht für vollkommen geisteskrank.

Sein oder Nichtsein – das ist hier die Frage

To be or not to be, das weltweit berühmteste Shakespearezitat, steht am Anfang eines der großen Hamlet-Monologe. Hamlet geht darin wortreich mit sich zu Rate, ob er die ihm auferlegten Herausforderungen annehmen und handeln soll oder nicht, ja ob er sich der Verantwortung eventuell durch Selbstmord ganz entziehen soll. Auf diesen inneren Konflikt bezieht sich seine Frage zum »Sein oder Nichtsein«. Er ist nach wie vor im Zweifel, ob das Spukbild wirklich die Wahrheit gesprochen hat und dessen Anschuldigungen gegen König und Königin tatsächlich stimmen.

Von des Gedankens Blässe angekränkelt

Vorläufig sieht Hamlet seinen Handlungswillen und seine Entschlussfreudigkeit durch all die Ungewissheiten und sein eigenes Zaudern gehemmt. Am Ende des Sein-oder-Nichtsein-Monologs sieht er daher die angeborene »Farbe der Entschließung« von »des Gedankens Blässe angekränkelt / und Unternehmungen voll Mark und Nachdruck / durch diese Rücksicht aus der Bahn gelenkt«. Es ist die ewige Ungewissheit eines in dieser Hinsicht durchaus modernen Menschen, ob er nun durch Handeln oder Unterlassen das Richtige tut. Bei Hamlet ist das nicht nur eine praktische Alltagsüberlegung, sondern auch eine existenzielle Fragestellung, weil er sich bewusst ist, dass alles, was er tut oder lässt, auch aus »Furcht vor etwas nach dem Tod« beeinflusst wird. Denn dort erwarten einen möglicherweise noch viel schlimmere Qualen.

Es stinkt zum Himmel

Da Hamlet sich den Grund für seinen Wahnsinn immer noch nicht hat entlocken lassen, soll nun ein belauschtes Gespräch mit Ophelia, die angewiesen wird, sich arglos zu stellen, Klarheit bringen. (Ausspionieren ist eine der Lieblingsbeschäftigungen von König Claudius.)

Nach der Plauderei mit Ophelia, die aus Hamlet ebenso wenig schlau wird wie all die anderen, lässt Hamlet am Hof ein Theaterstück aufführen, um für sich zu klären, ob die Anschuldigungen gegen den König und die Königin zutreffen. In leicht verfremdeter Weise – verlegt an den Hof eines Herzogs von Gonzago in Italien – gibt das Stück die ganze Geschichte des Giftmordkomplotts entsprechend der Schilderung des Geistes wieder, einschließlich der Rolle, die König und Königin dabei spielten. Claudius erkennt sich darin wieder, lässt die Aufführung empört abbrechen und entlarvt sich damit, wie von Hamlet erhofft, selbst.

Claudius muss nun zu drastischeren Mitteln greifen. Unter einem Vorwand will er Hamlet nach England schaffen und (insgeheim) dort hinrichten lassen. In einem selbstanklagenden Monolog reflektiert er sein Handeln mit den Worten: »O meine Tat ist faul, sie stinkt zum Himmel« und zieht sofort eine Parallele zum Urverbrechen im christlichen Sinne schlechthin – zum Brudermord des Kain. Claudius macht sich bewusst, dass er zumindest im Jenseits keine Gnade zu erwarten hat.

Der Rest ist Schweigen

Während einer Unterredung mit seiner Mutter, bei der er ihr die bittersten Vorhaltungen macht, ersticht Hamlet den hinter einem Vorhang lauschenden Polonius. Den Tod ihres Vaters kann Ophelia nach der vermeintlichen Zurückweisung durch Hamlet, der sie in seiner Wahnsinnigenrolle missachtet hat, nicht auch noch verkraften. Sie wird wahnsinnig und ertränkt sich im Fluss.

Unerwarteterweise erscheint Hamlet wieder in Dänemark, da das

Schiff kenterte und er von Seeräubern, die ihn retteten und erkannten, zurückgebracht wurde. Daraufhin schmiedet König Claudius mit Laertes, der den Tod seines Vaters Polonius und seiner Schwester Ophelia rächen will, ein letztes Komplott zur Beseitigung von Hamlet. Laertes fordert Hamlet zu einem Freundschafts-Fechtduell mit angeblich stumpfen Waffen auf. Doch ein Degen ist geschärft und sogar vergiftet. Daran sterben am Ende durch eine Verwechslung beide. Auch die Königin nimmt aus Versehen einen Hamlet zugedachten Gifttrunk zu sich. Der sterbende Hamlet ersticht schließlich noch den Claudius. Damit sind alle Angehörigen der Königsfamilie wie der Familie des Polonius tot. Hamlet, nun noch für wenige Minuten ungekrönter König, überantwortet Dänemark dem Norwegerkönig Fortinbras. »Der Rest ist Schweigen« lauten seine letzten Worte.

Titel von Shakespeare-Dramen, die zu Redewendungen wurden

Der Widerspenstigen Zähmung

Wie Paare über Widerstände, Missverständnisse und Verwechslungen dann doch noch zueinanderfinden, ist der älteste und verbreitetste dramaturgische Ansatz für Liebesdramen und Liebeskomödien überhaupt. Shakespeare hat davon genauso ausgiebig Gebrauch gemacht wie die antiken Dichter und die Verfasser von Lore-Romanen und Fernsehsoap-Drehbüchern. Es funktioniert immer. Ein Vater zweier Töchter in Padua verbietet seiner jüngeren Tochter Bianca, ihren Verehrer zu heiraten, bevor nicht ihre ältere Schwester Katharina unter der Haube ist. Katharina jedoch ist eine ziemliche Kratzbürste. Der Bianca-Verehrer findet in Petruchio, dem Bekannten eines Bekannten, einen aussichtsreichen Kandidaten für die Zähmung der widerspenstigen Kate, weil Petruchio es in erster Linie auf eine reiche Mitgift abgesehen hat. Für das in Aussicht stehende Geld ist er bereit, es mit der scharfzüngigen Katharina aufzunehmen. Petruchio »zähmt« sie, indem er ihre Boshaftigkeiten und Sticheleien konsequent als Nettigkeiten auslegt und ihnen damit die Spitze nimmt.

Der Dialogsatz aus dem 2. Akt »Kiss me Kate, we will be married o'Sunday« (Küss mich Käte, wir werden am Sonntag heiraten) lieferte den Titel für die bekannteste moderne Adaption dieses Frühwerks von Shakespeare aus dem Jahr 1593, das Musical *Kiss me, Kate* von Cole Porter. Darin das berühmte Lied: *Schlag nach bei Shakespeare* (s. S. 255).

Vergebliche Liebesmüh

Der englische Originaltitel lautet *Love's labour's lost*, was meist mit »Verlorene Liebesmüh« übersetzt und auch in dieser Form im Deutschen redensartlich ist. Die Komödie aus dem Jahr 1598 steckt, wie ein Kabarett, voller Anspielungen auf aktuelle Themen ihrer Zeit sowie voller Wortwitz und Sprachspiele, die nur im Englischen funktionieren, und sie spielt mit gewissen Theaterkonventionen der Shakespeare-Zeit. Das Stück ist also nicht leicht verständlich und nur mit Mühe zu übersetzen. Die – spärliche – Handlung spielt am Hof des Königs von Navarra, der mit einigen Edelleuten eine »Akademie« gründet, die erstens dem Studium und zweitens ausdrücklich dem Verzicht auf weibliche Gesellschaft dient. Da alsbald aber die Prinzessin von Frankreich mit ihren Hofdamen bei Navarra eintrifft, wird aus diesem Vorhaben nichts.

Wie es euch gefällt

Die hauptsächlich in einem »Zauberwald« (Ardennerwald) spielende Liebeskomödie *As you like it* enthält viele Elemente des seit der Antike in Komödien sehr beliebten Verwechslungsspiels und all der daran geknüpften Liebesproben, ein Genre, das uns heute noch aus *Così fan tutte* von Mozart geläufig ist. *Wie es euch gefällt* ist zudem ein typisches Schäferspiel, wie es in der Spätrenaissance in Italien (um 1550) entwickelt wurde, im Barock als ausgesprochen höfisches Genre in ganz Europa Mode wurde und bis in die Goethe- und eben Mozart-Zeit in immer neuen Varianten bis zum Überdruss gespielt wurde. Shakespeare griff also einen in seiner Zeit relativ neuen Theatermode-Trend auf. Die Schäferstücke waren eng an die müßige höfische Gesellschaft geknüpft. Sie haben fast keinen anderen Inhalt als heitere Liebesintrigen, dienten rein der Unterhaltung wie heute die ebenfalls völlig unrealistischen Vorabendserien mit ihren kitschigen Gefühlsszenen, unterschieden sich aber immerhin von derben Volksstücken (heute: Komödienstadel), die es auf ihre Weise sicherlich auch gab.

Viel Lärm um Nichts

Die Liebeskomödie *Much ado about nothing* hat zwei Liebespaare: eines, das sofort zueinander findet – Hero und Claudio. Diese quasi Verlobten wollen sich gemeinsam mit einer kleinen Adelsgesellschaft in Messina die Zeit bis zur Hochzeit damit vertreiben, ein weiteres Paar, das stets durch scharfzüngige Wortgefechte auffällt (Benedict und Beatrice), zusammenzubringen. Unmittelbar vor der Hochzeitsfeier von Hero und Claudio wird allerdings aufgrund einer Intrige Heros Treue skandalheischend in Frage gestellt; Hero fällt sogar scheintot in Ohnmacht. Es dauert eine Weile, aber durch Nachforschungen bezüglich des Komplotts wird Heros Ehre wiederhergestellt und Doppelhochzeit gefeiert. In *Viel Lärm um Nichts* geht es also um ein spontanes Liebespaar, vor dem sich in letzter Minute doch noch »objektive« Hindernisse auftun, sowie um ein sprödes Liebespaar, dem zu seinem Glück noch nachgeholfen werden muss – und das in einer eng miteinander verwobenen Textur der beiden Handlungsfäden und ebenfalls mit sehr viel Sprachwitz.

Ende gut, alles gut

endet entgegen dem Titel *All's well that ends well* keineswegs gut. Ein junger Graf aus dem Roussillon muss auf Befehl des Königs von Frankreich eine junge Frau heiraten, die er nicht haben will, und sie am Schluss sogar als Ehefrau »lieben«. Die Handlung dreht sich hauptsächlich darum, wie es der verliebten jungen Frau gelingt, den spröden Grafen in die Ehe zu zwingen: Sie heilt erstens den König von einem Geschwür; der erteilt daraufhin den Heiratsbefehl, dem sich der junge Graf zwar nicht widersetzt, aber er vollzieht auch nicht die Ehe. Zweitens arrangiert die verliebte, heiratssüchtige Frau ein nächtliches Beisammensein mit dem jungen Grafen, den sie systematisch umgarnt, durch Vertauschung mit dessen Geliebter in Italien. Die Geschichte beruht auf einer der *Decamerone*-Novellen von Giovanni Boccaccio; die geraubte Nacht mit einer untergeschobenen »Geliebten«, die hier die wahre, aber verschmähte Ehefrau ist, ist ein typisches Boccaccio-Motiv. Das Ganze geriet bei Shakespeare weder besonders witzig noch besonders überzeugend.

Friedrich Schiller (1759–1805)

Der Sohn eines Wundarztes aus Marbach am Neckar studierte zunächst Medizin, fühlte sich aber zum freiheitlichen Schriftsteller berufen und entfloh 1782 dem bedrückenden spätabsolutistischen Regiment seines württembergischen Landesherrn Carl Eugen nach dem Erfolg von *Die Räuber*. Nach beinahe zehn arbeitsreichen, aber wirtschaftlich prekären Jahren wurde Schiller 1789, im Jahr der Französischen Revolution, Geschichtsprofessor in Jena und trat nun in engsten Kontakt zu »Weimar«, wohin er 1799, im Jahr der Vollendung des *Wallenstein,* umzog. Schiller hatte sich eine universale Bildung angeeignet und brachte die Freiheits- und Humanitätsideale der Aufklärung wie kein anderer auf die Theaterbühne und in seine Gedankenlyrik. Die Menschlichkeitsideale (*Alle Menschen werden Brüder*) richteten sich gegen die Unmenschlichkeit vieler Fürsten und konnten unter den damaligen Verhältnissen in Deutschland (Zensur) für das bürgerliche Publikum eher in Form von Literatur verbreitet werden denn als politische Schriften.

Schiller war während des ganzen 19. Jahrhunderts und bis weit ins 20. Jahrhundert hinein der literarische Heros des Bürgertums in ganz Europa und wegen seines Freiheitspathos auch der sich emanzipierenden Arbeiterbewegung. Mit der schulbuchmäßigen Kanonisierung verkrustete allerdings auch der spontane Zugang zu diesem Dichter mit seinen ebenso lebensnahen und lebendigen wie gedankenvollen Stücken.

Dem Manne kann geholfen werden

Karl von Moor, ein Adelsspross, erstgeborener Sohn eines gräflichen Hauses, ist nach einem verlotterten Studentenleben aufgrund einer gegen ihn gerichteten Intrige seines jüngeren Bruders Franz zum Räuberhauptmann geworden. Dessen Intrige gegen Karl bestimmt die Handlung des ganzen Dramas *Die Räuber*. Zuerst ist Karl eine Art Robin Hood, wird schließlich aber doch unentrinnbar in Verbrechen und Gewalt verstrickt bis hin zum Mord. Als die Intrige aufgedeckt wird und Karl mit seinen Räubern das väterliche Schloss stürmen will, nimmt sich Franz das Leben. Der Vater stirbt vor Entsetzen, und Karls Geliebte Amalia wird auf ihren Wunsch von Karl selbst ermordet. Karl hat sehr viel Schuld auf sich geladen, sein Gewissen plagt ihn schon seit Langem. Unmittelbar nachdem er Amalia erstochen hat, will Karl sich selbst der Justiz überantworten, indem er sich einem armen Tagelöhner mit elf Kindern zu erkennen gibt, dem er kurz zuvor über den Weg gelaufen ist und der eine auf Karl ausgesetzte Belohnung von tausend Louisdor erhalten soll. »Dem Mann kann geholfen werden« lautet der letzte Satz des Stücks.

Der Mohr hat seine Schuldigkeit getan

»Der Mohr hat seine Arbeit getan, der Mohr kann gehen.« Der Mohr in *Die Verschwörung des Fiesco zu Genua* (1783) heißt Muley Hassan. Er spricht die Worte selbst am Schluss des 4. Aufzugs. Dieser Mohr aus Tunis, ein zwielichtiger Spitzbube, ist an einer der zahlreichen Verschwörungen des Stücks beteiligt, das in der Renaissance-Zeit spielt. Der inzwischen greise Doge Andrea Doria hat die Stadtrepublik zwar von der Herrschaft Frankreichs befreit und wieder unabhängig gemacht, aber nun fürchten republikanisch gesinnte Genuesen eine heraufziehende tyrannische Herrschaft von Dorias Neffen Gianettino. Dagegen richtet sich eine Verschwörung. Zu deren Anführer wird der junge Adelige Fiesco. Da der undurchschaubare Fiesco aber selbst in den Verdacht gerät, Doge werden zu wollen, planen sowohl Gianettino wie die Republikaner seine Beseitigung. Gianettino hat dafür den Mohren angeheuert, doch dessen Anschlag geht fehl und Fiesco macht ihn nun zu seinem Handlanger – bis er »keine Arbeit« mehr für ihn hat. Damit hat der Mohr »seine Schuldigkeit getan«.

Donner und Doria!

Nicht nur Haupt- und Staatsaktionen spielen in *Die Verschwörung des Fiesco* (s. o.) eine Rolle, sondern auch gefährliche Liebschaften. So entführt dem halb betrunkenen Gianettino, der sich für eine schöne Unbekannte interessiert, bei einem Maskenball der Ruf »Donner und Doria!«, als ihm ein Vertrauter anbietet, sie ihm vorzustellen.

Geben Sie Gedankenfreiheit

Vor dem Hintergrund der niederländischen Unabhängigkeitsbewegung gegen Spanien spielt Friedrich Schillers *Don Karlos* (1787). Die damaligen Niederlande (heute Belgien und die Niederlande) waren während der Reformation mehrheitlich protestantisch geworden, gehörten aber seit 1504 zur habsburgisch-spanischen Krone. Deren Träger war inzwischen Philipp II. (Regierungszeit 1556–1598). Wie sein Vater Karl V. verstand sich Philipp als Vorkämpfer der katholischen Sache und betrieb die Rekatholisierung der ausgesprochen wohlhabenden Niederlande schließlich auch mit militärischem Druck. Er entsandte Truppen unter dem Befehl des Herzogs von Alba, der die Protestanten mit einem Schreckensregime terrorisierte. Die nördlichen Provinzen schlossen sich in der Utrechter Union zusammen und versuchten, sich von Spanien unabhängig zu machen. Vor diesem Hintergrund spielt Schillers Stück.

Der Rest dieser Geschichte ist also Fiktion:

Der Thronfolger Don Karlos soll nach den Vorstellungen seines Jugendfreundes Marquis von Posa die Statthalterschaft in den Niederlanden übernehmen, um die bedrückende Situation abzumildern. Karlos hat indes andere Sorgen: Er ist unglücklich in die junge Königin verliebt, die einmal seine Verlobte war. Doch sein Vater Philipp hat sie selbst geheiratet. Während sich aus dieser delikaten Situation am Hof eine Liebesintrige entspinnt, sucht der König nach einem Vertrauten und nähert sich dem Marquis von Posa an. In einer Unterredung mit dem König beklagt Posa mit sehr offenen Worten zunächst »Ich höre, Sire, wie klein, / wie niedrig Sie von

Menschenwürde denken« und antwortet auf des Königs Einwand, in Spanien »blüht des Bürgers Glück in nie bewölktem Frieden; / und *diese* Ruhe gönn' ich den Flamändern« sehr schlagfertig: »Die Ruhe eines Kirchhofs.« Von dieser Stelle rührt auch die sprichwörtliche **Friedhofsruhe** her. Schließlich kommt Posa auf den Punkt seines Anliegens: »Gehn Sie Europens Königen voran. / Ein Federzug von dieser Hand, und neu / erschaffen wird die Erde. Geben Sie / Gedankenfreiheit.« Dann fährt er fort: »Sehen Sie sich um / in [Gottes herrlicher] Natur! Auf Freiheit / ist sie gegründet – und wie reich ist sie / durch Freiheit!« Dieses eigentlich aufklärerische Anliegen stand in Schillers Zeit, zwei Jahre vor Ausbruch der Französischen Revolution, auf der politischen Tagesordnung – gerade angesichts einiger Despotenregime des Ancien Régime, wozu vor allem Schillers heimatliches Württemberg unter Herzog Carl Eugen zählte. Und es blieb auch im 19. Jahrhundert, während der Zensur der Biedermeierzeit, aktuell – einer der Gründe, warum Schiller vom bürgerlichen Publikum so geschätzt wurde. Er vertrat dessen politische Grundanliegen.

Besser als sein Ruf

Die königlichen Cousinen Elisabeth I. von England und Maria Stuart von Schottland konnten aufgrund ihres Hintergrunds und ihres Charakters verschiedener nicht sein. Die katholische Maria, die von Kindheit an sozusagen stets mit einem Bein auf dem Kontinent mit dessen katholischen Mächten stand, wurde von Elisabeth immer als Bedrohung empfunden. Maria hatte durchaus Erbansprüche auf den englischen Thron und war in der Tat neben zahlreichen anderen Affären in Attentatspläne und »Papisten-Verschwörungen« gegen Elisabeths Herrschaft verwickelt. Maria wurde 1587 hingerichtet, ein Jahr vor der »Armada«. Elisabeth war damals 53 Jahre alt und regierte noch weitere 16 Jahre. Dies war die Zeit Shakespeares und der Beginn von Englands Aufstieg zur Seemacht. In Schottland hatte Maria ihren Ehemann umbringen lassen, was die Schotten nicht so toll fanden. 1567 war sie nach England geflohen und hatte 18 Jahre in englischer Haft zugebracht.

Im wirklichen Leben sind sich die beiden Herrscherinnen nie

begegnet, aber eine fiktive Begegnung steht im Zentrum von Schillers *Maria Stuart* (1800). Im Stück wird das Treffen auf Schloss Fotheringhay, wo Maria gefangen ist, vom Grafen Leicester arrangiert. Er ist der offizielle Liebhaber Elisabeths, gleichzeitig liebt er Maria und ist in einen Rettungsplan für sie eingeweiht. Elisabeth ist die scheinbar zufällige Begegnung im 3. Akt spürbar peinlich. Ihr Ton ist schneidend. Die Idee des arrangierten Treffens war eigentlich, dass Maria Elisabeth milde stimmen sollte, aber angesichts von Elisabeths Ton und Vorwürfen verhärtet sich auch Marias Stolz und die beiden keifen sich an. Maria Stuart greift Elisabeth unter anderem mit dem Argument an, sie selbst habe sich wenigstens immer »mit königlichem Freimut« zu ihren Fehlern bekannt: »Das Ärgste weiß die Welt von mir, und ich / kann sagen, ich bin besser als mein Ruf.« Elisabeth macht sie dagegen den Vorwurf, sich hinter dem »Ehrenmantel« ihres jungfräulichen Getues zu verstecken.

Das Drama spielt wenige Tage vor der Hinrichtung Marias, die Elisabeth nun erst recht mit ihrer Unterschrift bestätigt, auch wenn sie das eigentlich nicht wollte.

Glanz in meiner Hütte

Eine der berühmtesten geschichtlichen Episoden des Abendlandes überhaupt ist das Auftreten der Jeanne d'Arc in der Schlussphase des Hundertjährigen Krieges zwischen England und Frankreich. Wie das lothringische Bauernmädchen in der Ritter- und Adelswelt des Spätmittelalters im Jahre 1429 zu einer höchst erfolgreichen militärischen Anführerin werden und dem französischen König binnen weniger Monate aus fast aussichtsloser Lage den Thron retten konnte, grenzt an ein Wunder. Ihre erste und wichtigste glanzvolle militärische Tat war der Entsatz des von den Engländern belagerten Orléans, daher ihr Beiname.

In Schillers Prolog zu *Die Jungfrau von Orléans* ist ihr Vater Thibaut d'Arc gerade dabei, die Hochzeit ihrer älteren Schwestern auszurichten. Auch Jeanne hat einen hartnäckigen Verehrer, von dem sie allerdings nicht viel wissen will. Sie sucht eher die Einsamkeit bei den Schafherden ihres Vaters. Der hat dafür ein gewisses Verständnis, denn er hatte auch schon »Träume und ängstliche Gesichte«, in denen er seine Tochter auf dem Thron Frankreichs sitzen sah. »Und alle Fürsten, Grafen, Erzbischöfe, / der König selber neigten sich vor ihr. / Wie kommt mir solcher Glanz in meine Hütte?«, fragt er sich in der zweiten Szene des Prologs.

Das Maß ist voll

In der dritten Prolog-Szene der *Jungfrau von Orléans* hat ein Landmann, der gerade vom Markt im benachbarten Vaucouleurs heimkommt, einen Ritterhelm mitgebracht, den ihm eine Zigeunerin regelrecht aufgedrängt hat. Johanna nimmt ihn begierig an sich und als sie die Nachrichten hört, die der Landmann aufgeschnappt hat, wie schlecht es um die französischen Truppen bei Orléans steht, ruft sie unvermittelt: »Vor Orléans soll das Glück des Feindes scheitern, / Sein Maß ist voll, er ist zur Ernte reif.«

Mit der Dummheit kämpfen Götter selbst vergebens

Die Entscheidungsschlacht zwischen Engländern und Franzosen wogt im 3. Akt der *Jungfrau von Orléans*. Der englische Feldherr Talbot ist tödlich getroffen. In der 6. Szene äußert er sterbend gegenüber zwei Hauptleuten, die ihn an den Rand des Schlachtfeldes begleiten: »Mit der Dummheit kämpfen Götter selbst vergebens«, im Gedanken daran, wie leicht sich seine englischen Soldaten von der »überirdischen« Erscheinung Johannas blenden ließen.

Zitate aus dem Lied von der Glocke

Mit dem Segen von oben

Im *Lied von der Glocke*, einer langen Ballade von 1799, mit deren Auswendiglernen Generationen von Schülern gequält wurden, wird der von Schiller durchaus fachkundig geschilderte handwerkliche Vorgang des Glockengusses zu einem Sinnbild für viele Aspekte allgemein menschlicher Lebenserfahrung und sogar der Geschichte seiner Zeit. Daher wohl auch die vielen Zitate, die aus der *Glocke* als Redewendungen Eingang in die Alltagssprache gefunden haben.

Zu Beginn der Ballade sind alle Vorbereitungen in der Glockengießerei bereits getroffen, vor allem die Form für den Glockenguss ist bereits errichtet: »Festgemauert in der Erden / steht die Form aus Lehm gebrannt.« Am Tag des Gusses spornt der Meister die Gesellen an, »frisch [...] zur Hand« zu sein. Das Glockengießen ist eine ernste – und fromme – Angelegenheit. Das Gelingen hängt natürlich vom Geschick und der Erfahrung des Meisters ab, aber auch vom Arbeitseinsatz der Gesellen: »Von der Stirne heiß / rinnen muss der Schweiß / soll das Werk den Meister loben. / Doch der Segen kommt von oben.«

Drum prüfe, wer sich ewig bindet

Glocken bestehen aus Bronze, einer Legierung aus Kupfer und Zinn. Unter anderem die richtige »Mischung« entscheidet über die Qualität des Gusses und des »Klangs«. Vor dem Guss werden die beiden Metalle mit »Holz vom Fichtenstamme« selbstverständlich erst einmal geschmolzen. Während der Metallbrei, die Glockenspeise, vor sich hin brodelt, macht sich Schiller einige Gedanken zur Kindheit und Jugend des Menschen im Allgemeinen bis zu dem Zeitpunkt, da der Jüngling sich ein Herz fasst, denn »errötend folgt er ihren Spuren«.

Dann erfolgt in der Glockengießerei die Stichprobe (hier mit einem in das flüssige Metall getauchten Stäbchen), ob sich beide Metalle, das sprödere Kupfer und der weichere Zinn, schon gut miteinander verbunden haben: »Denn wo das Strenge mit dem Zarten, / wo Starkes sich und Mildes paarten, / da gibt es einen guten Klang. / Drum prüfe, wer sich ewig bindet / und ob sich Herz zum Herzen findet. / Der Wahn ist kurz, die Reu' ist lang.«

Der Mann muss hinaus ins feindliche Leben

Nun bilden Kupfer und Zinn durch die Schmelze die Bronzelegierung. Im menschlichen Leben erfolgt die Hochzeit, zu der natürlich auch die früher bereits fertiggestellten Kirchenglocken erklangen. Dann »reißt der schöne [Liebes]Wahn entzwei« und ohne weitere Umschweife muss »der Mann [...] hinaus ins feindliche Leben« und »pflanzen und schaffen, erlisten, erraffen, muss wetten und wagen, das Glück zu erjagen« – man meint wahrhaftig, die Stellenbeschreibung eines Investmentbankers zu lesen. Derweil ...

Waltet drinnen die züchtige Hausfrau

und herrschet weise im häuslichen Kreise.« Neben der Kindererziehung (»lehret die Mädchen und wehret den Knaben« – schon damals deren Hauptinhalt!) ist auch sie mit der Vermögensmehrung beschäftigt: »reget ohn' Ende die fleißigen Hände und mehrt den Gewinn mit ordnendem Sinn«, behält also die Haushaltskasse im Auge.

Wehe, wenn sie losgelassen

Sobald die Glockenspeise bereit ist, wird der Zapfen ausgestoßen und die »feuerbraunen Wogen« schießen rauchend hervor. Die Glockengießerei ist zwar ein mittelalterliches Handwerk, aber im bereits angebrochenen Industriezeitalter dürfte Schiller wohl bewusst gewesen sein, wie »Wohltätig ist des Feuers Macht, / wenn sie der Mensch bezähmt, bewacht. / Und was er bildet, was er schafft, / das dankt er dieser Himmelskraft«. Und sogleich denkt er an die Gefahr und den möglichen Super-GAU: Furchtbar wird diese Himmelskraft, »wenn sie der Fessel sich entrafft«, mit anderen Worten: »Wehe wenn sie [die Flammen] losgelassen / wachsend ohne Widerstand / durch die volkbelebten Gassen / wälzt den ungeheuren Brand!«

Noch zu Schillers Zeiten waren die von Stadtmauern umwehrten Städte ausgesprochen dicht besiedelt, Arbeiten und Wohnen nicht getrennt. Die Handwerks- und Gewerbebetriebe wie eine Glockengießer-Werkstatt lagen unter Umständen mitten drin unter den Fachwerkhäusern. Ihm stand unmittelbar vor Augen, was passieren konnte, wenn ein Feuer außer Kontrolle geriet. Mit dem »Feuer« ist in seinen Augen auch die Französische Revolution mit ihren Exzessen gemeint.

Er zählt die Häupter seiner Lieben

Da konnte ein ganzes Stadtviertel niederbrennen, was Schiller im Weiteren anschaulich als Schreckensszenario beschreibt. Die Menschen haben alles verloren: »In den öden Fensterhöhlen / wohnt das Grauen« wie nach einem Bombenangriff. Gott sei Dank bleibt es diesmal nur eine Vision. Der Mensch »zählt die Häupter seiner Lieben / und sieh! ihm fehlt kein teures Haupt.«

Sich gütlich tun

Nun muss abgewartet werden, bis die Glockenspeise in der Form »sich verkühlet«. In der Zwischenzeit kann man nichts weiter unternehmen: »Lasst die strenge Arbeit ruhn. / Wie im Laub der Vogel spielet, / mag sich jeder gütlich tun.«

Das Auge des Gesetzes

Darüber wird es Abend und bei einbrechender Dunkelheit werden die Stadttore geschlossen. In Zeiten ohne elektrisches Licht und künstliche Straßenbeleuchtung war es da gleich beinahe zum Fürchten finster. »Doch den sichern Bürger schrecket / nicht die Nacht, / [...] Denn das Auge des Gesetzes wacht.«

Die Formulierung selbst stammt von dem griechischen Komödiendichter Menander aus der Alexander-Zeit. Menander war in der Antike berühmt (s. S. 86), aber von ihm ist wenig Originaltext überliefert. »Das Auge des Gesetzes« hängt mit »Justitia«, griechisch »Dike«, zusammen, die man als allegorische Figur in menschlicher Gestalt darstellte. Daher haben Recht und Gesetz Augen. Über Dike sagt Menander: »[Sie] hat ein Auge, das nichts übersieht.« Mit anderen Worten: Justitia sieht alles.

Wo rohe Kräfte sinnlos walten

Ist das Metall in der Lehmform endlich erkaltet, muss diese zerstört werden, damit die Glocke zum Vorschein kommt: »Schwingt den Hammer, schwingt, / bis der Mantel springt!« Allerdings besteht stets die Gefahr, dass zur Unzeit »das glüh'nde Erz sich selbst befreit«, also die Form zersprengt, dann »speit es Verderben zündend aus«. Denn »Wo rohe Kräfte sinnlos walten, / da kann sich kein Gebild gestalten; / wenn sich die Völker selbst befrei'n, / da kann die Wohlfahrt nicht gedeihn«.

»Wo rohe Kräfte sinnlos walten« ist also eine klare Anspielung auf die Gewalttaten im Zusammenhang mit der Französischen Revolution. Schiller beschwört unmittelbar im Anschluss an »das Auge des Gesetzes wacht«, die »heil'ge Ordnung« des »Vaterlandes«, wo sich »tausend fleiß'ge Hände regen« und Arbeit »des Bürgers Zierde« ist, also ein durch und durch treudeutsches bürgerliches Idyll.

Da werden Weiber zu Hyänen

Diesem friedlichen Bild von deutschen Dörfern und Städten in »des Abends sanfter Röte« werden danach ausdrücklich die Gräuelbilder der Revolution gegenübergestellt: Wie an den Strängen der Glocke, die »nur [...] zu Friedensklängen« geweiht ist, gezerrt wird, so dass sie »heulend schallt« und »die Losung anstimmt zur Gewalt«. »Die Straßen füllen sich, die Hallen / und Würgerbanden ziehn umher. / Da werden Weiber zu Hyänen«.

Und wenige Zeilen später fährt Schiller fort mit tierischen Vergleichen in diesem Zusammenhang:

Gefährlich ist's den Leu zu wecken

/ verderblich ist des Tigers Zahn; / jedoch der schrecklichste der Schrecken, / das ist der Mensch in seinem Wahn.«

Nach diesem Ausflug in die Zeitgeschichte wird die Glocke in der Ballade auf den Namen *Concordia* (Eintracht) getauft und geweiht und »hoch überm niedern Erdenleben« aufgehängt, damit sie »mit ihrem Schwunge« / »des Lebens wechselvolles Spiel« begleite und »Freude dieser Stadt bedeute, / Friede sei ihr erst Geläute«.

Zitate aus Wallenstein

Im Jahr der *Glocke* (1799) schloss Schiller auch seine langjährige Arbeit an der *Wallenstein*-Trilogie ab. Sie besteht aus dem einaktigen *Wallensteins Lager* und den beiden abendfüllenden Teilen *Die Piccolomini* und *Wallensteins Tod*.

Im Dreißigjährigen Krieg, dem letzten großen europäischen Religionskrieg, war der aus Friedland in Böhmen stammende Wallenstein (1583–1634) als Kriegsunternehmer und Armeeführer vom habsburgischen Kaiser Ferdinand II., also für die katholische Liga und gegen die protestantischen Fürsten angeheuert worden. Der in der Armeeführung sehr erfolgreiche Wallenstein wurde immer mächtiger und betrieb zunehmend Politik auf eigene Faust. Auf Druck der argwöhnischen Kurfürsten wurde Wallenstein 1630 vom Kaiser entlassen, doch schon 1632 musste dieser ihn wieder einstellen, nachdem die Lage durch das Eingreifen des schwedischen Königs Gustav Adolf II. zugunsten der Protestanten für die habsburgisch-katholische Seite zunehmend bedrohlich geworden war. Wallenstein hatte noch zwei Jahre zu leben und konnte die Protestanten schlagen. In der Schlacht von Lützen in Sachsen fiel Gustav Adolf. Unstrittig unterhielt Wallenstein »diplomatische Kontakte« zur gegnerischen Seite, deren Inhalt man jedoch nicht kennt. Vielleicht versuchte er Möglichkeiten für einen Friedensschluss auszuloten oder eine andere Koalition zu schmieden. Der Kaiser mutmaßte, dass Wallenstein hinter seinem Rücken mit dem Feind paktierte, also zum Verräter geworden war. Vor diesem Hintergrund entfaltet sich die Dramatik der drei Theaterstücke.

Wallensteins Lager

Dem Mimen flicht die Nachwelt keine Kränze

In einem anlässlich der Wiedereröffnung des Theaters in Weimar 1798 gesprochenen Prolog zu der Wallenstein-Trilogie kommt Schiller auf die Schauspielkunst an sich zu sprechen und erinnert in mehreren Wendungen daran, wie flüchtig und vergänglich diese Kunstform ist – etwa im Vergleich zu Skulpturen (»dem Gebild des Meißels«) und schriftstellerischen Werken (dem »Gesang des Dichters«); zu diesen »dauerhaften« Kunstprodukten könnte man noch die Malerei und die Architektur hinzufügen. Schauspielkunst ist, ähnlich wie die Musikdarbietung, »des Augenblicks geschwinde Schöpfung«. Kaum hat der Mime die Bühne verlassen, seinen Beruf aufgegeben oder gar das Zeitliche gesegnet, lässt sich seine Kunst nicht mehr nachvollziehen und selbst bedeutende Schauspielkünstler geraten in Vergessenheit.

Der Mensch wächst mit seinen Aufgaben

Im Prolog des *Wallenstein* spricht Friedrich Schiller die weltgeschichtlich umwälzenden Ereignisse seiner Zeit an, die Französische Revolution, die auch eine tief greifende Kulturrevolution war. »Die neue Ära« verlangt seiner Meinung nach auch neue künstlerische Ausdrucksformen: »erhaben«, »bewegend«, »der große Gegenstand«

soll es nun sein. Eben eine gigantische Unternehmung wie sein dreiteiliges Geschichtsdrama. »Es wächst der Mensch mit seinen größern Zwecken« – so der Originalwortlaut bei Schiller an dieser Stelle zu diesem Thema.

Ernst ist das Leben, heiter ist die Kunst

Der Hauptzweck des Prologs besteht darin, den Zuschauer daran zu erinnern, dass es sich bei den Stücken um dichterisch frei gestaltete Dramen handelt, nicht um dokumentierte historische Abläufe, dass aber vielleicht die eigentliche Wahrheit in der dichterischen Gestaltung besser zum Vorschein kommt.

Zum Schluss des Prologs kommt Schiller auf Wallenstein zu sprechen, den zwielichtigen »verwegenen Charakter«, »Des Lagers Abgott und der Länder Geißel / die Stütze und den Schrecken seines Kaisers«. Er will ihn auch dem Herzen der Zuschauer »menschlich näher bringen« und erinnert an den historischen Hintergrund des Dreißigjährigen Krieges wie an den zu seiner Zeit dramatischen Zerfall der Friedensordnung von »Europens Reichen« angesichts der Französischen Revolution. Tja, »Ernst ist das Leben«. Da sollte dann wenigstens auch bei diesem Thema die Kunst der Erbauung und Erheiterung dienen.

Leben und leben lassen

Das lediglich einaktige *Wallensteins Lager* spielt unter einfachen Soldaten und Marketendern, also in dem ganzen Tross des Wallenstein-Heeres gegen Ende des Dreißigjährigen Krieges in Böhmen. Wallenstein und die anderen Einzelfiguren treten noch nicht auf. Die Zuschauer sollen in die allgemeine Situation der Zeit eingeführt werden, die sich konkret in der Stimmung und den Sprüchen der Soldaten Wallensteins widerspiegelt. Zu den Sprücheklopfern zählt beispielsweise der »Erste Jäger« im sechsten Auftritt, einer jener für die Zeit typischen Landsknechtssoldaten, deren Loyalität in ihrer Söldnermentalität demjenigen Heerführer gehört, der am besten bezahlt, reiche Beute verspricht und sich in der inneren Führung auf lockere Grundsätze versteht. So diente der Jäger auch schon unter Tilly, dem – neben Wallenstein – ebenfalls bedeutenden katholischen

Heerführer im Dreißigjährigen Krieg: »Denn der Tilly verstand sich aufs Kommandieren. / [...] Dem Soldaten ließ er vieles passieren, / [...] Sein Spruch war: Leben und leben lassen.« Typen wie der Jäger stießen aus einer Mischung aus Langeweile (»Lief ich darum aus der Schul' und der Lehre«) und Abenteuerlust zum Militär (»Flott will ich leben und müßig gehn, / Alle Tage was Neues sehn«). Für sie sind die Wallenstein-Regimenter der beste Arbeitgeber: »Kann's der Soldat wo besser kaufen? / Da [...] hat alles 'nen großen Schnitt.« Und solange sich einer keine Befehlsverweigerung zuschulden kommen lässt, gilt: »**Was nicht verboten ist, ist erlaubt**; / Da fragt niemand, was einer glaubt.« Die Soldaten schulden nur der Regimentsfahne Gehorsam (»nur der Fahne bin ich verpflicht!«), alles andere steht in ihrem Belieben.

Es ist noch nicht aller Tage Abend

Im siebten Auftritt beleuchtet ein »Wachtmeister« nicht ohne Stolz die Karrierechancen der Soldaten: »Aus dem Soldaten kann alles werden, / denn Krieg ist jetzt die Losung auf Erden.« Er ist sich völlig darüber im Klaren, dass die Heerführer mittlerweile mächtiger sind als die höchsten Fürsten. (»Das Zepter in Königs Hand / ist ein Stock nur, das ist bekannt.«) Buttler hat es vom »Chef vom Dragonerkorps« zum Generalmajor gebracht, Wallenstein, »erst nur ein schlichter Edelmann«, ist jetzt »dem Kaiser der nächste Mann, / und wer weiß, was er noch erreicht und ermisst, / denn noch nicht aller Tage Abend ist«.

Die Piccolomini

Spät kommt Ihr, doch Ihr kommt!

Der weite Weg, Graf Isolan, entschuldigt Euer Säumen«, sagt zu Beginn der *Piccolomini* der Feldmarschall Illo zu dem gerade in den Rathaussaal eintretenden Kroaten-General Isolani. Die Perspektive im *Wallenstein* hat gewechselt. Von nun an wird das Drama hauptsächlich aus der Sicht der Offiziere gezeigt, die als handelnde oder betroffene Akteure auftreten. Sie versammeln sich in dieser Szene gerade im Rathaus von Pilsen.

Es geht hier bereits um die letzten politischen Schachzüge Wallensteins kurz vor seinem Tod. Kaiser Ferdinand in Wien verdächtigt seinen obersten Feldherrn, mit den schwedischen Feinden gemeinsame Sache zu machen, und befiehlt ihm, einen Teil seiner riesigen Armee habsburgisch-spanischem Kommando zu unterstellen. Dem will Wallenstein natürlich nicht Folge leisten und es auf eine Machtprobe mit dem Kaiser ankommen lassen. Die meisten Offiziere sind, wie die Mannschaften, Wallenstein gegenüber loyal. Allerdings nicht Generalleutnant Octavio Piccolomini, der zwar nach außen hin so tut, aber eigentlich in kaiserlichem Auftrag herausfinden soll, was Wallenstein konkret vorhat. Piccolomini hat die kaiserliche Vollmacht, notfalls das Oberkommando zu übernehmen, bereits in der Tasche.

Der langen Rede kurzer Sinn

»Was ist der langen Rede kurzer Sinn?«, erwidert der kaiserliche Rat Questenberg pikiert und ungeduldig dem Generalmajor Buttler, einem der treuesten Gefolgsleute Wallensteins. Buttler hat soeben in einer längeren Ansprache vor den versammelten Offizieren im Pilsener Ratssaal dem habsburgischen Gesandten Questenberg aus Wien deutlich vor Augen geführt, mit wem die über ganz Europa verstreuten Wallenstein'schen Truppen solidarisch sind: mit ihrem Feldherrn nämlich und nicht mit ihrem Kaiser. Auf Questenbergs Nachfrage erinnert Buttler den arroganten Gesandten des Kaisers mit schneidenden Worten daran, dass Kaiser Ferdinand seine Macht dem militärischen Beistand Wallensteins verdankt. Sie implizieren auch eine Warnung an Wien: Sollte man den Oberbefehlshaber ersetzen wollen, würde ein großer Teil der Truppen sich von der kaiserlichen Fahne abwenden. Das ist die Quintessenz von Buttlers »langer Rede«.

In Schweigen gehüllt

In den beiden großen *Wallenstein*-Stücken spielen auch die Gattin und die Tochter Wallensteins eine Rolle. Wallenstein hat sie in dieser kritischen Phase, in der er keinen verlässlichen Rückhalt des Kaisers mehr hat, aus Ungarn kommen lassen. Auf der langen

Reise haben die beiden auch Station in der Wiener Kaiserresidenz gemacht. Im 2. Akt berichtet die Herzogin ihrem Mann von der nicht sehr entgegenkommenden Aufnahme bei Hof: »Man verhüllte sich / in ein so lastend feierliches Schweigen.«

Dem Glücklichen schlägt keine Stunde

Im *Wallenstein* gibt es auch ein Liebespaar, nämlich den jungen Sohn Octavios, Max Piccolomini, und die Tochter Wallensteins, Thekla. Max hat im Auftrag Wallensteins dessen Gattin und Tochter auf ihrer Reise quer durch Ungarn und Österreich nach Böhmen begleitet. Wallenstein hat den jungen, zu keiner Falschheit fähigen Max als Heiratskandidaten für seine Tochter im Auge und somit als Erben und Nachfolger für seine eigenen Güter. Auf der Reise sind sich die beiden jungen Leute tatsächlich nähergekommen, was Max der Tante Theklas, der Gräfin Terzky, im 3. Akt anvertraut. Auf der ganzen Reise hat er in Theklas Gegenwart jegliches Zeitgefühl verloren, denn »Die Uhr schlägt keinem Glücklichen«.

Vor Tische las man's anders

Nach dem im Kreis der loyalen Wallenstein-Offiziere als unfreundlich empfundenen Auftritt des kaiserlichen Gesandten Questenberg will Wallenstein die Gunst der Stunde nutzen. Er droht mit Rücktritt. Die Generale reagieren entsetzt. Sein vertrauter Feldmarschall Illo soll ihm eine schriftliche Erklärung aller Offiziere verschaffen, in der sie ihn auffordern, sich nicht von ihnen zu trennen, wofür sie sich im Gegenzug zur Treue und Solidarität ihm gegenüber verpflichten. Wallenstein will eine unbedingte Solidaritätsverpflichtung ohne Vorbehalt dem Kaiser gegenüber: »Schaff mir ihre Handschrift! / Wie du dazu gelangen magst, ist deine Sache.«

Illo gibt den Generalen zu Beginn eines abendlichen Banketts vorsichtshalber eine Erklärung zu lesen, in der die Offiziere ihre Solidarität mit Wallenstein bekunden, soweit ihr »dem Kaiser geleisteter Eid es erlauben wird«. Unterschrieben werden soll gegen Ende der Feier aber ein untergeschobenes Dokument, das den Kaiser-Vorbehalt nicht mehr enthält, also nur noch die unbedingte Solidarität gegenüber Wallenstein bekundet. Man hofft, dass die

Unterzeichner nach der Feier nicht so genau hinschauen. Buttler hat das Vertauschen mit einer »Copie« sogar bemerkt, bekundet gleichwohl gegenüber Illo: »Mit oder ohne Klausel! gilt mir gleich.« Schließlich verdanken sie alle ihre Militärkarrieren und ihren Wohlstand Wallenstein. Das prächtige Fest nimmt seinen Verlauf, bis zum Schluss einzig Max Piccolomini die Unterschrift verweigert. Einige wenige verbliebene Offiziere lesen sich die Urkunde daraufhin noch einmal genau durch. Der korpulente Generalfeldzeugmeister Tiefenbach bemerkt daraufhin trocken: »Ich merkt' es wohl, vor Tische las man's anders.«

Der Fluch der bösen Tat

In der letzten Szene eröffnet Octavio seinem überaus redlichen, aber auch etwas blauäugigen Sohn Max, dass man sich notfalls auch mit etwas unredlichen Mitteln zur Wehr setzen muss. Er meint damit, dass er selbst Wallenstein Solidarität vorgaukelt und in Wirklichkeit auf Seiten des Kaisers steht. Denn, so erklärt er es seinem Sohn weiter: »Das eben ist der Fluch der bösen Tat, / dass sie, fortzeugend, immer Böses muss gebären« – eine verwerfliche Tat wird immer mit weiteren verwerflichen Taten verdeckt oder verknüpft. (Im Strafgesetz muss beispielsweise wegen Mord und nicht nur wegen Totschlag verurteilt werden, wer »zur Verdeckung einer Straftat« tötet.) Octavio enthüllt Max alles, auch dass er Wallenstein sofort entmachten und den Oberbefehl übernehmen könnte, wenngleich er den Zeitpunkt noch nicht für gekommen hält. Doch Max will von »dieser Staatskunst« nichts wissen und Wallenstein lieber selbst zur Rede stellen. Damit endet das Stück.

Wallensteins Tod

Das ewig Gestrige

Wallenstein schwankt, ob er gegen den Kaiser offen rebellieren soll – und das womöglich auch noch mithilfe der Reichsfeinde, der Schweden, mit denen er schon seit Längerem verhandelt; vorerst mit der Absicht, mindestens einen Waffenstillstand erzielen zu können. Im 1. Akt von *Wallensteins Tod* geht er in einem langen Monolog mit sich zu Rate. Wenn es so weit kommen sollte, sagt er sich, dann fürchte er nicht den offenen Kampf, die Machtprobe mit dem Kaiser. Er traut sich aber nicht zu, die althergebrachte Ordnung, die Gewohnheiten umzustürzen. »Das ganz Gemeine ist's [er meint die alten Gewohnheiten der Menschen], das ewig Gestrige, / was immer war und immer wiederkehrt« – davor fürchtet er sich ebenso wie davor zu scheitern.

Die Sterne lügen nicht

Wallenstein war sehr astrologiegläubig, das wird in den beiden vorangehenden Stücken mehrmals angedeutet. Und auch *Wallensteins Tod* beginnt mit einer Szene, in der er sich mit seinem Astrologen Seni unterhält. Dabei fällt der berühmte zweite Satz des Stücks: »Der Tag bricht an, und Mars regiert die Stunde.« Im 1. Akt überredet ihn die Gräfin Terzky, sich nicht nur offen gegen den Kaiser zu stellen; nach einer Unterredung mit dem schwedischen Oberst Wrangel will Wallenstein mit seinen Truppen nun auch zu den Schweden übergehen.

Im 2. Akt kann Octavio Piccolomini die meisten Offiziere dafür gewinnen, sich auf die Seite des Kaisers zu stellen. Obwohl Wallenstein von seinem Schwager, dem Hauptmann Graf Terzky, gewarnt wird, Octavio nicht zu trauen, hält er ihn für einen Freund. Terzky kann es nicht fassen. Wallenstein entgegnet ihm nur, er hätte unmittelbar vor der Schlacht von Lützen eine Vision gehabt, dem unbedingt vertrauen zu können, der ihm am nächsten Morgen als Erster begegnet. Das war Octavio.

Im 3. Akt wird offenbar, dass Wallensteins Truppen zum Kaiser übergehen. Terzky jammert: »Da siehst du's, wie die Sterne dir gelogen!«, woraufhin Wallenstein erwidert: »Die Sterne lügen nicht.« Gegen Verräterei sei die Wahrsagung machtlos: »Da irret alle Wissenschaft.«

Ich kenne meine Pappenheimer

Immer mehr Regimenter fallen von Wallenstein ab. Seine Truppen konnten auch Prag, das er den Schweden als Morgengabe versprach, nicht einnehmen, weil der Bote mit den entsprechenden Befehlen von den Kaiserlichen abgefangen wurde. Wallenstein steht praktisch allein da. Er sieht sich an seine dunkelste Stunde erinnert, erkennt aber auch sehr klar, dass die Entscheidung gefallen ist und er nun nicht länger zweifeln muss. Das bestärkt seinen Entschluss, nun seinen eigenen Kopf zu retten. Der berühmte Satz »Nacht muss es sein, wo Friedlands Sterne strahlen« ist eine Art Trost, den Wallenstein sich in dieser schwierigen Situation selbst gibt.

Im fünfzehnten Auftritt des 3. Akts ersuchen zehn Kürassiere Wallenstein um eine Audienz. Sie gehören zu dem ihm stets besonders ergebenen Regiment des Hauptmanns Pappenheim. Auch zu ihnen ist die kaiserliche Aufforderung gelangt, ihrem verräterischen Feldherrn die Gefolgschaft zu versagen. Wallenstein spricht jeden Einzelnen dieser einfachen Soldaten mit Namen an. Sie wollen aus seinem eigenen Mund hören, ob er ein Verräter ist, denn sie halten es für eine »spanische Erfindung«. Mit »spanisch« ist hier Habsburg gemeint, das österreichisch-spanische Kaiserhaus. Also die kaiserliche Partei. Darüber hinaus bekunden sie, dass sie, die guten Truppen, eigentlich »das höchste Zutraun« zu ihm, dem guten Feldherrn, hätten. Diese kurze Ansprache beantwortet Wallenstein mit dem Satz: »Daran erkenn ich meine Pappenheimer.«

Entgegen diesem ursprünglichen Zusammenhang wird die Wendung heute im umgekehrten Sinn verwendet: Wer »Ich kenne meine Pappenheimer« sagt, bringt damit meist zum Ausdruck, dass er nicht an die Treue und Ergebenheit seiner Umgebung (Kollegen, vermeintliche Freunde) glaubt.

Nur über meine Leiche

Wallenstein hat sich mit seiner Familie und den letzten verbliebenen Getreuen in die Stadt und Festung Eger zurückgezogen. Buttler bereitet seine Ermordung vor. »Erst über meinen Leichnam sollst du hingehn, / denn nicht will ich das Grässliche erleben«, ruft der Stadtkommandant von Eger, ein Jugendfreund Wallensteins, den Attentätern Buttler, Macdonald und Deveroux entgegen, unmittelbar bevor sie in dessen Schlafzimmer eindringen, wo sie Wallenstein ermorden.

Zitate aus Wilhelm Tell

Der geschichtsmächtige Gründungsmythos der Schweiz geht auf die sogenannte Tell-Sage zurück, die erst um 1500 entstand. Auch Schiller bediente sich ihrer, aber sie hat nichts mit den historischen Ereignissen um 1300 zu tun. Die Eidgenossenschaft ist nicht so entstanden, wie es in der Tell-Sage angelegt ist und schon gar nicht so, wie Schiller es in seinem sehr populären Historiendrama im Jahre 1804 auf die Bühne gebracht hat.

In der Zeit nach dem Ende des hochmittelalterlichen staufischen Kaisertums (nach 1250) war zwischen den Bewohnern der nahe am Gotthardpass gelegenen Täler Uri und Schwyz und den nördlich davon residierenden Habsburgern umstritten, ob Uri und Schwyz reichsunmittelbar waren, das heißt, ob sie dem Kaiser unmittelbar untergeben waren oder nicht. Diese innerschweizerischen Gemeinden kontrollierten den Zugang zum Gotthardpass und waren daher von strategischer Bedeutung. Die Habsburger beanspruchten das Hoheitsrecht. Die Schweizer pochten auf ihre angeblich verbriefte Reichsunmittelbarkeit. Zu ersten kriegerischen Auseinandersetzungen zwischen den Habsburgern und den Schweizern kam es 1315 in der Schlacht bei Morgarten, wo ein schweizerisches Bauern- und Söldnerheer das habsburgische Ritterheer besiegte. Alle Vorgänge um den Rütli-Schwur sind aber nicht belegt. Auch die angeblichen Namen der Beteiligten wie Werner Stauffacher, Walter Fürst und Wilhelm Tell stammen aus späteren Chroniken.

Das figurenreiche Tell-Drama ist geradezu gespickt mit sprichwörtlich gewordenen Zitaten.

Der brave Mann denkt an sich selbst zuletzt

Von den Schergen des habsburgischen Vogtes Wolfenschießen gehetzt, kommt in der ersten Szene des Dramas der Bauer Baumgarten ans Unterwalden-Ufer des Vierwaldstätter Sees und bittet den Fährmann Ruodi, ihn überzusetzen. Baumgarten hat den Vogt erschlagen, bevor dieser seine Frau vergewaltigen konnte. Wegen eines aufziehenden Föhnsturms will Ruodi die Überfahrt auf keinen Fall wagen. Da kommt Tell daher, kenntlich an seiner Armbrust, lässt sich die Lage kurz erklären und tadelt Ruodi: »Der brave Mann denkt an sich selbst zuletzt, / Vertrau' auf Gott und rette den Bedrängten.« Worauf Ruodi erwidert: »Vom sichern Port lässt sich gemächlich raten.«

Tu, was du nicht lassen kannst

Tell, als Schiffer weniger geübt, nimmt die Sache nun selbst in die Hand und besteigt mit Baumgarten den Kahn. Falls ihm etwas zustoßen sollte, instruiert er einen dabeistehenden Hirten, solle dieser Frau Tell ausrichten: »Ich hab getan, was ich nicht lassen konnte.«

Als die beiden fort sind, brennen die Schergen aus Rache die am Ufer liegenden Hütten nieder und töten das Vieh.

Der kluge Mann baut vor

Am andern Seeufer teilt Werner Stauffacher seine Sorgen mit seiner Frau Gertrud. Er hatte gerade eine unangenehme Begegnung mit dem Landvogt Geßler, der ihm sein schönes Haus neidet. Gertrud rät ihm, sich mit einigen freien Bauern am anderen Ufer des Sees zu beraten, wie sie ihre Reichsfreiheit verteidigen könnten. »Noch stehst du unversehrt«, sagt sie. »Willst du erwarten / bis er die böse Lust an dir gebüßt? / Der kluge Mann baut vor.«

Der Starke ist am mächtigsten allein

Während im Hauptort Altdorf die Schweizer in Fronarbeit eine Zwingburg errichten müssen und bereits vom Geßlerhut auf der Stange die Rede ist, der »mit gebognem Knie und mit entblößtem Haupt« verehrt werden soll, sind Stauffacher und Tell herangekommen. Stauffacher macht Andeutungen über eine Verschwörung gegen die Willkürherrschaft: »Verbunden werden auch die Schwachen mächtig.« Tell will davon nichts hören: »Der Starke ist am mächtigsten *allein*.« Er ist der Meinung, dass man das Ungemach geduldig ertragen solle, weil es irgendwann von selbst vorübergeht. Er will sich jedenfalls nicht am »Rat« beteiligen; doch falls es zur »Tat« kommen sollte, bietet auch er seine Hilfe und Unterstützung an.

Wir sind ein Volk

In der zweiten Szene des 2. Akts haben sich um Mitternacht Abordnungen aus Uri, Schwyz und Unterwalden auf der Rütli-Wiese versammelt. Sie erinnern sich ihrer gemeinsamen Herkunft, wie sie einer Hirtensage zufolge in grauer Vorzeit eingewandert sind und das Land urbar gemacht haben. Nach dieser Selbstvergewisserung aus der Beschwörung der Vergangenheit reichen sich alle die Hände: »Wir sind Ein Volk und einig wollen wir handeln.«

Genau diese Zeile wurde in den Leipziger Montagsdemonstrationen des Jahres 1989 abgewandelt zu »Wir sind das Volk« – im bewussten Gegensatz zur Regierung der Deutschen »Demokratischen« Republik. Nach der Wende wurde diese Parole sozusagen wieder zurückgewandelt zu »Wir sind ›ein‹ Volk«, um die Wiedervereinigung herbeizuführen.

Dieses Schillerzitat wurde so zweifellos zum geschichtsmächtigsten Satz der jüngeren deutschen und europäischen Geschichte.

Rütli-Schwur

Nach dem »Wir sind ein Volk« werden die logistisch-militärischen Details der Rebellion besprochen und darauf folgt der eigentliche Rütli-Schwur, den alle nachsprechen: »Wir wollen sein ein einzig Volk von Brüdern, / in keiner Not uns trennen und Gefahr. / Wir wollen frei sein, wie die Väter waren, / eher den Tod, als in der Knechtschaft leben. / Wir wollen trauen auf den höchsten Gott / und uns nicht fürchten vor der Macht der Menschen.«

Nur der Einzelgänger Tell ist an dem Treffen auf dem Rütli nicht beteiligt und legt folglich auch den Schwur nicht ab. Der Rütli-Schwur ist der Inbegriff einer Verschwörung in edler politischer Absicht.

Früh übt sich, was ein Meister werden will

Zu Beginn des 3. Aktes spielen seine beiden Söhne vor Tells Haus mit einer Kinderarmbrust und er repariert ein Tor. Als Frau Tell etwas besorgt bemerkt: »Die Knaben fangen zeitig an zu schießen«, erwidert er: »Früh übt sich, was ein Meister werden will.«

Und nachdem er mit der Arbeit am Tor fertig ist, folgt der berühmte Wahlspruch jedes Heimwerkers: **Die Axt im Haus erspart den Zimmermann.**

Geßlerhut

Nachdem Tell die Axt im Haus beiseitegelegt hat, geht er mit seinem Sohn Walther in der dritten Szene des 3. Aktes nach Altdorf, um seinen Schwiegervater Walter Fürst zu besuchen.

In Altdorf in Uri wurde auf Anordnung des Landvogts Geßler inzwischen am »höchsten Ort« die Stange mit dessen Hut aufgerichtet, verbunden mit der demütigenden Grußpflicht.

Auf seinem Weg durch Altdorf geht Tell nun mit dem Jungen grußlos an der Stange vorbei: »Ei, Vater, sieh den Hut dort auf der Stange.« – »Was kümmert uns der Hut. Komm lass uns gehen«, woraufhin er verhaftet werden soll, was einen Menschenauflauf vieler der bereits bekannten *dramatis personae* verursacht. Kurz darauf erscheint der Landvogt persönlich.

Er fordert von dem bekannt treffsicheren Armbrustschützen Tell, einen Apfel vom Kopf seines Sohnes zu schießen, was rundherum höchste Empörung hervorruft. Tell tut es nach anfänglichem Zögern trotzdem, hält aber einen zweiten Pfeil bereit, mit dem er Geßler getötet hätte, wenn er seinen Jungen getroffen hätte. Geßler hat es bemerkt und lässt Tell verhaften. Bei der Überfahrt über den Vierwaldstätter See zu Geßlers Burg nach Küßnacht kann Tell während eines Sturmes fliehen.

Auferstanden aus Ruinen

Der sehr betagte Freiherr von Attinghausen, einer der Mitverschwörer, sagte bereits im 2. Akt zu seinem Neffen: »Ich bin der Letzte meines Stammes.« Nun liegt Attinghausen im Sterben. Die Anführer der Aufrührer, Werner Stauffacher und Walter Fürst, der Schwiegervater Tells, sind bei ihm. Sie berichten in der zweiten Szene des 4. Aktes dem allgemein hoch verehrten Freiherrn vom Rütli-Schwur. Attinghausen richtet sich noch einmal auf und erblickt visionär in der nahen Zukunft die »Verfassungsänderung« des Spätmittelalters: Das Ende der Rittermacht des alten Adels (»des Adels Blüte fällt«) und die wachsende Macht der freien Städte (»Es bricht die Macht /

der Könige sich an ihren ewgen Wällen«) und auch die Bauern können frei sein, wenn sie »einig – einig – einig« sind. »Das Alte stürzt, es ändert sich die Zeit, / und neues Leben blüht aus den Ruinen.«

»Auferstanden aus Ruinen«, die erste Zeile der DDR-Hymne von Johannes R. Becher, ist eine Abwandlung dieser Schiller-Zeile (s.a. S. 265).

Durch diese hohle Gasse muss er kommen

spricht Tell zu Beginn der dritten Szene des 4. Aktes. Es ist die bekannteste Zeile aus dem *Tell*. (Im Unterschied zu den meisten anderen Zitaten weiß jeder, aus welchem Stück diese Zeile stammt.) Hier auf dem einzigen Weg nach Küßnacht lauert er Geßler auf.

Die Milch der frommen Denkungsart

Tell führt zunächst einen langen Monolog zur Rechtfertigung seines Attentats: »Mach deine Rechnung mit dem Himmel, Vogt, / fort musst du, deine Uhr ist abgelaufen«, könnte fast wortgleich in jedem modernen Fernsehthriller vorkommen. Und er fährt fort: »Du hast aus meinem Frieden mich heraus / geschreckt, in gärend Drachengift hast du / die Milch der frommen Denkart mir verwandelt.«

In der frevlerischen Nötigung zum Apfelschuss kann Tell keine noch so strenge Rechtsprechung erkennen – zu der der Vogt befugt wäre, sondern »mörderische Lust«, mit der sich Geßler selbst außerhalb von Recht und Gesetz gestellt hat, und das rechtfertigt seit jeher den Tyrannenmord.

Es kann der Frömmste nicht in Frieden bleiben, wenn es dem bösen Nachbar nicht gefällt

Während Tell wartet (»Auf dieser Bank von Stein will ich mich setzen«) kommt – spannungssteigernd – ein Hochzeitszug vorbei und einer der Teilnehmer namens Stüssi fängt eine Plauderei mit Tell an. Stüssi redet von allerhand Alltagsunglücken wie ein Reporter der *Bild*-Zeitung, von Bergrutschen, von einem tödlichen Hornissenüberfall auf ein Pferd (dazu Tell: »Dem Schwachen ist sein Stachel auch gegeben«) und darüber, dass man froh sein könne, wenn man »sein Feld bestellt in Ruh' / und ungekränkt daheim sitzt bei den

Seinen«. Dazu Tell: »Es kann der Frömmste ...«, was auf ein bereits älteres Sprichwort zurückgeht, das Schiller hier aufgriff.

Das war Tells Geschoss

An der Stelle, wo Tell wartet, will Armgard, die Frau eines willkürlich Verhafteten, mit ihren Kindern den Geßler um die Freilassung ihres Mannes anflehen. Hier kann sich Geßler nicht vor ihr drücken. Sie wirft sich in ihrer Verzweiflung mit den Kindern sogar vor die Hufe seines Pferdes. In diesem Augenblick trifft Geßler der Pfeil ins Herz. »Das ist Tells Geschoss«, erkennt er sofort, obwohl er den Schützen angesichts der ganzen Szene nicht entdecken konnte. Zitiert wird dieser Ausspruch häufig wie oben in der Vergangenheitsform.

Im 5. Akt wird die Geßler-Burg geschleift und kurz nach der Nachricht von der Ermordung des habsburgischen Königs Albrecht im heute schweizerischen Brugg taucht auch dessen Mörder, Albrechts Neffe, auf, den Tell zur Buße nach Rom schickt. Danach wird die gewonnene Freiheit ausgiebig gefeiert.

Redewendungen aus Gedichten von Schiller

Was tun? sprach Zeus

Im Gedicht *Teilung der Erde* hat Zeus nach der Schöpfung der Welt den Menschen die Erde überlassen und ihnen aufgetragen, sie »brüderlich zu teilen«. Das ist geschehen. Der Ackermann, der Junker, der Kaufmann und der Abt haben sich alle ihren Teil genommen.

Erst zum Schluss, als es nichts mehr zu verteilen gibt, kommt ein verträumter Poet daher und fragt verzweifelt nach seinem Anteil. »›Was tun?‹, spricht Zeus, ›die Welt ist weggegeben.‹«

Weil der Grund für die Säumnis des armen Poeten das lange Verweilen im Traumland der göttlichen Harmonie war, lädt Zeus ihn zu sich in den Himmel ein.

Raum ist in der kleinsten Hütte

In dem Gedicht *Der Jüngling am Bache* sitzt ein Jüngling am Bach, streut frisch gepflückte Blumen hinein, hat aber keine Freude daran.

Er sieht Frühling, Zeit und Leben im Sinne des Wortes vorbeifließen, weil er sich nur nach seiner unerreichbaren »schönen Holden« sehnt, die auf ihrem »stolzen Schloss« wohnt. Er wünscht sich, sie würde es für ihn verlassen. Die Schlusszeilen lauten: »Raum ist in der kleinsten Hütte / für ein glücklich liebend Paar.«

Hier wendet sich der Gast mit Grausen

Der ägyptische König weilt als Gast bei Polykrates, dem Herrscher der Insel Samos, und erfährt während seines Besuches täglich, wie wohlhabend und glücklich die Insel und ihr König sind: Der Handel floriert, ein Teil der Feinde wird besiegt, die Flotte der anderen vom Sturm zerschlagen. Der ägyptische Gast rät seinem Gastgeber, bei so viel Glück auch an das Unglück zu denken, das jederzeit eintreten kann, an den Neid der Götter, denn so viel Glück ziehe das Unglück geradezu magisch an. Polykrates soll den Göttern fleißig Opfergaben darbringen und am besten das Wertvollste, was er besitzt, ins Meer werfen. Polykrates folgt dem Rat und wirft seinen Ring ins Wasser. Am nächsten Morgen fängt ein Fischer einen riesigen Fisch und präsentiert ihn stolz König Polykrates. »Und als der Koch den Fisch zerteilet / Kommt er bestürzt herbeigeeilet / [...] »Sieh, Herr, den Ring, den du getragen, / ihn fand ich in des Fisches Magen, / o, ohne Grenzen ist dein Glück!«

In der folgenden Zeile des Gedichts *Der Ring des Polykrates* heißt es dann: »Hier wendet sich der Gast mit Grausen«, und der ägyptische König reist ab, denn er kann es nicht länger mit ansehen. Seiner pessimistischen Meinung nach signalisiert all das Glück des Polykrates nur eins: »Die Götter wollen [sein] Verderben.«

Der Dolch im Gewande

Möros will Dionys, den Tyrannen von Syrakus, ermorden: »Zu Dionys, dem Tyrannen, schlich / Möros, den Dolch im Gewande; / Ihn schlugen die Häscher in Bande. / ›Was wolltest du mit dem Dolche, sprich!‹ / Entgegnet ihm finster der Wüterich« und will ihn ans Kreuz schlagen. Möros erbittet in der Ballade *Die Bürgschaft* (1798) nur eine Gnadenfrist von drei Tagen, damit er noch einmal heimgehen und seine Schwester vermählen kann. Ein Freund soll in dieser

Zeit als Geisel für ihn bürgen. Der Freund willigt in die Bürgschaft ein, und Möros vermählt innerhalb eines Tages seine Schwester. Doch auf dem Rückweg nach Syrakus wird er erst von einem sintflutartigen Unwetter, dann von Straßenräubern und schließlich von der sengenden Sonne aufgehalten. Jedes Hindernis für sich hätte ausgereicht, die Rückkehr zu verhindern. Doch Möros überwindet sie alle und kommt in buchstäblich letzter Minute an, um die Hinrichtung des Freundes zu verhindern. Als sich die Geschichte über Möros' abenteuerliche Rückkehr verbreitet, begnadigt der Tyrann aus Respekt vor so viel Treue die beiden Freunde und äußert am Schluss sogar: »Ich sei, gewährt mir die Bitte, / in eurem Bunde der Dritte.« Er ist also der sprichwörtliche **Dritte im Bunde.**

Dunkel war der Rede Sinn

Die Eisenverarbeitung, seit etwa 1200 v.Chr. in Europa bekannt, hatte sich bis in die Zeit Schillers so weit entwickelt, dass bereits kleine Hochöfen betrieben wurden, oft in Verbindung mit einer mit Wasserkraft (Mühlrad) betriebenen Hammerschmiede. Das ist der »Eisenhammer« in Schillers längerem Gedicht *Der Gang nach dem Eisenhammer*. Schiller benennt die Anlage in dem Gedicht auch selbst mit dem uns geläufigeren Wort »Eisenhütte«. Diese vorindustrielle Anlage wird in einiger Entfernung von seiner Residenzstadt von einem adeligen Unternehmer, dem Grafen von Savern, betrieben. Dessen Gattin, die keusche Gräfin, ist einem ihrer Diener, dem blonden, frommen Fridolin, der stets vor Übereifer sprüht, besonders zugetan und lobt ihn auch immer vor allen anderen.

Das erweckt den Neid des Jägers Robert. Es gelingt ihm durch Andeutungen, den Grafen eifersüchtig zu machen. Der Graf will Fridolin daher unter einem Vorwand zum »Eisenhammer« schicken. So trägt er ihm Folgendes auf: »Und frage mir die Knechte dorten / ob sie getan nach meinen Worten.« Zwei Eisenhüttenarbeitern (dem »entmenschten Paar mit roher Henkerslust«) wird befohlen, den Ersten, den der Graf sendet und der sie fragt: »Habt ihr getan nach meinen Worten?«, im Hochofen zu verbrennen.

Fridolin macht sich sogleich auf den Weg, assistiert aber, weil er es für ein frommes Werk hält, unterwegs in einer Kirche bei der

Messe. Das dauert seine Zeit. Als er anschließend zum Eisenhammer kommt und die Frage stellt, deuten die Arbeiter grinsend auf den Ofen: »Der ist besorgt und aufgehoben, / der Graf wird seine Diener loben.«

Fridolin kehrt unverrichteter Dinge und ahnungslos zurück und berichtet dem völlig überraschten Grafen kurz von seinem Gang nach dem Eisenhammer. Als der Graf wissen will, was man ihm gesagt habe, antwortet Fridolin: »Herr, dunkel war der Rede Sinn« und wiederholt die Worte der Eisenarbeiter. Auf Nachfragen des Grafen bestätigt Fridolin, dass ihm Robert auf dem Gang zum Eisenhammer nicht mehr begegnet sei ...

Johann Wolfgang von Goethe (1749–1832)

Goethe war kein Spross eines adeligen Freiherrn, sondern Sohn des Frankfurter Rechtsanwalts und kaiserlichen Staatsrates Johann Caspar Goethe und seiner Frau Elisabeth Textor, deren Vater Frankfurter Bürgermeister war. Goethe stammte also aus der bürgerlichen Oberschicht der bedeutenden freien Reichs- und Messestadt, die seit Jahrhunderten Wahl- und inzwischen auch Krönungsort der römischen Kaiser deutscher Nation war. Für die Erziehung sorgte sein gebildeter Vater selbst. Der hochbegabte junge Goethe konnte sich lange nicht zwischen seinen verschiedenen Talenten entscheiden.

Der sensationelle Erfolg seines *Werther* (1774) machte ihn zu einer europäischen Berühmtheit und er entschied sich mit 26 Jahren, eine Stelle als Prinzenerzieher in Weimar anzutreten, wo er später praktisch Regierungschef (und geadelt) wurde. Sein literarisches Schaffen ist vor allem mit den Begriffen »Sturm und Drang« und »Weimarer Klassik« verbunden. Sturm-und-Drang-Dichter schufen in der Tat eine neue Art von (Theater-)Literatur in Deutschland, die nicht mehr so gekünstelt war wie die Barockliteratur. Die Weimarer Klassik umfasst die Zeit nach Goethes Italienreise (ab 1788) bis zu Schillers Tod – sie findet weltgeschichtlich also parallel zur gesamten Französischen Revolution bis zur Kaiserkrönung Napoleons statt (1786/89–1804/5). Goethes letzte größere literarische Arbeit (außer *Faust II* und *Dichtung und Wahrheit*), die *Wahlverwandtschaften*, erschien 1809. Goethe starb 1832 im Alter von 83 Jahren.

Das Götz-Zitat

Weil der Raubritter Götz von Berlichingen es nicht unterlässt, reiche Kaufleute zu überfallen, veranlasst sein verräterischer Jugendfreund Weislingen Kaiser Maximilian, den schwäbischen Reichsritter in Acht und Bann zu tun und möchte ihn verhaften lassen – die sogenannte Reichsexekution. Berlichingen wird auf seiner Burg an der Jagst belagert. Ein Trompeter des Hauptmanns der kaiserlichen Truppen fordert Götz auf, sich »auf Gnad und Ungnad« zu ergeben. Darauf teilt Götz dem Trompeter vom Fenster aus in aller Höflichkeit mit: »Sag deinem Hauptmann: Vor Ihro Kaiserliche Majestät hab ich, wie immer, schuldigen Respekt. Er aber, sag's ihm, er kann mich ...«

Himmelhoch jauchzend, zu Tode betrübt

Der Graf Egmont steht in Goethes Stück *Egmont* an der Spitze der niederländischen Adelsopposition gegen Spanien. Es spielt um 1570 zu Beginn des Unabhängigkeitskampfes der (nördlichen, protestantischen) Niederlande gegen die (katholische) spanisch-habsburgische Herrschaft. Egmont wird seine Mittlerrolle zwischen den Parteien zum tödlichen Verhängnis. Seine Geliebte Clärchen geht ebenfalls in den Tod, als sie ihn nicht mehr aus dem Kerker befreien kann. Aber im 3. Akt ist es noch nicht so weit. Hier erwartet Clärchen den Egmont in Gesellschaft ihrer Mutter. Zu Beginn der Szene singt sie ein Liedchen: »Freudvoll / Und leidvoll, / Gedankenvoll sein, / Langen / Und bangen / In schwebender Pein, / Himmelhoch jauchzend, / Zum Tode betrübt, / Glücklich allein / Ist die Seele, die liebt.«

Du sprichst ein großes Wort gelassen aus

Im Zuge der Vorbereitungen zum Trojanischen Krieg opfert der oberste Feldherr der Griechen, Agamemnon aus dem Clan der Tantaliden, seine Tochter Iphigenie, da eine Flaute herrscht und er mit diesem Opfer um Wind für seine griechische Flotte bittet. Doch die

Göttin Athene entführt Iphigenie im letzten Moment vom Altar auf die Insel Tauris (vermutlich die Krim). Hier amtet diese nun als angesehene Priesterin des Athene-Kultes, auch wenn sie starkes Heimweh hat. Goethe formuliert in seinem Schauspiel *Iphigenie auf Tauris* (1780/86) an dieser Stelle sehr erlesen: »Und an dem Ufer steh ich lange Tage, / das Land der Griechen mit der Seele suchend.« Aus ihrer Herkunft hat Iphigenie bisher ein Geheimnis gemacht, auch gegenüber König Thoas, der sie sehr respektiert, sie nun sogar um ihre Hand bittet und darum, ihr Schweigen zu brechen. Iphigenie enthüllt dem König daraufhin, sie entstamme dem Geschlecht des Tantalus. Darauf war Thoas nicht gefasst, daher sagt er überrascht: »Du sprichst ein großes Wort gelassen aus.«

Tantalus war der Stammvater jenes damals »weltbekannten« mythischen Königsgeschlechts, dem Agamemnon, Iphigenie, Elektra und Orest entstammten. Er hatte die Götter einem Allwissenheitstest unterziehen wollen, seinen Sohn für sie gekocht und es darauf angelegt, ob sie es merken würden. Wegen dieses Frevels musste er in der Unterwelt mit ewigem Hunger und Durst schmachten (»Tantalusqualen«), und auf seiner Sippe lastete der Fluch, in jeder Generation einen Mord begehen zu müssen.

Über allen Gipfeln ist Ruh'

Das kurze Gedicht *Wanderers Nachtlied* zählt zu den berühmtesten von Goethe. Er schrieb es auf die Bretterwand einer Jagdhütte bei Ilmenau. In jener Zeit war Goethe Anfang dreißig und so sehr von Regierungs- und Verwaltungsaufgaben in Anspruch genommen, dass er kaum Zeit für literarische Arbeiten fand.

Das Gedicht projiziert eine Lebensendzeitstimmung in ein mit nur wenigen Worten angedeutetes, aber klar konturiertes Naturbild: »Über allen Gipfeln / Ist Ruh', / In allen Wipfeln / Spürest du / Kaum einen Hauch; / Die Vögelein schweigen im Walde, / Warte nur, balde / Ruhest du auch.«

Und bist du nicht willig, so brauch ich Gewalt

In der Ballade *Der Erlkönig*, die Goethe 1782 als Gesangseinlage für das Singspiel *Die Fischerin* schrieb, reitet ein »Vater mit seinem

Kind« »durch Nacht und Wind«. Der Knabe wähnt in Todesangst in allerlei Naturerscheinungen wie Nebelschwaden und Blätterrascheln einen feenhaften »Erlkönig« mit seinen Töchtern wahrzunehmen, die zu ihm sprechen und ihn offenbar entführen wollen. Höhepunkt der verbalen Annäherungen des Erlkönigs an den Knaben ist der Satz: »Ich liebe dich, mich reizt deine schöne Gestalt; / Und bist du nicht willig, so brauch ich Gewalt!« Worauf das Kind schreit: »Mein Vater, mein Vater, jetzt fasst er mich an!«

Als der Vater kurz darauf an der Mühle ankommt, ist das Kind tot.

Edel sei der Mensch, hilfreich und gut

lauten die bekannten Anfangszeilen des Gedichts *Das Göttliche.* Goethe äußert darin die Meinung, dass es vor allem die Fähigkeit sei, zwischen Gut und Böse zu trennen, die den Menschen von der Natur unterscheidet. (Goethe sagt nicht: vom Tier unterscheidet.) Von dieser Fähigkeit sollte der Mensch dann auch bitte schön nach Kräften Gebrauch machen – und sich natürlich für das Gute entscheiden. Dann verwirklicht er auch einen Abglanz des Göttlichen, »jener geahnten Wesen«.

Das Land, wo die Zitronen blühn

Zu den Figuren in Goethes Selbstverwirklichungsroman *Wilhelm Meisters Lehrjahre* gehört die Mignon, ein elfenhaftes, im Leben auf sich gestelltes, früher misshandeltes etwa 13-jähriges Kind nicht ganz eindeutig geklärter Herkunft, das der Romanheld Wilhelm Meister in seine Obhut nimmt. Ihrer Sprache nach stammt Mignon aus Italien und sie hat großes Heimweh, wie es in ihrem berühmten Sehnsuchtslied zum Ausdruck kommt: »Kennst du das Land, wo die Zitronen blühn / im dunkeln Laub die Goldorangen glühn, / ein sanfter Wind vom blauen Himmel weht, / die Myrte still und hoch der Lorbeer steht, / kennst du es wohl?« Es folgen noch zwei weitere Strophen, die das bis heute klassische Italienbild in wunderbare Worte fassen.

Mignon ist übrigens diejenige, die den nur in diesem Buch beschriebenen sprichwörtlichen »Eiertanz« aufführt. *Wilhelm Meister* spielt hauptsächlich im Theatermilieu umherwandernder Schauspieltruppen. Wilhelm fühlt sich zum Theaterkünstler berufen, sieht aber am Ende seiner »Lehrjahre« ein, dass es für ein gelungenes Leben nicht darauf ankommt, Theaterfiguren Leben einzuhauchen, sondern dass das Leben selbst die Kunst ist. Das entspricht dem anspruchsvollen Programm der »freien Entfaltung der Persönlichkeit« im Sinne der Aufklärung.

Nur wer die Sehnsucht kennt, weiß, was ich leide

Im 4. Buch von *Wilhelm Meister* (s. o.) singt Mignon ein Lied mit diesen berühmten Zeilen jeweils am Anfang und am Schluss. Sie stirbt am Ende an ihrem Heimweh und an ihrer unerfüllten Liebe zu Wilhelm.

Das Beste ist gerade gut genug

Goethe befindet sich gerade kurz vor seiner Abreise mit dem Schiff von Neapel nach Palermo. Er erwähnt in einem Brief vom 3. März 1787 unter anderem die Erdbebenrisiken in verschiedenen Gegenden Italiens und dass er auch den Vesuv erstiegen hat. Dann kommt er noch auf seine Bearbeitung der *Iphigenie* zu sprechen und hofft, dass der Unterschied zur früheren Fassung spürbar ist. Es ist also nicht mehr die Rede von Italien oder Neapel, sondern es geht um sein eigenes Werk, als er am Schluss seines Briefes formuliert: »Wenn es eine Freude ist, das Gute zu genießen, so ist es eine größere, das Bessere zu empfinden, und in der Kunst ist das Beste gut genug.«

Der Brief ist Teil von Goethes autobiografischer Schrift *Italienische Reise*, die auf seinen Reisetagebüchern und anderen Aufzeichnungen beruht. Die Reise selbst, eine anderthalbjährige Flucht vor den Verpflichtungen in Weimar, dauerte von September 1786 bis Mai 1788. Die *Italienische Reise* entstand allerdings erst rund dreißig Jahre später, in den Jahren um 1815.

Die Geister, die ich rief

»Hat der alte Hexenmeister / sich doch einmal weggegeben! / und nun sollen seine Geister / auch nach meinem Willen leben«, spricht der Zauberlehrling am Beginn der gleichnamigen Ballade (1797).

Und schon lässt er die Puppen, beziehungsweise hier die Besen, tanzen: »Walle! walle / manche Strecke, / dass zum Zwecke / Wasser fließe«. Doch er hat das Zauberwort vergessen, mit dem er dem Spuk Einhalt gebieten kann: »Die ich rief, die Geister / werd ich nun nicht los«, ruft er verzweifelt, als die Badewanne längst übergelaufen ist.

Warum in die Ferne schweifen?

Die Formulierung beruht auf dem kleinen Vierzeiler *Erinnerung*: »Willst du immer weiter schweifen? / Sieh, das Gute liegt so nah. / Lerne nur das Glück ergreifen, / denn das Glück ist immer da.« Der Gedanke ist allerdings viel älter und viel verinnerlichter. Was sich bei Goethe wie ein Reisetipp für ökologisch sinnvollen Nahtourismus anhört, bringt der Kirchenvater Augustinus in seiner Bekenntnisschrift *De vera religione* ganz ähnlich zum Ausdruck: »Warum willst du draußen schweifen? Kehre in dich selbst ein, denn im Innern liegt die Wahrheit.« Mit der Wahrheit meint jemand wie Augustinus Gott und den christlichen Glauben, den die Seele im Innern erkennen soll. Auch Goethes *Erinnerung* bezieht sich natürlich nicht auf touristische Naherholung. Das »Gute« und das »Glück« sind Zentralbegriffe der antiken Philosophie, die der Aristoteliker Goethe im Blick hatte. Im ständigen Bestreben danach vollendet sich nach einer anspruchsvollen Auffassung der Antike der Sinn des menschlichen Daseins. Augustinus hat dieses höchste Ziel durch Gott ersetzt.

Halb zog sie ihn, halb sank er hin

In dem Gedicht *Der Fischer* sitzt am Ufer eines Gewässers kein Fischer, sondern ein Angler (»Sah nach der Angel ruhevoll«), als plötzlich eine Wassernixe emportaucht. Solche hübschen jungen Damen legen es im Volksglauben stets darauf an, Menschen in die Tiefe zu ziehen. Sie sind auch Ausdruck der Angst der Nichtschwimmer vor den Untiefen der Seen und Flüsse und insbesondere vor der unliebsamen Erfahrung, unversehens in das Geschling von unsichtbaren Unterwasserpflanzen zu geraten. Wie es diese Damen gerne zu tun pflegen, lockt auch die Wassernixe in Goethes Gedicht den Angler mit Gesang und süßen Worten. Am Schluss heißt es: »Da war's um ihn geschehn; / Halb zog sie ihn, halb sank er hin / und ward nicht mehr gesehn.«

Dichtung und Wahrheit

behandelt keineswegs Probleme der Poetologie, eine literaturwissenschaftliche Romantheorie oder die juristischen Beweiswürdigungsgrundsätze von Zeugenaussagen.

Goethes Alterswerk lautet mit vollständigem Titel *Aus meinem Leben. Dichtung und Wahrheit*, ist aber auch kein autobiografisches Dokument, sondern Goethes Roman über seine eigene Person, von ihm selbst geschrieben. Vom »Handlungsrahmen« her behandelt Goethe nur die ersten 26 Jahre seines Lebens bis zu seiner Abreise nach Weimar. Er nahm das Buch erst im Alter von über 60 Jahren in Angriff und es beschäftigte ihn bis an sein Lebensende. Mit immer neuen Einschüben überarbeitete er es mehrmals. Er betrachtet darin, wie er als vielseitig begabter Sprössling eines Frankfurter Staatsrates, vom Vater selbst unterrichtet, im Milieu der Frankfurter Oberschicht aufwächst, als Jugendlicher aber noch sehr lange Zeit mit Orientierungslosigkeit und geistiger Zerstreuung zu kämpfen hat – auch noch während seiner Studienjahre in Leipzig und Straßburg. Goethe will sich mit dem Buch im Alter Rechenschaft ablegen, wie er das wurde, was er ist, wie sich aus seinen persönlichen Anlagen, durch Erlebnisse, Erfahrungen, Erziehung und geistige Anregungen sein Charakter gebildet hat. Das Buch ist also der Bildungsroman seiner eigenen Person.

Zitate aus Faust

Der Worte sind genug gewechselt

/ lasst mich auch endlich Taten sehn«, sagt der (Theater-)Direktor im Vorspiel zum *Faust I*, nachdem er sowie die »Lustige Person« und der künstlerisch anspruchsvolle »Theaterdichter« über die angemessenste – und beim Publikum erfolgreichste – Art und Weise gestritten haben, wie man ein Bühnenstück aufführen sollte.

Am Ende dieses Vorspiels sagt der Direktor übrigens auch noch

den prophetischen Satz: »Ihr wisst, auf unsern deutschen Bühnen /
Probiert ein jeder, was er mag.«

Da steh ich nun, ich armer Tor! Und bin so klug als wie zuvor

beklagt sich Faust gleich zu Anfang nachts in seiner Studierstube,
weil er einfach zu viel studiert und letztlich kein wirkliches Welt-
wissen gewonnen hat. Frustriert wendet er sich vom Bücherwissen
ab und will sich nun lieber der Magie zuwenden, in der Hoffnung,
noch manches Geheimnis zu erfahren – beziehungsweise, wie er
noch im selben Eingangsmonolog formuliert: Was die Welt im In-
nersten zusammenhält. Das ist bekanntlich das sprichwörtliche faustische Verlangen: an den vermuteten Urgrund allen Wissens zu
gelangen.

Erwirb es, um es zu besitzen

Nachdem Faust in der bedeutungsvollen Nachtszene von seinem Famulus Wagner gestört wurde, der immer noch voller Optimismus an
Wert und Wirkung des Bücherwissens glaubt, kehrt er wieder zu seinem Grübeln zurück. Mittlerweile ist er nicht nur des Forschens und
Wissenserwerbes überdrüssig, sondern eigentlich auch des Lebens
(»dem Wurme gleich ich«). Gleich wird er an Selbstmord denken.
»Was du ererbt von deinen Vätern hast / Erwirb es, um es zu besit-
zen«, war seine pädagogische Maxime, sich also das überkommene
Wissen neu und lebendig anzueignen.

Zu neuen Ufern

lockt ein neuer Tag.« Immer noch monologisierend, was er denn nun
nach all der Studiererei mit sich anfangen solle, entdeckt Faust unter
all den Büchern und Gerätschaften in seiner Kammer eine Phiole
mit »holden Schlummersäften«, also Morphium oder ein anderes
Rauschgift, von dem er sich nun erhofft, »zu neuen Ufern« zu gelangen und »auf leichten Schwingen [...] den Äther zu durchdringen«.
Mit anderen Worten: Er will *high* werden. Faust hat die Schale schon
an die Lippen gesetzt, doch in diesem Augenblick hält ihn der Klang
der Osterglocken vom Trinken ab. Angesichts dieser »Himmelstö-
ne« erinnert er sich an den Anlass und den Sinn des Osterfestes: die

Auferstehung Christi aus dem Grab: **Die Botschaft hör ich wohl, allein mir fehlt der Glaube.**

»Des Glockentones Fülle« bewahrte Faust davor, sich mit dem Phiolentrunk etwas anzutun. Aus Überdruss war er dem Grabe nahe, nun wendet er sich wieder dem Leben zu. Froh und voller Dankbarkeit schließt sein Monolog in dieser Nachtszene: »O tönet fort, ihr süßen Himmelslieder! / Die Träne quillt, **die Erde hat mich wieder!**«

Hinten weit in der Türkei

Zu Goethes Zeiten waren die Städte noch umwallt, auch wenn die Festungsbastionen kaum mehr gebraucht wurden. Innerhalb der stinkenden, mittelalterlichen, dicht bebauten Städte herrschte drangvolle Enge. Wollte man sich ein bisschen an frischer Luft ergehen, tat man dies »Vor dem Tor«, wie die Überschrift einer Szene im *Faust* lautet, sprich vor dem Stadttor. Handwerker, Dienstmädchen, Schüler, Soldaten, Bauern sind zum Osterspaziergang unterwegs und ein Bürger bemerkt angesichts der feiertäglichen Stimmung: »Nichts Bessers weiß ich mir an Sonn- und Feiertagen / als ein Gespräch von Krieg und Kriegsgeschrei, / wenn hinten, weit, in der Türkei / die Völker aufeinanderschlagen.« Dann schließt der Bürger mit den Worten: »Dann kehrt man abends froh nach Haus/ und segnet Fried und Friedenszeiten.« Die Türkei war für die Menschen der Goethezeit vermutlich noch entlegener als heute Afghanistan.

Hier bin ich Mensch, hier darf ich's sein

Auch Faust und sein Famulus Wagner erscheinen in der Szene vor dem Tor (»Vom Eise befreit sind Strom und Bäche«). Faust saugt die Frühlingsatmosphäre mit dem Volksgewimmel am Ostermorgen tief in sich ein. Es geht nach der Schilderung Wagners zu wie auf dem Oktoberfest: »Fiedeln, Schreien, Kegelschieben«. Fausts Kommentar dazu: »Hier bin ich Mensch, hier darf ich's sein!«

Bei einer Rast auf dem Spaziergang erinnert der Anblick der Natur Faust daran, dass er sich einerseits »in derber Liebeslust« an die Welt klammert, andererseits sein Geist sich gern »zu den Gefilden hoher Ahnen« hebt. Geist und Welt: **Zwei Seelen wohnen, ach! in meiner Brust.**

Des Pudels Kern

Auf dem Rückweg bemerken Faust und Wagner einen Pudel, der »in weitem Schneckenkreise« um sie »her und immer näher jagt«. Faust nimmt den Pudel mit nach Hause und macht sich an eine Neuübersetzung des Neuen Testaments. Doch der Pudel stört ihn mit »tierischem Laut«. Außerdem beginnt sich des Pudels Gestalt zu verwandeln, was Faust durch eine Geisterbeschwörung abzuwenden versucht. Nach einiger Zeit tritt Mephistopheles an der Stelle hinter dem Ofen hervor, wo vorher noch der Hund gelegen hat. Faust ist überrascht, aber nicht schockiert: »Das also war des Pudels Kern!«

Ich bin der Geist, der stets verneint

Faust ahnt schon, wer ihm da ins Haus gekommen ist, und schlägt einige traditionelle Teufelsnamen vor wie etwa »Fliegengott« (= Herr der Fliegen = aramäisch *Baal Zebub*, daraus wiederum im Deutschen: Beelzebub). Mephisto will seinen Namen selbst nicht nennen und antwortet ausweichend, er sei »Ein Teil von jener Kraft, / die stets das Böse will und stets das Gute schafft«. Darauf Faust: »Was ist mit diesem Rätselwort gemeint?« – »Ich bin der Geist, der stets verneint«, antwortet Mephisto, und da seiner Meinung nach sowieso »alles, was entsteht, [wert ist], dass es zugrunde geht«, erklärt er weiter: »So ist denn alles, was ihr Sünde, / Zerstörung, kurz, das Böse nennt, / mein eigentliches Element.«

Verweile doch, du bist so schön

Bei seinem zweiten Besuch in Fausts Studierstube macht sich Mephisto anheischig, den Doktor durch das Leben zu führen beziehungsweise ihm zu Diensten zu sein. Faust zögert zunächst: »Ein solcher Diener bringt Gefahr ins Haus.« Doch da Mephisto ihm das Blaue vom Himmel verspricht, Faust sich aber nicht vorstellen kann, dass ihm irgendetwas von Mephistos Gaben dauerhafte Befriedigung verschafft, willigt er in den faustischen Pakt ein. »Werd ich zum Augenblicke sagen: / Verweile doch! du bist so schön! / Dann magst du mich in Fesseln schlagen, / dann will ich gern zugrunde gehen!«

Beim »faustischen Pakt« (übrigens ein Wort, das auch in anderen Sprachen verwendet wird) geht es um jegliche Wunscherfüllung und unbeschränkten Erkenntnisgewinn im Diesseits um den Preis der eigenen Seele. Falls die festgelegte Bedingung erfüllt ist, verfällt die eigene Seele dem Teufel. Das entspricht einer im Volksaberglauben in Sagen und Märchen vielfach vorkommenden Vorstellung, dass man etwas Außergewöhnliches nur erreichen kann, wenn man mit dem Teufel im Bunde ist. Goethe übernahm das Motiv (und wesentliche Teile des Fauststoffes) dem ihm schon seit Kindesbeinen vertrauten *Volksbuch*, das auch häufig als Puppenspiel aufgeführt wurde. Faust wendet sich darin stets von der »Forschung« ab und der (schwarzen) Magie zu. So einfach macht Goethes Faust es sich nicht. Er strebt – im Gespräch mit dem »Erdgeist« – nach umfassender Welterkenntnis. Allein schafft er das nicht, daher schließt er den Pakt mit Mephisto. **Blut ist ein ganz besonderer Saft**, sagt Mephisto, als der Vertrag, ebenfalls dem Volksglauben gemäß, mit Blut unterschrieben werden soll.

Du bleibst, was du bist

Allerdings zweifelt Mephisto etwas daran, Faust binnen Kurzem in einen Superman (»Herrn Mikrokosmus«) verwandeln zu können, denn »die Zeit ist kurz, die Kunst ist lang«. Faust möchte die »Krone der Menschheit« erringen, aber Mephisto belehrt ihn: »Du bist am Ende – was du bist. / Setz dir Perücken auf von Millionen Locken, / setz deinen Fuß auf ellenhohe Socken, / du bleibst doch immer, was du bist.« (Lateinisch *soccus* hieß ursprünglich: Schuh.) Man sieht die aufgeputzten Perückenträger des Ancien Régime förmlich vor sich.

Vita brevis, ars longa (Das Leben ist kurz, die Kunst ist lang) ist ein aus der Antike sehr geläufiges Sprichwort, das ungefähr bedeutet, das Leben sei zu kurz, um es vollends zu meistern. Mephisto meint es hier pragmatischer: Wir haben noch viel vor, packen wir's an.

Dass einem Hören und Sehen vergeht

Nun tritt ein Schüler auf (heute würde man sagen: Student), der schon länger auf eine Unterredung mit Doktor Faust gewartet hat. Mephisto zieht sich schnell den langen Mantel und Fausts Gelehrtenhut über und empfängt den Schüler. Gleich wird er ihm eine köstliche Lektion erteilen, aber vorher beklagt sich der durchaus lerneifrige Schüler, in den »Universitätshallen« (meist waren die Universitäten klosterähnlich oder in ehemaligen Klöstern unterge-bracht) wolle es ihm nicht gefallen: »Man sieht nichts Grünes, kei-nen Baum / und in den Sälen, auf den Bänken / vergeht mir Hören, Sehn, Denken.«

Dann hebt Mephisto zu einer ausführlichen Studienberatung an: »Mein teurer Freund, ich rat Euch drum / zuerst Collegium Logi-cum«. Unter anderem weist er den Schüler darauf hin, alles fleißig mitzuschreiben, »Als diktiert' Euch der Heilig' Geist«. Das hat der Schüler schnell verstanden: »Denn was man **schwarz auf weiß** besitzt, kann man getrost nach Hause tragen.«

Ein weites Feld

Nach einer Weile ist von Medizin als Studienfach die Rede. Der Schüler würde angesichts der innerhalb von drei Jahren zu be-wältigenden Studienfülle (»das Feld ist gar zu weit«) davon lieber Abstand nehmen. Falls er aber doch Arzt werden will, rät Mephisto alias Dr. Faust ihm im Zusammenhang mit der Krankenbehandlung noch: »Besonders lernt die Weiber führen; / es ist ihr ewig Weh und Ach / so tausendfach / aus einem Punkte zu kurieren […] / Ein Titel muss sie erst vertraulich machen […] / Versteht das Pülslein wohl zu drücken / und fasset sie, mit feurig schlauen Blicken, / wohl um die schlanke Hüfte frei, / zu sehn, wie fest geschnürt sie sei« – dieser Ratschlag könnte auch von Dr. Freud stammen.

Grau ist alle Theorie

Die Ausführungen Mephistos zum Umgang mit den Frauen hat der Schüler sofort verstanden: »Man sieht doch wo und wie« (heute würde man sagen: wo's langgeht). Darauf Mephisto: »Grau, teurer Freund, ist alle Theorie / Und grün des Lebens goldner Baum.«

Ein garstig Lied! Pfui! Ein politisch Lied!

Faust soll nun eine Lektion in »leichter Lebensart« erteilt werden und zwar in »Auerbachs Keller in Leipzig«, zweifellos das berühm-teste Wirtshaus in Deutschland. Faust ist mit der Wahl des »Studien-orts« einverstanden, nachdem er von Mephistopheles' Flugmantel herabgestiegen ist: »**Mein Leipzig lob ich mir!** Es ist ein klein Paris und bildet seine Leute.« Hier sitzt eine »Zeche lustiger Gesellen« beisammen und einer singt ein Spottlied auf das damals gerade zerfallende »Röm'sche Reich«, was mit dem Ruf »Ein garstig Lied! Pfui! Ein politisch Lied!« sogleich unterbrochen wird. In diese Runde saufender Studenten hat Mephisto den Faust absichtlich geführt, um ihm zu zeigen, wie er die menschliche Intelligenz einschätzt. »Er nennt's Vernunft und braucht's allein, / um tierischer als jedes Tier zu sein.« Auf einem Fass reitend fahren die beiden nach der Szene wieder ab.

Das Hexen-Einmaleins

lautet bei Goethe: »Aus eins mach zehn / Und zwei lass gehn / Und drei mach gleich, / So bist du reich«. Einen Doktor Faust kann Mephisto mit solchen abgestandenen Hexensprüchen allerdings nicht beeindrucken. Immerhin erhält Faust noch einen Verjüngungstrunk, vulgo ein Potenzmittel. Mephisto zu den Risiken und Nebenwirkungen: »Du siehst, mit diesem Trank im Leibe, / bald Helenen in jedem Weibe.« (Die schöne, nach Troja entführte Helena steht in der literarischen Tradition stets für die Schönste aller Frauen.)

Nach Golde drängt, am Golde hängt doch alles

Sogleich will Faust der schönen jungen Margarete auf der Straße galant seine Begleitung aufdrängen: »Mein schönes Fräulein, darf ich wagen / meinen Arm und Geleit ihr anzutragen?« Doch sie lässt ihn abblitzen: »Bin weder Fräulein, weder schön. / Kann ungeleitet nach Hause gehen.« So viel ehrbare Zickigkeit stachelt Faust nur noch mehr an: Sogleich verlangt er von Mephisto: »Hör, du musst mir die Dirne schaffen.« Nach einigen Umständen deponieren sie heimlich ein Holzkästchen mit goldener Halskette und Ohrschmuck in Margaretes Kammer. Als sie es am Abend entdeckt und anprobiert, meint sie, das Gold könnte selbst ein junges Ding wie sie noch aufwerten.

Die Mutter nimmt es ihr weg. Margarete erhält daraufhin ein zweites, noch schöneres Geschenk, erzählt diesmal davon nichts ihrer Mutter, aber ihrer Nachbarin, der kupplerischen Frau Marthe. Es dauert eine Weile, bis alles eingefädelt ist, aber diese stellt nun ihren Garten für das Stelldichein zwischen Faust und Margarete zur Verfügung.

Das Rendezvous beginnt mit der berühmten

Gretchenfrage

Sie lautet: »Nun sag, wie hast du's mit der Religion? Du bist ein herzlich guter Mann, allein ich glaub, du hältst nicht viel davon.«

Tja. Faust versucht sich herauszuwinden. Wortreich verweist er auf alles mögliche, schließlich auf die Gewissheit des reinen Gefühls: »**Name ist Schall und Rauch**«, denn »Nenn es dann wie du willst,/ nenn's Glück! Herz! Liebe! Gott!« Goethe bekennt sich an dieser Stelle zu einem Pantheismus, der sich nicht an eine Religion bindet. Dieses Rendezvous mit Margarete wird für Faust nicht zielführend.

Nachbarin! Euer Fläschchen

Ein zweites Rendezvous wird anberaumt, es soll diesmal gleich in Gretes Zimmer stattfinden. Es ist an alles gedacht, auch an die Schlaftropfen für die Mutter. Margarete hat Gewissensbisse, hört am Brunnen den Klatsch von einer entehrten jungen Nachbarin. In der verabredeten Nacht wacht Gretes Bruder, der Soldat Valentin, vor dem Haus seiner Schwester und zeigt sich kampflustig, als Faust und Mephisto in der Dunkelheit nahen. Valentin wird in einem von Mephisto geführten Zweikampf tödlich verwundet. Sterbend schilt er seine Schwester eine Metze. Beim nächsten Kirchgang wird Grete von ihrem dermaßen schlechten Gewissen geplagt, dass sie beim Gesang des *Dies irae* in Ohnmacht fällt (Choraltext: »Tag der Rache! Tag der Sünden!«). Unmittelbar davor bittet sie ihre Banknachbarin um deren Riechfläschchen, etwas, das die Frauen in den Städten damals häufig mit sich führten, um den allgegenwärtigen Gestank zu übertünchen.

Heinrich mir graut's vor dir

Nach dem unglückseligen Stelldichein vergnügen sich Mephisto und Faust in der Walpurgisnacht auf dem Brocken im Harz – einer Gegend, die Goethe gut erwandert hat. Der makabere Hexensabbat ist immerhin auch eine neue sinnliche Erfahrung für Faust. Derweil schmachtet Grete im Kerker ihrer Hinrichtung entgegen, weil sie ihr Neugeborenes, Frucht des Fehltritts mit Faust, ertränkt hat. Faust will sie mit Mephistos Hilfe unbedingt aus dem Kerker befreien. Obwohl ihre Ketten schon abgefallen sind, weigert sie sich, Faust zu folgen, und übergibt in ihrer Verzweiflung ihre Seele »Gottes Gericht«. Zu Heinrich Faust sagt sie nur noch: »Mir graut's vor dir!« Das ist der Schluss von Faust I.

Das ist der Weisheit letzter Schluss

In der vorletzten Szene des nicht enden wollenden *Faust II* erscheinen der alt gewordene Faust und Mephisto im großen Vorhof des Palastes. Die zum Ausheben seines Grabes herbeigerufenen Lemuren hält der mittlerweile blinde Faust für Arbeiter. Er hat die Vision eines großen Sumpfs, den er trockenzulegen, einzudeichen und für »kühn-emsige Völkerschaft« urbar zu machen gedenkt, neues Land für die Bedürftigen sozusagen. Sich ständig darum zu kümmern hält er für sehr erstrebenswert und drückt es in den bekannten Versen aus: »Das ist der Weisheit letzter Schluss: / Nur der verdient sich Freiheit wie das Leben, / der täglich sie erobern muss.« Die Idee der Landgewinnung klang bereits vorher an und ist quasi die letzte faustische Idee (nach dem Wunsch, die Weltherrschaft oder die Liebe einer Frau zu erlangen). Sie trägt deutliche Züge einer politischen Utopie im Sinne einer freiheitlichen Welt ohne Vorrechte (= ohne Standesunterschiede).

Die Verwirklichung dieser Utopie hält Faust übrigens – wenige Zeilen später – für den ersehnten Augenblick, zu dem er sagen darf: »**Verweile doch, du bist so schön!**«. Darum ging es bei der anfänglichen Wette mit Mephisto. In Wirklichkeit steht Faust zwar nur vor seinem leeren Grab, aber in seiner blinden Vorstellung hat sich sein Traum erfüllt: »Solch ein Gewimmel möcht' ich sehn, / auf freiem Grund mit freiem Volke stehn«. Er ist nun ein Wohltäter und fährt fort: »Es kann die Spur von meinen Erdentagen / nicht in Äonen untergehn. – / Im Vorgefühl von solchem hohen Glück / Genieß ich jetzt den höchsten Augenblick.« Dies sind seine letzten Worte, bevor er stirbt.

Entsprechend diesem »Weisheitsschluss« wird kurz darauf auch Fausts Seele von Engeln zum Himmel getragen (und somit Mephis-

tos Zugriff entrissen): »**Wer immer strebend sich bemüht**, den können
wir erlösen.«

Wilhelm Busch (1832–1908)

wollte eigentlich Maler werden, seine Bildergeschichten sollten zunächst nur dem Broterwerb dienen. Erste Arbeiten entstanden 1859
in München, wohin der in Wiedensahl bei Hannover 1832 geborene
Busch wegen seines Kunststudiums gezogen war. Diese Beiträge
für den *Münchener Bilderbogen* und die *Fliegenden Blätter* enthoben
Busch der dringendsten materiellen Sorgen. 1865 erschien die erste
komplette Bildergeschichte, *Max und Moritz*, die der Verleger der
Fliegenden Blätter für ordentliche 1000 Gulden erworben hatte. Der
Verkauf lief erst schleppend, aber bis zu Buschs Tod (1908) wurde
annähernd eine halbe Million Exemplare abgesetzt. In verschiedenen Phasen von Buschs Schaffen folgten immer wieder neue Bildergeschichten. In kaum einem anderen Werk gewinnt man einen
so anschaulichen Einblick in die Wohnungen, Häuser, Moden, Sitten
und Gebräuche der »kleinen Leute« des 19. Jahrhunderts. Busch
zeigt das (Klein-)Bürgertum seiner Zeit mit all seinen Marotten,
den Hausmänteln, Mützen, Zipfelmützen, Hauben, Haustieren und
seinen steifen, gravitätischen Gebärden oder vollkommen unbe-
herrscht oder verrenkt. Busch war ein Meister der bildlichen Darstellung von rascher Bewegung wie sonst kein Künstler des 19. Jahrhunderts. Was die Inhalte der Bilder und Texte anbelangt, zeigt
er durchaus kritisch viel von der Spießigkeit und heuchlerischen
Frömmelei dieser Schicht. Busch war ein wohlhabender Mann, wurde allgemein sehr geachtet und vom Kaiser zum 70. Geburtstag be-
glückwünscht, betrachtete sich selbst aber als gescheiterten Maler
und unvollkommenen Dichter. Dementsprechend führte er ein zunehmend vereinsamtes, auch von Alkohol- und Nikotinmissbrauch
überschattetes Junggesellenleben.

Wehe, wehe, wenn ich auf das Ende sehe!

Ach, das war ein schlimmes Ding, / Wie es Max und Moritz ging«
steht bereits in der Vorrede zu der berühmtesten aller deutschsprachigen Bildergeschichten. Busch beziehungsweise die beiden Knaben werden darin nichts auslassen: »Menschen necken, Tiere quä-
len, / Äpfel, Birnen, Zwetschgen stehlen«. Buschs Dichtungen sind
viel witziger, lebensnaher und zeitkritischer als die meisten lyrisch-
literarischen Ergüsse seiner Zeitgenossen. Max ist der stämmige
Junge mit den dicken Wangen und dem schwarzen Haar. Den blonden Moritz erkennt man stets an seiner Tolle und seiner Stupsnase.

Dieses war der erste Streich

und der zweite folgt sogleich«, heißt es in jeweils neuer Nummerie-
rung zu jedem Abschluss einer *Max-und-Moritz*-Episode. Im ersten
Streich geht es um die Hühner der Witwe Bolte, die sich an zusam-
mengeknüpften Brotstückchen zu Tode verschlucken.

Max und Moritz gehört auch in die Sammlung der nicht allzu vielen in alle Weltsprachen und diverse obskure Dialekte übersetzten
deutschsprachigen Bücher.

Wofür sie besonders schwärmt

wenn er wieder aufgewärmt« – dieser vorfreudige Gedanke begleitet
die Witwe Bolte bei ihrem Gang in den Keller nach dem »Sauerkoh-
le« im zweiten Streich. Unterdessen stibitzen die beiden Knaben die
Hühner durch den Kamin direkt aus der Bratpfanne, denn »Max hat
schon mit Vorbedacht / eine Angel mitgebracht«. Die Witwe verdächtigt indessen ihren Hund der Untat und geht daher »mit dem Löffel
groß und schwer [...] über Spitzen her«.

Also lautet der Beschluss

/ dass der Mensch was lernen muss« leitet den vierten Streich wider
den Lehrer Lämpel ein, »Denn wer böse Streiche macht, / gibt nicht
auf den Lehrer acht«. Da »dieser brave Lehrer / von dem Tobak ein
Verehrer« ist, wird ihm die berühmte Meerschaumpfeife heimlich
mit Flintenpulver gefüllt, die im »Pulverblitz« »mit Getöse, schreck-
lich groß« explodiert.

Rickeracke! Rickeracke! Geht die Mühle mit Geknacke

ist das traurige Ende von Max und Moritz, nachdem sie im letzten
Streich dem Bauer Mecke den Maltersack aufgeschnitten haben, so
dass er sein Getreide verlor. Doch er entdeckt die beiden, steckt sie
in den Sack und bringt sie zur Mühle, wo die bösen Buben geschrotet
werden. »Als man dies im Dorf erfuhr, / war von Trauer keine Spur.«
Alle Geschädigten sind froh, denn, wie es in den Abschlussversen
heißt: »Gott sei Dank! Nun ist's vorbei / Mit der Übeltäterei!«

Jetzt raucht er wieder. Gott sei Dank!

Zwei Enten am Teich haben zufällig gleichzeitig einen Frosch ge-
schnappt. In der Geschichte *Die beiden Enten und der Frosch* ziehen
und zerren sie an ihm, weil jede ihn für sich haben will, und sie
verfolgen ihn hartnäckig. Doch es gelingt dem Frosch in einer Serie köstlicher Bilder jedes Mal in letzter Sekunde zu entschlüpfen.
Schließlich schnappt sich der Koch die Enten und der Frosch kann
sich von den Strapazen erholen: »Drei Wochen war der Frosch so
krank! / Jetzt raucht er wieder. Gott sei Dank!«

Busch war selbst ein starker Raucher und gelangte einmal bis an
den Rand der Nikotinvergiftung. Pfeifen und Zigarren sind verhält-
nismäßig oft auf seinen Bildern zu sehen. Der Pfeife rauchende Lehrer Lämpel äußert: »Ach! […] die größte Freud / ist doch die Zufrie-
denheit« unmittelbar bevor die mit Pulver gestopfte Pfeife losgeht.

Die Moral von der Geschicht'

stammt aus der Bildergeschichte *Das Bad am Samstagabend*, in der
Franz und Fritzen gemeinsam in der Wanne sitzen – wobei es eben
beim friedlichen Sitzen nicht bleibt, als die alte Lene gegangen
ist. Die Knaben werden so übermütig, dass die Wanne schließlich
kippt. »Und die Moral von der Geschicht': / Bad zwei in einer Wanne
nicht!«

'n Hang fürs Küchenpersonal

hat der Vetter Franz der »frommen Helene« in der gleichnamigen
ausführlichen Bildergeschichte aus dem Jahr 1872. Die in Wirklichkeit ziemlich unfromme Helene steht ihren literarischen Brüdern

Max und Moritz wenig nach. Deswegen wird sie aufs Land zu Onkel und Tante geschickt, weg von den »Lasterfreuden in den großen Städten«, wie es in der Einleitung heißt. Als Helene bereits »ein langes Kleid trägt«, kommt Vetter Franz zu Besuch, ein fescher Student, der auch zu Scherzen aufgelegt ist und sich meist da aufhält, wo Helene ist, wenn er nicht ab und zu in der Küche nach dem Rechten sieht: »Man sah ihn oft bei Hannchen stehn! / Doch jeder Jüngling hat wohl mal / 'n Hang für Küchenpersonal.«

Wer Sorgen hat, hat auch Likör

steht am Anfang des unfrommen Endes der frommen Helene, die schließlich zum Schein dem weltlichen Treiben entsagt, Pomaden, Perücken und Bustiers ins Fegefeuer der Eitelkeiten wirft. Scheinbar will sie sich dem Gebet zuwenden, aber nun verlockt die Flasche. Als sie diese endlich ansetzt, fällt die nebenbei stehende Petroleumlampe um und Helene verkohlt im Zimmerbrand.

Das Gute – dieser Satz steht fest – ist stets das Böse, was man lässt

lautet der Schlusssatz der *Frommen Helene* aus dem Munde von Onkel Nolte, nachdem klar ist, welches Höllenschicksal Helenes Seele widerfahren ist. Bei ihrem Feuertod lauerte nämlich schon der geschwänzte Geist der Unterwelt am Kamin, um ihre Seele abzufangen und in den Höllenkochtopf zu stoßen, so wie man sich im Volke im 19. Jahrhundert den Schlund der Hölle vorstellte. Der selbstgerechte Onkel Nolte schließt denn auch nach dieser moralischen Lehre: »Ei, ja! – Da bin ich wirklich froh! / Denn, Gott sei Dank! Ich bin nicht so!«

Rotwein ist für alte Knaben eine von den besten Gaben

heißt es in einem der *Abenteuer eines Junggesellen* (1875), dem ersten Teil der *Knopp*-Trilogie. Hier wird die Handlung einmal nicht von neckischen Tieren wie Fipps, dem Affen, oder vom Unglücksraben Huckebein oder von den reichlich unfrommen Kindern Helene oder Max und Moritz vorangepeitscht. Diesmal wird das bürgerliche Familienleben von Tobias Knopp behandelt, und es beginnt mit der abenteuerlichen Brautsuche. In der Szene mit dem Rotwein ist Knopp bei Rektor Debisch zu Gast, der seinen Sohn Kuno in den

Keller geschickt hat, um eine Flasche Bordeaux zu holen. Kuno hat sie jedoch »in sich selbst herübergeleitet« und die Flasche mit Regenwasser aufgefüllt.

Nirgendwo findet Knopp das, was er auf seiner Brautwerber-Odyssee sucht. Heimgekehrt sieht er nun sein Hausmädchen Dorothee mit anderen Augen und dann folgt der berühmte kürzeste Heiratsantrag der Weltliteratur: »›Mädchen‹, – spricht er – ›sag mir ob –‹ / Und sie lächelt: ›Ja, Herr Knopp!‹«

Vater werden ist nicht schwer, Vater sein dagegen sehr

Damit beginnt der dritte Teil von Buschs *Knopp*-Trilogie mit dem Titel *Julchen* (1877). Der zweite Teil schildert das abwechslungsreiche Eheleben der Knopps noch ohne Nachwuchs (*Herr und Frau Knopp*). **Eins, zwei, drei, im Sauseschritt läuft die Zeit; wir laufen mit** ist das einleitende Signal für weitere Ergötzlichkeiten mit dem schnell heranwachsenden Julchen bis zu ihrer Vermählung mit einem von verschiedenen Heiratskandidaten.

Es kommt immer anders, als man denkt

Im ersten Kapitel der Bildergeschichte *Plisch und Plum* von Wilhelm Busch sollen zwei junge Hunde ertränkt werden. Diese werden aber von den Brüdern Paul und Peter gerettet. Als die beiden jungen Hunde schon im Teich gelandet sind, heißt es: »Aber hier, wie überhaupt, / Kommt es anders, als man glaubt.« Der schlankere Hund des sehr ungleichen Paares wird von Paul »Plisch« genannt, Peter nennt sein mopsiges Exemplar »Plum«.

Bertolt Brecht (1898–1956)

Der in Augsburg 1898 in sehr bürgerliche Verhältnisse geborene Brecht nahm wegen eines Herzfehlers nicht am Ersten Weltkrieg teil. 1918 war Brecht zwanzig Jahre alt. Er begann in Berlin und München als Theaterdramaturg zu arbeiten und war wiederum zehn

Jahre später, als die *Dreigroschenoper* uraufgeführt wurde, ein gefeierter »junger Autor«. Seiner politischen Überzeugung gemäß war sein Theater marxistisch-kommunistisch geprägt. Er revolutionierte das Schauspiel. Das Bühnengeschehen sollte keine illusionshafte Handlung zeigen, sondern durch »Verfremdung« didaktisch-lehrhaft wirken. Am Tag nach dem Reichstagsbrand (1933) verließ Brecht Deutschland, die Nationalsozialisten verbrannten seine Bücher. Es folgten Jahre des Exils an verschiedenen Orten Westeuropas, ab 1941 in Kalifornien. In den USA galt Brecht als verdächtig, das Land blieb ihm vollkommen fremd. Nach dem Krieg konnte er noch einige Jahre unter für ihn günstigen Bedingungen in Ost-Berlin arbeiten.

Und der Haifisch, der hat Zähne

Kaum eine andere Oper enthält so viele Hits und Zitate, die im Deutschen zu Redewendungen wurden, wie die *Dreigroschenoper* von Bertolt Brecht (Text) und Kurt Weill (1900–1950; Musik). Sie wurde am 31. August 1928 im Theater am Schiffbauerdamm in Berlin, nahe dem Bahnhof Friedrichstraße uraufgeführt. (Nach dem Zweiten Weltkrieg war dieses Theater Spielstätte des von Brecht mitbegründeten Berliner Ensembles.)

Das »Musikstück« basiert auf der *Bettleroper* (*Beggar's Opera*) von 1728 von John Gay; die Hauptpersonen und die Haupthandlung der *Dreigroschenoper* sind der *Bettleroper* nachgebildet.

Gleich zu Beginn trägt ein Leierkastenmann in Londons verrufenem Gangsterviertel Soho die Untaten von Mackie Messer in der *Moritat von Mackie Messer* vor. Der bekannte Mörder, Räuber, Entführer und Brandstifter kommt gleichwohl immer ungeschoren davon: »Und der Haifisch, der hat Zähne«, die man wenigstens in seinem Gesicht sieht, wohingegen man Macheaths Messer nie sieht. Für eine Verfilmung schrieb Brecht eine zusätzliche Schlussstrophe: »Denn die einen sind im Dunkeln / Und die andern sind im Licht. / Und man siehet die im Lichte, / **Die im Dunkeln sieht man nicht.**«

Der 1. Akt zeigt hauptsächlich die »Hochzeitsfeier« von Polly, der Tochter des Bettlerkönigs Peachum, mit dem Verbrecherkönig Mackie Messer. Auf dieser Feier singt Polly die berühmte *Ballade von der Seeräuberjenny,* und der hinzugekommene Polizeichef sowie Macheath (= Mackie Messer) erinnern sich an ihre gemeinsame Soldatenzeit und ihre daher rührende Männerfreundschaft in dem nicht minder berühmten *Kanonensong.*

Die Verhältnisse, sie sind nicht so

Das »Erste Dreigroschen-Finale« am Ende des 1. Aktes lautet »Über die Unsicherheit menschlicher Verhältnisse«. Polly, ihr Vater Peachum und dessen Frau beklagen im Wechselgesang den Zustand der Welt, in der die Armen nicht satt werden, und auch die, die gut sein wollen, verrohen. Mehrmals wird in Abwandlungen wiederholt: »Die Welt ist arm, der Mensch ist schlecht. / Wir wären gut – anstatt so roh / Doch die Verhältnisse, sie sind nicht so.«

Nur wer im Wohlstand lebt, lebt angenehm

Peachum, der an seiner Tochter Polly hängt, grämt sich über deren – selbstverständlich nicht standesamtliche – Heirat und will Macheaths Aufenthaltsort an den Polizeichef Brown verraten. Im 2. Akt verbirgt sich Macheath vor den Nachstellungen seines Schwiegervaters Peachum in einem Bordell, wird aber dennoch verhaftet. Als sein ehemaliger Freund und Kriegskumpel Brown ihn im Gefängnis von Old Bailey besucht, kann Macheath bei ihm durch Bestechung nichts weiter erreichen, als wenigstens nicht in Ketten gelegt zu werden. An dieser Stelle singt Macheath die *Ballade vom angenehmen Leben.* Am Ende jeder der drei Strophen folgt der Kehrreim: »Nur wer im Wohlstand lebt, ...«

Erst kommt das Fressen, dann kommt die Moral

Im 2. Akt wird Mackie Messer von seiner ehemaligen Geliebten, Lucy, befreit. Sie ist die Tochter von Polizeichef Brown. Zuvor befetzen sich Polly und Lucy in einer Eifersuchtsszene. Macheath ist nicht nur ein Gangster, sondern auch ein Weiberheld, dem die Frauen hörig sind. (Schon zu Beginn des Aktes gibt es eine *Ballade von der sexuellen Hörigkeit,* aus der aber keine Redewendungen überliefert sind.) Im »Zweiten Dreigroschen-Finale« singen Mac und die Hure Jenny, die »Seeräuber-Jenny«, die Chorszene »Denn wovon lebt der

Mensch?«. Sie wendet sich gegen die satten Moralgeber aus der Oberschicht (»Ihr Herrn, die ihr uns lehrt, wie man brav leben [...] kann«) und parodiert den Bibelsatz »Der Mensch lebt nicht vom Brot allein«: »Erst muss es möglich sein auch armen Leuten / vom großen Brotlaib sich ihr Teil zu schneiden.« Das Fazit dieser Überlegung lautet: »Das eine wisset ein für allemal: / [...] / Erst kommt das Fressen, dann kommt die Moral.«

Ja, mach nur einen Plan

Am Beginn des 3. Aktes bereitet Peachum, der Bettlerkönig, alles vor, um durch eine Versammlung von Hunderten seiner Bettler vor der Kathedrale die Krönungsfeierlichkeiten zu stören. Polizeichef Brown taucht auf, um diese »Störung der öffentlichen Ordnung« zu verhindern. Doch Peachum weist ihn darauf hin, dass er niemals alle Bettler wird verhaften können und dass es nicht gut aussehen wird, wenn die Polizei vor der Kathedrale auf »die armen Leute« einschlägt. Peachum intoniert nun *Das Lied von der Unzulänglichkeit menschlichen Strebens*, das mit den Worten beginnt: »Der Mensch lebt durch den Kopf, / der Kopf reicht ihm nicht aus«. Die zweite Strophe lautet dann: »Ja, mach nur einen Plan, / sei nur ein großes Licht! / Und mach dann noch 'nen zweiten Plan / gehn tun sie beide nicht.« Das ist aber weniger als Warnung oder Verspottung Browns in dieser Situation gemeint, sondern eher als allgemeine Aussage über des Menschen »höh'res Streben«.

Was ist ein Einbruch in eine Bank gegen die Gründung einer Bank?

Da Polizeichef Brown gegen den Bettlerkönig nichts ausrichten kann, wendet er sich wieder gegen Macheath, dessen Aufenthaltsort von den Huren verraten wurde. Macheath wird erneut verhaftet, seine Hinrichtung am Galgen steht unmittelbar bevor. Als er die Zelle verlässt, äußert der ehemalige Verbrecherkönig: »Sie sehen den untergehenden Vertreter eines untergehenden Standes [...] Was ist ein Dietrich gegen eine Aktie? Was ist ein Einbruch in eine Bank gegen die Gründung einer Bank?« Und dann sagt er sogar: »Was ist die Ermordung eines Mannes gegen die Anstellung eines Mannes?«

Unter dem Galgen wird Macheath aber durch einen »reitenden

Boten« im »Dritten Dreigroschen-Finale« per Gnadenerlass der Königin anlässlich ihrer Krönung gerettet.

Die *Dreigroschenoper* hatte einen unerwarteten Erfolg, sowohl auf der Bühne mit vielen Nachfolgeaufführungen als auch in den Tanzcafés, wo man zu den Melodien sang und tanzte. Schallplatten und Grammofon waren damals auch schon recht weit verbreitet, die Labels rissen sich um die Aufführungsrechte. Originalaufnahmen der Uraufführungsbesetzung sind auch heute noch greifbar, ein seltener Fall in der Musikgeschichte. Kurt Weills letztes Werk in Deutschland kam Mitte Februar 1933 heraus, zwei Wochen nach Hitlers Machtergreifung und zehn Tage vor dem Reichstagsbrand, der den Nationalsozialisten den Vorwand lieferte, massenweise politische Gegner zu verhaften und Werke der »jüdischen Kulturbolschewisten« zu verbieten. Weill war (zwei Mal) mit Lotte Lenya verheiratet, die wiederum eine bedeutende Darstellerin in Stücken von Brecht war.

»Die Moritat von Mackie Messer« (Auszug), aus: Bertolt Brecht, Werke. Große kommentierte Berliner und Frankfurter Ausgabe, Band 11: Gedichte 1.
© Suhrkamp Verlag Frankfurt am Main 1988.

Der Duft der großen weiten Welt
Zitate aus der Werbung

Schon 1854, als Ernst Litfaß angefangen hatte, seine Anschlagsäulen in Berlin aufzustellen, ärgerten sich die Leute über »Schmutz und Schwindel« in den Anzeigentexten. Genau in jener Zeit entstanden auch die sogenannten Annoncen-Expeditionen, damals eine neue Geschäftsidee. Sie sind die Vorläufer der Werbeagenturen. Ihre Aufgabe, ein Plakat oder eine Werbeanzeige in einer Zeitung visuell und textlich ansprechend und überzeugend zu gestalten, gelang bisweilen so gut, dass Slogans zu Redewendungen wurden. Mitunter auch dank des Trommelfeuers neuerer Medien wie Radio und Fernsehen. Man darf gespannt sein, ob dies auch der Internet-Werbung eines Tages gelingt.

Die ältesten Slogans, die zu Redewendungen wurden

Persil bleibt Persil

In der guten alten Zeit vor der Einführung der Supermärkte mit ihren endlosen Regalreihen wurden Waschmittel wie so viele andere Produkte lose verkauft: aus Säcken in der Drogerie. Persil von Henkel kam von Anfang an, das heißt bereits zu Beginn des 20. Jahrhunderts, in Kartons auf den Markt. Der Produktname setzt sich übrigens zusammen aus **Per**borat (dem Bleichmittel) und **Si**likat (dem Schmutzlöser). Henkel war ein Pionier der Markenwerbung mit immer neuen Kampagnen und Produktinnovationen (Persil 59, Persil 65 etc.). Gleichwohl musste Persil immer Persil bleiben. Der Slogan wurde seit dem Jahr 1913 immer wieder verwendet. Nach so langer Einweich- und Einwirkungszeit auf die Hirne der Verbraucher hat er auch in der Alltagssprache die Bedeutung »Alles bleibt, so wie es ist« mit dem gedanklichen Zusatz »weil wir nichts Besseres haben«.

La vache qui rit – Die lachende Kuh

Der leuchtend rot gemalte Kopf einer lachenden Kuh mit den Ohr-ringen aus Käseschachteln ist seit 1921 das Markenzeichen einer französischen Käsesorte der Firma Fromageries Bel. Die einpräg-same heutige Zeichnung stammt aus dem Jahr 1924 von dem fran-zösischen Kinderbuch-Illustrator Benjamin Rabier (1864–1939), in seinem Heimatland ein Klassiker seines Genres.

Die 1865 im französischen Jura gegründete Käserei ist mittlerwei-le ein internationaler Nahrungsmittelkonzern mit über zwei Milli-arden Euro Umsatz, der weitere Marken wie Leerdammer, Babybel und Gervais unter seinem Dach vereint. Der Slogan *La vache qui rit* ist auch in vielen anderen Ländern bekannt, und der dazugehörige Käse ist eines der bekanntesten Markenprodukte in Frankreich.

Die Polizei – dein Freund und Helfer

Der SPD-Politiker Albert Grzesinski (1879–1947) wurde 1926 nach anderthalbjähriger Amtszeit als Polizeipräsident von Berlin preu-ßischer Innenminister (bis 1930) und versuchte, wie schon sein Vorgänger Carl Severing, die in der Weimarer Republik immer noch sehr konservativ-obrigkeitlichen Sicherheitskräfte im demokrati-schen Sinne zu reformieren. Für eine noch von Severing initiierte internationale Polizeiausstellung, die diese demokratisch-repub-likanische Wandlung dokumentieren sollte, schrieb Grzesinski in einem Vorwort, die Polizei solle »Freund, Helfer und Kamerad der Bevölkerung« sein.

Die überwiegend sozialdemokratischen Reformer in der preußi-schen Regierung wurden bereits 1932 per Präsidialverordnung ent-machtet. Grzesinski wurde 1933 von den Nationalsozialisten ausge-bürgert und floh nach Frankreich, später in die USA ins Exil.

Aber leider hatte es sich auch »die Polizei im nationalsozialisti-schen Deutschland zum Ziel gesetzt, vom deutschen Volk als sein bester Freund und Helfer angesehen zu werden« (Heinrich Himm-ler 1934).

HARIBO macht Kinder froh

ist einer der ältesten Werbesprüche im deutschen Sprachraum und angeblich auch der bekannteste. Er wird seit 1935 verwendet. Der Unternehmensgründer Hans Riegel hatte den Satz für zwanzig Reichsmark einem durchreisenden Werbetexter abgekauft. Aus den ersten beiden Buchstaben seines Vor- und Nachnamens sowie seines Geburtsorts leitet sich der Firmenname ab: **Ha**ns **Ri**egel, **Bo**nn = HARIBO.

Asbach Uralt

»Im Asbach Uralt ist der Geist des Weines« wurde schon 1937 erfunden und wird nach wie vor verwendet. Es dürfte kaum einen anderen Slogan von so langer Haltbarkeitsdauer geben. Hinsichtlich des Images seiner Marke setzte der Rüdesheimer Weinbrenner Hugo Asbach von Anfang an (1892) auf Tradition, nicht zuletzt mit der Frakturschrift auf dem Etikett. Dieses Uralt-Image, von der älteren Generation in der Tat mit anhaltender Markentreue belohnt, wurde in der Jugendsprache parodiert, die »Asbach Uralt« oder nur »Asbach« einfach salopp mit »besonders alt und verstaubt« gleichsetzte. Die Marke gehört heute zu Underberg.

Nie war er so wertvoll wie heute

Der als Einstiegsdroge (80 % Alkohol) bei der älteren Generation geschätzte »Klosterfrau Melissengeist« geht auf die aus österreichischer Familie stammende, aber in Brüssel geborene Ordens- und Krankenschwester Maria Clementine Martin zurück, die 1815 als Krankenschwester auf dem Schlachtfeld von Waterloo im Einsatz war. Mithilfe einer als Dank vom preußischen König ausgesetzten Rente gründete sie 1826 das Unternehmen Maria Clementine Martin Klosterfrau in Köln ganz nahe beim Dom. Es wurde 2006 in »Klosterfrau Healthcare Group« umbenannt. Der berühmte Slogan wurde 1925 von der Agentur Westag Communications kreiert und von dem bedeutenden Werbepionier Ernst Geldmacher in der Nachkriegszeit zu »Nie war er so wichtig wie heute« variiert.

Bauknecht weiß, was Frauen wünschen

Kühlschränke und Waschmaschinen, die Prototypen der sogenannten Weißen Ware unter den Elektrogeräten für den Haushalt, zählten
zu den begehrtesten Anschaffungen der Nachkriegszeit im Küchen-
reich der Hausfrauen. Der vom damaligen Abteilungsleiter Weiße
Ware, Walter Rübsam, in einer spontanen Eingebung formulierte
Satz brachte diese Tatsache so nachhaltig auf den Punkt, dass der
schwäbische Hausgerätehersteller ihn von 1954 bis 2004 nutzte, also
eine für die Werbebranche sehr lange Zeit von fünfzig Jahren. Dann
war er unter modernen Frauen so unpopulär geworden, dass er aus
dem Verkehr gezogen werden musste. (Die Firma Bauknecht ist heute Teil des amerikanischen Whirlpool-Konzerns.)

»Bauknecht weiß, was Frauen wünschen« steht neben »Bin ich
schon drin?« (Boris Becker für AOL) und »Nicht immer, aber immer
öfter« (Clausthaler Alkoholfrei) auf der Bestenliste mehrdeutiger
Werbesprüche.

Beck's Bier löscht Männerdurst!

Die anregende Werbezeile wurde bereits 1955 zielgruppengerecht
im *Spiegel* annonciert. Federführend war die Agentur McCann Erickson, eine der ersten großen internationalen Agenturen, die sich in
Deutschland niederließen. Heute fährt die mit grünen Segeln geta-
kelte *Alexander von Humboldt*, ein umgebautes Feuerschiff, das jetzt
als Segelschulschiff dient, für die Werbung der in Bremen ansässigen Brauerei. Zu der dazugehörigen musikalischen Untermalung
s. »Bacardi Feeling«, S. 237. Die Brauerei Beck & Co. ist heute Teil des
weltgrößten, belgischen Brauerei-Konzerns Anheuser-Busch InBev.
Auch die deutschen Marken Löwenbräu und Franziskaner gehören
dazu.

Waschmittelwerbung

Weißer geht's nicht

Mit erheblichem Rühren der Werbetrommel drang der amerikanische Konzern Procter & Gamble ab 1964 mit seinem Produkt Dash in die Phalanx der auf dem deutschen Markt etablierten Waschmittelmarken von Persil (Henkel) bis Omo und Sunil (Unilever) ein. Die Frankfurter Agentur Young & Rubicam buchte allein beim ZDF fast 200 Werbeminuten, führte einen Vergleichstest vor und verkündete als Ergebnis: »Dash wäscht so weiß – weißer geht's nicht.«

»Weiß« ist überhaupt »das« Schlüsselwort in der Waschmittelwerbung: »Das strahlendste Weiß meines Lebens« (Sunil), »Wäscht herrlich weiß und duftig frisch« (Skip), »So schön ist dieses Weiß« (Omo), »Strahlend weiß und duftig frisch« (Persil). Mit dem zweiten Produkt Cascade gelang den Werbern von Procter & Gamble zwar kein riesiger Markterfolg, aber ein weiterer einprägsamer Spruch: **Zwingt Grau raus – zwingt Weiß rein.** Darauf wiederum reagierte Henkel mit »Nur Persil hat zwei Weißmacher« (s. a. »Persil bleibt Persil«, S. 220), und kurz darauf mit der Einführung des Weißen Riesen (1967). »Weiß« und neuerdings natürlich »Grün« sind die am stärksten verbreiteten verbalen Werbesignalfarben.

Weichgespült

»Frisch« ist neben »Weiß« ein weiterer Kernbegriff im Waschmittelbereich. In der für das Weichspülmittel Lenor gewählten Steigerungsform wird daraus dann »aprilfrisch«. Der Gebrauch des 1963 eingeführten Produkts von Procter & Gamble verschaffte den Hausfrauen ein gutes Gewissen, nachdem das schlechte Gewissen (das sogenannte Lenor-Gewissen) wegen kratziger Wäsche an ihnen genagt hatte. Lenor setzte Weichspüler am Markt durch und sorgte dadurch auch dafür, dass »weichgespült« ein neuer Bestandteil des deutschen Wortschatzes wurde. Das Wort fand besonders viel Anklang bei Journalisten, die populistische Parteipolitik und oberflächliche Seifenopern kritisieren (s. a. »Nicht nur sauber, sondern rein«).

Nicht nur sauber, sondern rein

Der Originaltext »Nicht nur sauber, sondern porentief rein« stammt aus der legendären Ariel-Werbung (Procter & Gamble) mit der Waschmittel- und Latzhosen-Königin »Klementine« – von 1968 bis 1984 verkörpert durch die Schauspielerin Johanna König in der Rolle ihres Lebens.

Der amerikanische Konzern Procter & Gamble erfand übrigens die »Seifenoper« (*Soap Opera*). Das waren von P & G seit den 1930er-Jahren gesponserte Radiosendungen weichgespülten Inhalts, die vor allem Hausfrauen ansprachen. In den Werbepausen wurden Waschmittel massiv beworben. Später gab es Soaps natürlich auch im Fernsehen. Das Wort wurde in diesem Medium zum Gattungsbegriff – auch ohne direkte oder indirekte Beteiligung der Seifenindustrie.

Duftmarken

Der Duft der großen weiten Welt

Die aus dem Bremischen stammenden und später in Hamburg ansässigen Brüder Reemtsma entwickelten in den 1920er-Jahren mehrere Zigarettenmarken und wurden damit sehr reich. Bis dahin waren Tabakwaren fast nur von kleinen und mittelständischen Firmen geradezu handwerklich produziert und überwiegend lokal, allenfalls regional vertrieben worden. Meist wurden sie auch nur lose verkauft, übrigens hauptsächlich in Gaststätten. Für ihre Ration hatten die Raucher ein persönliches Zigarettenetui. Es gab demzufolge praktisch keine nationalen oder gar internationalen Zigarettenmarken, aber das sollte sich durch die Reemtsmas ändern. Sie wurden damit auch generell zu Pionieren von Markenprodukten. Das großflächige Bewerben von Marken in Zeitungen entstand in engem Zusammenhang mit den Zigarettenmarken.

Einen der einprägsamsten Werbesprüche überhaupt erfand der Schweizer Fritz Bühler 1958 für die Reemtsma-Marke Peter Stuyvesant. Die Stuyvesant vertrieben die Reemtsmas eigentlich nur in Lizenz. Sie war von dem Südafrikaner Jan Rupert ersonnen worden, und es gab erhebliche Bedenken wegen des »unaussprechlichen« Namens. Rupert hatte die Reemtsmas auch von der Einführung der Filterzigarette überzeugt, sonst hätten sie damals um ein Haar auf diesem zukunftsträchtigen Markt den Anschluss verpasst. Die Stuyvesant war neben der seinerzeit marktführenden HB eine der ersten großen Filterzigaretten in Deutschland. Der Name Peter Stuyvesant stammte vom letzten holländischen Gouverneur der Kolonie Neu-Niederlande in Nordamerika, der die Kolonie samt des Verwaltungssitzes Neu-Amsterdam 1664 an die Engländer abtreten musste, die dieses anschließend in New York umbenannten. In der Kolonie gehörte Tabak seit den 1630er-Jahren zu einem der wichtigsten Exportgüter.

Wer wird denn gleich in die Luft gehen?

Absoluter Marktführer auf dem hart umkämpften Zigarettenmarkt wurde ab Anfang der 60er-Jahre das Haus Bergmann mit seiner Marke HB, hinter der der britische Konzern British American Tobacco (BAT) stand. (HB verkaufte im Jahr 1966 17 Milliarden Stück pro Monat, Ernte 23: 1,5 Milliarden, Stuyvesant: 1,2 Milliarden.) HB hielt sich noch bis in die Mitte der 70er-Jahre auf Platz 1 und wurde in den 80er-Jahren dann auf dieser Position von Marlboro abgelöst. Roland Töpfer (1929–1999) hatte vor allem für das damals junge Werbefernsehen eine offiziell namenlose Zeichentrickfigur ersonnen, einen durchschnittlich aussehenden Mann, bei dem alles schiefgeht, was er anpackt, und der sich darüber so aufregt, dass er »gleich in die Luft geht«, um sogleich mit einer HB entspannt wieder auf den Boden der Realität zurückzukehren. »Dann geht alles wie von selbst« und »Frohen Herzens genießen« sind eingängige Sätze aus der HB-Welt. Der ehemalige DDR-Bürger Töpfer hat übrigens auch die Loriot-Figuren für den Trickfilm animiert.

Die Gesamtkonzeption der HB-Männchen-Kampagne entwickelte die Düsseldorfer Werbefirma von Karl-Heinz Gramm, die später in der Grey Group aufging. Von »Werbe-Gramm« stammt auch die fast sprichwörtliche »Freude am Fahren« (BMW), die »Punica-Oase«

und die zur Einführung von AOL in Deutschland von Boris Becker gestellte zweideutige Frage: »Bin ich schon drin?«

Es war schon immer etwas teurer, einen besonderen Geschmack zu haben

lautete der Slogan der Marke Atika (Reemtsma), die heute so unbedeutend geworden ist, dass jüngere Generationen oft nicht wissen, dass dieser Spruch aus einer Zigarettenwerbung stammt. Nachdem sich Ende der 50er-Jahre die Filterzigaretten durchgesetzt hatten, wurde Mitte der 60er-Jahre »nikotinarm im Rauch« der neue Trend. Der Tabakkonzern British American Tobacco (BAT) hatte ihn mit der Marke Lord Extra eingeleitet, Reemtsma zog nach zweijähriger Vorbereitungszeit mit Atika nach, die mit neun Pfennig pro Stück deutlich teurer war als der damalige Durchschnittspreis von fünf Pfennig pro Stück.

Marlboro-Mann

Die globale Top-Marke unter den Zigaretten ist Marlboro von Philip Morris, die es schon vor dem Ersten Weltkrieg gab und die vor dem Zweiten Weltkrieg als milde Frauenzigarette (Werbespruch: *Mild as May*) verkauft wurde. Philip Morris führte dann 1955 als Reaktion auf erste Veröffentlichungen über den Zusammenhang von Rauchen und Lungenkrebs die Filterzigarette ein. Leo Burnett (1891–1971), eine der legendären Gestalten der amerikanischen Werbebranche, sorgte seit 1954 für einen vollständigen Imagewandel, da die wenigen bis dahin existierenden Filterzigaretten als feminin galten und kaum Marktanteile hatten. Der Marlboro-Cowboy ist vermutlich der größte jemals erzielte Werbeerfolg, denn er katapultierte Marlboro zur weltweit mit Abstand führenden Zigarettenmarke. Dieser Erfolg hält bis heute an und auch das Image von Marlboro wurde seit dem Relaunch kaum verändert. Die wortkarge Werbung war eine der ersten, die völlig auf eine Emotionalisierung der Marke setzte, und war auch diesbezüglich bahnbrechend – ein absoluter Klassiker. Von Burnett stammt der Zitat-Klassiker »Make it simple« in Bezug auf Werbung. Er lautet vollständig: »Make it simple. Make it memorable. Make it inviting to look at. Make it fun to read.« (Mach es einfach.

Mach es einprägsam. Sorge dafür, dass man es gerne ansieht und beim Lesen Freude hat.) Burnett wird von *Time Magazin* zu den 100 einflussreichsten Persönlichkeiten des 20. Jahrhunderts gezählt.

Vermischte Werbezitate

Schenke von Herzen

doch was es auch sei, 4711 ist immer dabei.« Der eingängige Werbereim von Just Scheu wurde bis in die 1960er-Jahre alle Jahre wieder im Advent wiederholt und war seinerzeit vor allem mit ironischem Unterton in aller Munde. Just Scheu (1903–1956) war Komponist, Bühnen- und Drehbuchautor sowie Schlagertexter, ein Allround-Mann für die leichte Muse, vor allem Operetten. Damals gab es noch Kurtheater – an solch einer Institution der Unterhaltungskunst erhielt Scheu sein erstes Engagement. Von den Nationalsozialisten als Musenkünstler gefördert, zählte Scheu aber auch zu den Nachkriegspionieren des Rundfunks in Deutschland und kreierte die ersten Quiz- und Lotterie-Sendungen im Radio. Sein bekanntester Schlager ist *Wir lagen vor Madagaskar*.

Mach mal Pause!

Der Legende nach »entdeckte« Hubert Strauf (1904–1993) den Slogan Mitte der 1950er-Jahre, als er mit dem Auto unterwegs war, auf einem schlichten Hinweisschild einer Autobahnraststätte. Sofort verknüpfte er ihn mit dem Produkt seines neuen Werbekunden Coca-Cola. Der aus Essen stammende Strauf war Inhaber einer bereits vor dem Zweiten Weltkrieg gegründeten Agentur. Weil Straufs Agentur im Nachkriegsdeutschland zu den ersten zählte, die strukturiert arbeiteten und langfristige Marketing-Kampagnen entwickelten, wurde sie vorbildhaft für andere deutsche Agenturen. Von Strauf und seiner Agentur stammen auch so berühmte Slogans wie **Pril entspannt das Wasser** (1951), ein Spruch, der 1952 durch die wie mundgemalt wirkende Pril-Ente auf den Anzeigenplakaten ergänzt

wurde (Fernsehwerbung gab es damals noch nicht), sowie der berühmt gewordene Polit-Slogan **Keine Experimente**, mit dem Adenau-
ers CDU 1957 die Bundestagswahl mit absoluter Mehrheit gewann.

Lecker, locker, leicht gekocht

war seit 1957 eine Werbung von Ermut Geldmacher (*1923) für die
Nudelfabrik 3 Glocken. Geldmacher, studierter Betriebswirt, leitete
seit 1950 das Tonstudio Frankfurt, das zu einer regelrechten Institution in der Werbebranche wurde, vor allem für die Radiowerbung,
die ja auf Anhieb eine akustische Dramaturgie aufbauen muss. Aber
auch für die spätere Fernsehwerbung spielte Geldmacher eine wichtige Rolle. Er war Inhaber der Agentur Arge TSF, die noch zahlreiche
andere bekannte und eingängige Werbesprüche prägte wie »Aurora mit dem Sonnenstern« (1955, für die Mehlprodukte der Aurora
Mühlen GmbH), »Es heilt die Kamille – es pflegt Glycerin« (1963,
für die Handcreme Kamill) und »Waschmaschinen leben länger mit
Calgon!« (1980, für den Wasserenthärter, der die Waschmaschine
vor Kalk schützen soll). Das sperrige Wort »Waschmaschine« wurde
erst durch die dabei unterlegte Werbemusik sloganfähig, ähnlich wie
Die 5-Minuten-Terrine. Von Maggi, ne tolle Idee! (1987). Regelrecht zur
Redewendung wurde **Wer schafft, braucht Kraft** (Buerlecithin, 1957).

Er läuft und läuft und läuft

war der legendäre Slogan für den VW-Käfer. Er stammt aus dem Jahr
1963 und wurde von Werner Butter (1932–2009) kreiert, der damals
bei der deutschen Dependance der amerikanischen Agentur DBB
(Doyle Dane Bernbach) in Düsseldorf war, zwanzig Jahre lang als
Kreativ-Direktor. Butter besaß selbst nie einen Führerschein. Er hatte schon in seiner Jugend ein Auge verloren. Der gelernte Stahlgroß-
händler und Sägenmacher war als Journalist zum Texten gekommen.

Neckermann macht's möglich

Die 1950er- und 60er-Jahre des boomenden deutschen Wirtschafts-
wunders mit ihrem endlosen Konsumrausch waren auch die goldenen Zeiten des Versandgeschäfts mit Jahr für Jahr monumentalen
Zuwachsraten und immer dicker werdenden Versandhauskatalogen.

Marktführend waren Quelle und Neckermann, die sich gegenseitig belauerten und jeweils sofort kopierten, was der andere ins Angebot aufnahm – bis hin zu Fertighäusern. Ein Inbegriff dieser »Nichts ist unmöglich«-Mentalität war der Neckermann-Slogan, der 1960 einem Neckermann-Mitarbeiter herausrutschte, als er einem hungrigen Kollegen auf einer Arbeitssitzung heiße Würstchen servierte, nachdem der spöttisch gefragt hatte, ob es bei Neckermann denn auch möglich sei, etwas zu essen zu bekommen.

Aus deutschen Landen frisch auf den Tisch

Seit 1961 betrieb der Absatzförderungsfonds der deutschen Land- und Ernährungswirtschaft Gemeinschaftswerbung für die Bauern durch eine eigene Marketing-Gesellschaft (Cema). Der Absatzfonds war eine Anstalt des öffentlichen Rechts (ähnlich wie die öffentlich-rechtlichen Rundfunkgesellschaften) und durfte von allen Agrarbetrieben Sonderabgaben für das Marketing erheben. Hinzu kam dann noch ein kräftiger Zuschuss aus der Staatskasse. 2002 erklärte der Europäische Gerichtshof das Bewerben von Produkten mit einer staatlich-regionalen Herkunft für europarechtlich unzulässig, jedenfalls wenn es mit staatlichen Geldmitteln finanziert wurde. Nachdem die regionale Botschaft »aus deutschen Landen« nicht mehr verbreitet werden durfte, kassierte das Bundesverfassungsgericht 2009 außerdem die Marketing-Zwangsabgabe der Landwirte für den Absatzfonds.

Alle reden vom Wetter. Wir nicht.

Die legendäre Kampagne der Deutschen Bundesbahn aus dem Jahr 1966 (Agentur McCann Erickson) zeigt das Bild einer E-Lok in voller Fahrt im Schnee auf schwarzem Hintergrund, darüber in dicken Balkenlettern der Slogan. Es ist bis heute präsent und wurde vielfach kopiert und parodiert. Sogar auf Plakaten des Sozialistischen Deutschen Studentenbundes SDS, die statt der Lok die drei Köpfe von Marx, Engels und Lenin zeigten, und bei den Grünen, die 1990 – natürlich im Gegenteil – hauptsächlich vom Wetter, also vom Klima, reden wollten. Innovativ war die reduzierte, sehr klare und wirkungsvolle Ästhetik sowie der Verzicht auf jeglichen weiteren Werbetext. Getextet wurde der Slogan von Carolus Horn (1921–1992), von dem auch der Slogan **Nur Fliegen ist schöner** für den Opel GT (1968) stammt.

Quadratisch. Praktisch. Gut.

Das Schokolade-Familienunternehmen Alfred Ritter GmbH & Co. KG führte die quadratische Schokoladentafel, »die in die Sportjacketttasche passt«, bereits 1932 ein. Aber erst 1970 wurde das Unternehmen mit der Einführung seiner Joghurtschokolade in Verbindung mit der Kampagne »Quadratisch. Praktisch. Gut.« deutschlandweit bekannt.

Der Slogan wird seit dieser Zeit auch unverändert verwendet und hat damit ein in der Werbebranche ungewöhnlich hohes Alter erreicht. Die hohe Bekanntheit führt demzufolge auch in der Alltagssprache zu einer häufigen Verwendung im Sinn von »gerade richtig«, auch ohne Bezug zu der mittlerweile sehr bunten Tafelrunde der Ritter-Produkte.

Schönheit von innen

Die Erkenntnis »Wahre Schönheit kommt von innen« ergab sich für die Erfinder der Merz Spezial Dragees durch eine Spezialstudie des renommierten Marktpsychologen Ernest Dichter. Dichter stammte aus Wien, war 1938 in die USA emigriert und gilt als einer der Pioniere der Marktanalysen, mit denen das Verbraucherverhalten erforscht wird. Der damals 80-jährige Firmengründer Friedrich Merz hatte ihn engagiert, weil die Einführung seines Präparats 1964 auf Schwierigkeiten gestoßen war. Ein Kosmetikprodukt, das man nicht von außen auf die Haut auftragen, sondern wie eine Pille einnehmen sollte, war damals etwas Neues. Apotheker und Drogisten konnten es in ihrem Sortiment nicht unterbringen. Es landete zunächst bei den Blutreinigungsmitteln. Dichter regte an, Apotheker und Drogisten zu mehrmonatigen Selbsterfahrungskuren einzuladen, was offenbar von Erfolg gekrönt war. Merz Spezial Dragees wurden zum Inbegriff der Nahrungsergänzung zu Schönheitszwecken und zum Vorreiter des Kosmetikverkaufs in Apotheken.

Atomkraft? Nein danke!

Das Logo der Anti-Atomkraft-Bewegung mit der mehrstrahligen, lächelnden, roten Sonne auf gelbem Grund hat seinen Ursprung in der dänischen Anti-Atomkraft-Bewegung Anfang der 1970er-Jahre. Es hat sich weltweit gegen aggressivere Symbole, beispielsweise die geballte Faust, durchgesetzt.

Die schweigende Mehrheit

Im US-amerikanischen Präsidentschaftswahlkampf im Sommer und Herbst des Jahres 1968 versprach der spätere Wahlsieger Richard Nixon (1913–1994) der »großen schweigenden Mehrheit« (*silent majority*) der Amerikaner eine »Rückkehr zur Normalität«. Hauptsächlich dank dieses Slogans gewann er als erster Republikaner seit Dwight D. Eisenhower die Präsidentschaft. Vorausgegangen waren insbesondere in den USA innenpolitisch unruhige Jahre der Studentenbewegung, der Bürgerrechtsbewegung und der Protestaktionen gegen den Vietnamkrieg. Der Studentenprotest hatte große Schnittmengen mit der damals neuen Jugend- und Popkultur, der Flower-Power-Bewegung der Hippies und den Vietnamkriegsgegnern. Die schwarze Bürgerrechtsbewegung hatte sich seit 1966 radikalisiert (*Black Power*), es gab immer wieder massive Unruhen in den Gettos der großen Städte; am 4. April 1968 war Martin Luther King Opfer eines Attentats geworden (auch Robert Kennedy wurde übrigens zwei Monate später ermordet, am 6. Juni). Weitere Minderheiten verschafften sich zunehmend Gehör, von den Indianern bis zu den Schwulen. Auch Westeuropa (68er-Bewegung) und selbst der Ostblock (Prager Frühling) waren »unruhig«. Aus konservativer Sicht artikulierten sich all diese »Minderheiten« überdeutlich. Nixon gewann dann mit knapper Mehrheit. 1974 musste er wegen der Watergate-Affäre als erster amerikanischer Präsident überhaupt zurücktreten. Der Vietnamkrieg wurde im Jahr darauf von Kissinger beendet.

Es gibt viel zu tun – Packen wir's an!

Den Esso-Tiger als Werbefigur gibt es bereits seit Anfang der 1920er-Jahre. Er war so erfolgreich, dass die mittlerweile stark bedrohte Tierart bis in die Gegenwart als Treibstoff für die Werbemotoren reanimiert wurde. Der Tiger wurde für Esso/Exxon so etwas wie ein Werbewappentier.

Als Übernahme der auch im Esso-Tiger-Heimatland USA und andernorts sehr erfolgreichen Werbung lief in Deutschland seit 1965 die »Pack den Tiger in den Tank«-Kampagne, für deren Umsetzung die Agentur McCann Erickson verantwortlich war.

Nach der Ölkrise 1974 wurde in Werbefilmen statt einer gezeichneten Tigerfigur mit strahlendem Lächeln ein echter Tiger gezeigt. Diese Kampagne lief unter dem durch die Zeitumstände fast schon politischen Motto »Es gibt viel zu tun – Packen wir's an!« von Hartmut Müller-Trollius, das in der Tat auch zum Alltagsslogan wurde. Von Müller-Trollius stammt übrigens auch »Es kommt darauf an, was man daraus macht« (Beton-Werbung).

Freiheit statt Sozialismus

wurde mehrmals für Landtags- und Bundestagswahlen als Slogan verwendet. Erfunden und durchgesetzt hat ihn der CDU-Politiker Alfred Dregger (1920–2002) für die Bundestagswahl 1976. Der Slogan war seinerzeit außenpolitisch gemünzt und richtete sich gegen die von der Regierung Brandt-Scheel betriebene »Ostpolitik«, eine Entspannungspolitik in der Spätphase des Kalten Krieges. Er kann auch innenpolitisch verstanden werden.

Ich will so bleiben, wie ich bin

Unter dem Dach des niederländisch-britischen Lebens-, Schönheits- und Reinigungsmittelkonzerns Unilever gibt es viele Wohnungen. Sie heißen unter anderem Langnese, Knorr, Pfanni, Rexona, Axe, Viss oder Rama, und ein besonders schlank geschnittenes Apartment trägt den Namen »Du darfst«. Für diese Marke brachte die Agentur Lintas in den 1980er-Jahren den Slogan »Ich will so bleiben, wie ich bin« hervor, in der Fernsehwerbung eng verkoppelt mit dem Italo-Pop-Song »La Dolce Vita«, gesungen von Ryan Paris. Er ist bis heute das Sound-Logo der Marke. Dazu trat anfangs eine Frau in einem roten Kleid auf, deren Selbstbewusstsein in puncto »gute Figur« wirkungsvoll in Szene gesetzt wurde. Ihr Glücksmotto lautete offenbar: »Ich kann alles, solange ich nicht dick bin und keine Kalorien zählen muss«, was in die direkte Käuferinnenansprache übersetzt wurde: Du darfst alles essen, solange es nicht fetthaltig ist und keine Kalorien hat.

Das zu »Ich will so bleiben, wie ich bin« destillierte Schlankheitsideal verselbständigte sich und wurde zum Trostmotto von Menschen mit Identitätskrise, die im Zweifel lieber alles so lassen, wie es ist. So gelangte der Slogan sogar auf Plakate, mit denen gegen »Stuttgart 21« demonstriert wurde.

In der ersten Reihe

Privatfernsehen gibt es in der Bundesrepublik Deutschland seit 1984. Privatfernsehsender erheben keine Gebühren, sondern finanzieren sich überwiegend aus Werbeeinnahmen. Sie sind daher darauf angewiesen, »Quote zu machen«, also Resonanz bei einem möglichst großen Publikum zu finden. Aus bescheidenen Anfängen in Pilotprojekten entwickelten sich verschiedene Sparten-, Werbe- und Vollprogrammkanäle; das bedeutendste deutschsprachige Unternehmen dieser Art ist heute die ProSiebenSat1 Media AG in München. Um auf ihre angeblich qualitativ höherwertigen Programme aufmerksam zu machen, starteten die öffentlich-rechtlichen Rundfunkanstalten ZDF und die in der ARD zusammengeschlossenen Sender 1989 eine gemeinsame Eigenwerbung: »Bei ARD und ZDF sitzen Sie in der ersten Reihe.« Die Kampagne stammt von der führenden amerikanischen Werbeagentur Young & Rubicam, deren deutsche Tochter in Frankfurt arbeitet.

Y & R entwickelte auch die Slogans »Ich geh' meilenweit für eine Camel«, »Milka, die zarteste Versuchung, seit es Schokolade gibt« und »Das Gute daran ist das Gute darin« für das Konservengemüse von Erasco.

Man gönnt sich ja sonst nichts

Der Werbespot der Agentur FCB Wilkens aus dem Jahr 1989 für die Spirituose Malteserkreuz Aquavit kam mit zwei einfachen Sätzen aus. Man sieht, wie ein Tablett mit eingeschenkten Aquavitgläsern ins Bild kommt. Dann folgt eine Stimme aus dem Off: »Malteserkreuz, Herr Strack?« Günter Strack nimmt ein Glas vom Tablett und sagt: »Man gönnt sich ja sonst nichts.« Kaum ein anderes Werbezitat wurde in der Alltagssprache als Umschreibung für die angenehmen Seiten des Lebens so allgegenwärtig. Es wurde auch noch mit einigen anderen bekannten Schauspielern verfilmt.

Nicht immer, aber immer öfter

Die ehemalige Bergbaustadt Clausthal im Harz ist in der Tat die Namensheimat des in Frankfurt gebrauten ersten alkoholfreien Bieres. »Claus-Bräu« war die Marke der Städtischen Brauerei Clausthal. Sie wurde von der Frankfurter Binding-Brauerei übernommen, die wiederum seit 2002 zur Radeberger-Gruppe gehört, dem größten Biersudhaus Deutschlands. 1979, noch zur Binding-Zeit, wurde »Clausthaler« als das erste alkoholreduzierte Bier auf den Markt gebracht – übrigens nach einem hochgeheimen, patentierten Verfahren, bei dem der Alkohol dem Vollbier nicht im Nachhinein entzogen wird, sondern gar nicht erst entsteht. Clausthaler war von Anfang an ein Binding-Produkt aus Frankfurt.

Auf der in den 1980er-Jahren einsetzenden gesundheitsbewussten und sportlichen Lifestyle-Welle gewann der Alkoholfrei-Trend allmählich an Fahrt und die Marke internationalisierte sich. Aber erst eine seit 1990 lancierte, erfolgreiche Kampagne mit dem Slogan »Nicht immer, aber immer öfter« pushte den Ausstoß auf über eine Million Hektoliter und im Jahr darauf auf einen Rekordabsatz von 1,5 Millionen Hektoliter. »Nicht immer, aber immer öfter« stammt von dem 1994 verstorbenen Werbemann Horst Kitschenberg – seinerzeit mit der Clausthaler-Verkaufsförderung befasst –, dem der Slogan, mit dem sich so viele Situationen des Alltags in leicht ironischem Unterton beschreiben lassen, eher en passant einfiel. Alkoholfreie Biere haben insgesamt einen Marktanteil von ca. drei Prozent am Biermarkt. Das Glücksversprechen von »immer öfter« lässt sich also noch steigern.

Risiken und Nebenwirkungen

»Zu Risiken und Nebenwirkungen lesen Sie die Packungsbeilage und fragen Sie Ihren Arzt oder Apotheker« ist seit 1994 der meistzitierte Satz aus der Arzneimittelwerbung. Gesetzliche Grundlage ist § 4 Absatz 3 des Heilmittelwerbegesetzes in der Fassung vom 19. Oktober 1994. Neben seiner praktischen Bedeutung (da die Packungsbeilage wegen Unverständlichkeit meist nicht gelesen wird) handelt es sich auch um eine der bedeutendsten philosophischen Aussagen der Gegenwart. Denn was ist in unserem extrem vernetzten Dasein nicht ohne Risiken und Nebenwirkungen? Von der Arzneimitteleinnahme über Sex, Autofahren bis hin zur Internetnutzung? Rauchen und Sport sind sowieso riskant und fast jede denkbare berufliche Tätigkeit, Süßigkeiten essen auch ... selbst Bücher zu lesen kann Risiken und Nebenwirkungen bergen, wie man seit Goethes *Werther* weiß – nach dessen Lektüre brachten sich viele junge Männer aus Liebeskummer um. Fast alles im Leben ist mit Risiken und Nebenwirkungen verbunden. Dementsprechend häufig wird der Satz in jedem nur denkbaren Zusammenhang zitiert. Warnung: Ein entsprechender Vermerk fehlt auf diesem Buch.

Fakten, Fakten, Fakten

Die seit dem Ersterscheinen 1993 viele Jahre hindurch von ihrem damaligen Chefredakteur und jetzigen Herausgeber Helmut Markwort persönlich vorgetragene Werbung für das Nachrichtenmagazin *Focus* geht zurück auf den Ausspruch des legendären Hollywood-Filmzaren Samuel Goldwyn (1882–1974). Er war unter anderem Mitbegründer von MGM (Metro-Goldwyn-Mayer), der Filmproduktionsfirma mit dem brüllenden Löwen. Goldwyn, der für seine scharfe Zunge bekannt war, hatte einmal über eine Werbeanzeige geäußert: »That's the kind of ad I like. Facts, facts, facts.« (Diese Art von Werbung gefällt mir sehr. Fakten, Fakten, Fakten.)

Da werden Sie geholfen

Also sprach die durch das Fernsehen und vielfache Unterhaltungs- und Werbeaktivitäten bekannte Verona Feldbusch (heutiger Name Verona Pooth) 1997 für die Telefonauskunft Telegate (11 880). Das Drehbuch für den Spot stammte von der Agentur Heye & Partner. H & P entwickelte auch den Slogan **Vollendet veredelter Spitzenkaffee** (Dallmayr Prodomo, 1988).

Wir können alles. Außer Hochdeutsch.

Der Slogan der baden-württembergischen Landesregierung stammt
von Sebastian Turner (*1966). Der Sohn des ehemaligen Präsiden-
ten der Westdeutschen Rektorenkonferenz und ehemaligen Wissen-
schaftssenators von Berlin, George Turner, ist ein in Deutschland
und den USA ausgebildeter Politologe, Betriebswirtschaftler und
Journalist. Er absolvierte zunächst eine akademische Laufbahn, war
dann als Journalist tätig und gründete nach der Wende in Dresden
eine Agentur, die Teil der erfolgreichen Scholz & Friends-Gruppe
ist. Der Slogan »Wir können alles. Außer Hochdeutsch« und die dazugehörige Kampagne der Agentur war zunächst gleichlautend der
sächsischen Landesregierung angeboten worden. Seit 1999 warb sie
dann für das Land Baden-Württemberg als Wirtschaftsstandort und
hob dessen Lebensqualität hervor.

Auch die FAZ-Kampagne »Dahinter steckt immer ein kluger Kopf«
stammt von Turner. Mit dem Motto »Deutschland – Land der Ideen«
(2005), das von dem damaligen Bundespräsidenten Horst Köhler
aufgegriffen und propagiert wurde, macht Turner auch Werbung
für Deutschland. Übrigens war Turner auch an der seit 2008 lau-
fenden Sympathie-Kampagne für das Bahnprojekt »Stuttgart 21«
(»Das neue Herz Europas«) federführend beteiligt. Die Betreiber des
Projekts ließen sich das einen »knapp sechsstelligen Betrag« kosten.

Scholz & Friends, ohnehin eine der großen Agenturen in Europa,
wurde 2011 von dem britischen Werberiesen WPP übernommen. Im
Konsumbereich ist sie unter anderem bekannt durch **Die Kraft der
zwei Herzen** (Doppelherz). Auch »Heute ein König« (König-Pilsener),
»Ist die Katze gesund, freut sich der Mensch« (Kitekat), »Jede Woche
eine neue Welt« (Tchibo) sind eigentlich Kandidaten für die Aufnahme in die Hall of Fame der Redewendungen.

Bacardi Feeling

Seit den 1980er-Jahren setzt die Werbung vor allem in den audiovi-
suellen Medien Kino und Fernsehen zunehmend auf Emotionalisierung und positive Stimmungsmache. Das »Bacardi-Feeling« wurde
dafür zum Stichwort und Inbegriff. Es soll Partystimmung und Feri-
enlaune vermitteln. Die musikalische Tonspur für die Bacardi-Wer-

bung, *Summer Dreaming*, als reine Werbemusik entstanden, wurde der Sommerhit des Jahres 1991. Die Sängerin Kate Yanai (*1956) hat sonst keine Platten aufgenommen. Zusammen mit schönen Bildern wird jegliche verbale Aussage überflüssig. Ganz ähnlich entstand für Langnese *Like ice in the Sunshine* (1986) von Beagle Music Ltd., einer deutschen Firma für Werbejingles und Werbemusik. Die Eiscreme-Firma verwendete ferner den bereits 1966 von dem Amerikaner Mark Sebastian geschriebenen Song *Summer in the city* der Band The Lovin' Spoonful in der Coverversion von Joe Cocker (1994). Der Song war übrigens unter anderem schon im ersten, gleichnamigen Wim-Wenders-Film zum Einsatz gekommen, ferner in einer *Simpsons*-Episode, in einem Bruce-Willis-Film sowie in Werbespots für die Kaufhauskette Marks & Spencer und die holländische Biermarke Grolsch. Joe Cocker beschallte auch die nach dem gleichen Strickmuster gebaute *Sail-away*-Kampagne für Beck's Bier (s. S. 223).

Die aktuell bekanntesten Slogans

Ich bin doch nicht blöd

ist der gegenwärtig (2010) bekannteste Werbeslogan in Deutschland, und sogar annähernd die Hälfte der Deutschen wissen, dass damit das Elektrogeräte-Kaufhaus Media Markt beworben wird. Das Werbebudget beläuft sich auf deutlich über 150 Millionen Euro.

Nummer zwei in der Bekanntheitsrangliste ist:

Nichts ist unmöglich …

Der weltweit führende japanische Automobilhersteller Toyota galt in Managerkreisen lange Zeit als vorbildliches Unternehmen, weil die Firma schon in den 1950er-Jahren ein umfassendes und sich ständig selbst erneuerndes und sich kritisch infrage stellendes Produktions- und Qualitätsmanagement-System entwickelt hatte (»Kaizen«). Kaizen wurde von vielen anderen Herstellern – auch ganz anderer Branchen – übernommen und war immer wieder Gegenstand zahlloser betriebswirtschaftlicher Untersuchungen. Toyota galt als besonders zuverlässig, die Autos als umweltfreundlich. Bis zur Pannenserie wegen angeblich klemmender Gaspedale und wegen Bremsproblemen in den USA schien für Toyota in der Tat nichts unmöglich. Der Slogan stammt von der Agentur BMZ.

Geht nicht, gibt's nicht

Bau- und Heimwerkermärkte sind neben Elektromarktketten *das* natürliche Habitat der Männer in allen westlichen Kulturen. Hast du ein Problem: Wie kriege ich die Löcher in die Wand? Männer haben kein Problem: »Geht nicht, gibt's nicht«, lautet die geniale Vereinfachung aller Männerprobleme. Die Baumarktkette Praktiker mit Sitz im Saarland verwendete diesen Slogan nur vergleichweise kurze Zeit von 2000 bis 2003, gleichwohl ist er ungeheuer populär geworden. Die seinerzeit bedeutende Werbeagentur Springer & Jacoby entwickelte den Vier-Wörter-Satz aus der ursprünglichen Idee »Nicht jeder hat das Zeug dazu« – was sehr geistreich, aber ein bisschen um die Ecke gedacht war. Gemeint war natürlich: Praktiker hat das Zeug, das du brauchst, um deine Probleme zu lösen. Die schließlich gefundene Formulierung hat trotz zweimaliger Verwendung des Wortes »nicht« eine bestechend positive Aussage.

Geiz ist geil

Ähnlich wie »Ich bin doch nicht blöd« wendet sich »Geiz ist geil« (von 2003 bis 2007 für die Elektrokette Saturn) gezielt an den verantwortungsbewussten, konsumkritischen Verbraucher, der genau weiß, welchen ungeheuren Wasserverbrauch er sich durch einen elektrischen Eierkocher erspart. Media Markt und Saturn gehören heute übrigens zum gleichen Handelskonzern (Metro). Auch der Musiktitel aus dem Jahr 1986, mit dem die Werbung unterlegt ist, hieß *Geil* (von Bruce & Bongo). Der Slogan wurde zum Inbegriff einer fast nur noch am niedrigen Preis orientierten »Billig«-Mentalität der Verbraucher, die auf Service und Qualität kaum mehr Wert legen.

Der Slogan wurde von Constantin Kaloff (*1963) von der Agentur Jung von Matt entwickelt. Kaloff ist einer der namhaften deutschen

Werbekreativen. Nach seinem Engagement bei Jung von Matt arbeitete er zwei Jahre lang bei Scholz & Friends.

Wohnst du noch oder lebst du schon?

Der von der Agentur Weigert pirouz wolf 2002 für Ikea entwickelte Spruch ist mittlerweile in jeder denkbaren Abwandlung »Xy du noch oder Yz du schon?« in Umlauf. Beispielsweise: »Arbeitest du noch oder verdienst du schon?« – um eine der harmloseren Versionen zu nennen.

Das höchste der Gefühle
Zitate aus Opern & Musicals

Zitate aus Opern & Operetten

Manche Zitate in diesem Kapitel stammen aus heiteren musikalischen Bühnenwerken, die man gelegentlich auch als »Operette« bezeichnet. Eine wissenschaftlich exakte Unterscheidung zwischen Oper und Operette gibt es aber nicht. Alle Zitate stammen aus einer musikalisch unterlegten Bühnenhandlung.

Das höchste der Gefühle

»Der Vogelfänger bin ich ja, / Stets lustig, heißa! hopsasa«, stellt sich Papageno in der zweiten Szene des 1. Aktes von Mozarts *Zauberflöte* aus dem Jahr 1791 selbst vor. Der mit Federn geschmückte Dampfplauderer (»Pa-pa-papageno«) ist eine der beliebtesten Opernfiguren überhaupt. Er redet gleich zu Beginn so viel dummes und auch lügenhaftes Zeug, dass er sogleich ein Schloss vor den Mund bekommt. Seine immerwährende Sehnsucht nach Liebe (»Ein Netz für Mädchen möchte ich«, 1. Akt; »Ein Mädchen oder Weibchen / wünscht Papageno sich!« 2. Akt) wird am Schluss natürlich erfüllt. Er bekommt seine Papagena, nachdem er sich aus Verzweiflung angesichts der turbulenten Handlung in der Oper beinahe das Leben genommen hätte. Unmittelbar vor Schluss jubeln die beiden glücklich vereint und singen – erstmals im Duett »Es ist das höchste der Gefühle«, womit bei diesen beiden gemeint ist: »Wenn die Götter uns bedenken / Unserer Liebe Kinder schenken.« »Das höchste der Gefühle« ist also die Elternschaft, mit allem, was dazu beiträgt.

In der Oper sind Papageno und Papagena das »niedere Paar«, in bewusster Gegenüberstellung zum »hohen Paar« Tamino und Pamina. Die beiden werden zwar auch von Liebesschauern durchrieselt (»Die Bildnis ist bezaubernd schön«), doch das als weise Herrscher auserkorene Prinzenpaar ist edel, hold und rein und zuletzt auch noch freimaurerisch geläutert, so dass man sich den Vollzug des »höchsten der Gefühle« bei ihm nicht so recht vorstellen kann.

In diesen heil'gen Hallen

In der berühmten, über und über mit Koloraturen verzierten Arie der Königin der Nacht *Der Hölle Rache kocht in meinem Herzen* in Mozarts *Zauberflöte* fordert die Königin ihre ganz und gar unschuldige Tochter Pamina ziemlich unverblümt auf, Sarastro, der ihrer Macht im Weg steht, zu ermorden. Die Königin drückt Pamina sogar den Dolch dafür in die Hand. Pamina ist in diesem Augenblick wirklich von allen Seiten bedroht, denn im Hintergrund lauert schon der Mohr Monostatos, der sich an ihr vergehen will.

Gleich darauf verändert sich die Szene. Nur Sarastros schnelles Eingreifen verhindert, dass Monostatos Pamina etwas zuleide tun kann. Pamina bittet nun bei Sarastro auch um Gnade für ihre Mutter. Und in der Tat, Sarastro hat nicht vor, die Königin zu bestrafen, denn »In diesen heil'gen Hallen kennt man die Rache nicht«. Die kirchenliedartige, langsame und würdevolle E-Dur-Arie (»Hallenarie«) enthält die humanistische Kernaussage der Oper.

Mit den »heiligen Hallen« ist der Weisheitstempel beziehungsweise der Tempelbezirk gemeint, über den Sarastro herrscht. Das ist eine ziemlich freimaurerisch angehauchte Anlage, eigentlich ein Idealbild eines im Sinne der Aufklärung humanen Gemeinwesens. Sarastro (die italienische Form von »Zarathustra«) fungiert hier als Hohepriester beziehungsweise Präsident oder – freimaurerisch gesprochen – als Großmeister. Er unterzieht das »hohe Paar« Tamino und Pamina einem freimaurerischen Einweihungsritus, damit sie draußen in der Welt als geläutertes, weises und gerechtes Königspaar herrschen können.

Mozart und sein Librettist Emanuel Schikaneder waren selbst Freimaurer. Die Ideale der Freimaurerei in der Spätaufklärung waren Freiheit, Gleichheit, Brüderlichkeit, Toleranz und Humanität. Im karitativen Sinn äußerte sich dies in aktiver Nächstenliebe, in Wohltäterschaft und im ethischen Sinn im Verzicht auf Vergeltung. Der Einstellung ihrer beiden Autoren entsprechend enthält *Die Zauberflöte* viele freimaurerische Elemente. Die Weisheit der wahren

Humanität soll nach ihrer Ansicht durch spontan gefühlte Erkenntnis und gelebte Erfahrung erlangt werden. Deswegen soll Tamino in einer früheren Szene auch weder den Vernunfttempel (intellektuelle Einsicht, Schulwissen) noch den Naturtempel (Naturerkenntnis, Wissenschaft) betreten, sondern eben den Weisheitstempel. Das alles bewegende Motiv für diese Art von Humanität ist die Liebe, worauf in der Oper immer wieder hingewiesen wird. Als Verwandlungsmittel hin zu dieser Humanität, als Zaubermittel, dient in dieser Sicht vor allem auch die Musik.

Durch die Wälder, durch die Auen

Nachdem der geübte Jäger Max in Böhmen einen Schießwettbewerb gegen den Bauern Kilian verloren hat, wird er von der volksfestartig versammelten Schützengesellschaft ein bisschen verspottet und daraufhin leicht depressiv. Für Max geht es bei einem rituellen »Probeschuss« am folgenden Tag um die Nachfolge in der Erbförsterei, also um die Existenz. Und um die Hand der Försterstochter Agathe, also um die Liebe. Seine gedrückte Stimmung anlässlich seines Pechs beschreibt er gleich zu Anfang, als er sich daran erinnert, dass früher jeder Schuss für ihn ein Treffer war und er »leichten Sinns« »durch die Wälder, durch die Auen zog«.

Im Drama wie in der Oper geht es nicht ohne innere Widerstände, deswegen verliert Max unverzüglich sein »Gottvertrauen« und lässt sich unter den Einflüsterungen seines düsteren, zynischen Jägerkameraden Kaspar auf einen Teufelspakt ein. In der schaurigmalerischen »Wolfsschlucht-Szene« im 2. Akt werden dann zu mitternächtlicher Stunde unter Mithilfe des »schwarzen Jägers« Samiel, des Teufels, die »Freikugeln« gegossen, von denen »sechse treffen, sieben äffen«. Die ersten sechs sind also quasi mit Treffergarantie versehen. Die siebte lenkt der Böse wohin er will. Die unschuldige Agathe könnte das Opfer werden. Schaurige Romanzen dieser Art entsprachen ganz dem Publikumsgeschmack der damaligen Zeit. Einen Opernstoff in einer »deutschen« Försterhaus- und Waldszenerie anzusiedeln, war etwas Neuartiges und wandte sich bewusst gegen die seinerzeit noch vorherrschende Dominanz der italienischen Opern. (*Freischütz* spielt kurz nach dem Dreißigjährigen Krieg. Damals war Böhmen Teil des »deutschen« Reiches.) Daher wurde *Der Freischütz* (1821) auch sogleich als eine »deutsche Nationaloper« gefeiert, die Gesangsnummern schnell populär, wie der ebenfalls begeisterte, zu der Zeit noch jugendliche Richard Wagner berichtet.

Der Freischütz, eine in jeder Hinsicht vorbildliche romantische Oper, ist das bekannteste Werk von Carl Maria von Weber (1786–1826), der verwandtschaftlich und von der musikalischen Ausbildung her eng mit der Mozart-Haydn-Szene verbunden war. Seine Hauptwirkungsstätte war Dresden, wo er den modernen Dirigenten und den Taktstock sozusagen erfunden hat. Uraufgeführt wurde *Der Freischütz* allerdings 1821 im Schauspielhaus am Gendarmenmarkt in Berlin. Autor des Librettos ist Johann Friedrich Kind (1768–1843), der zuvor als Rechtsanwalt und Journalist gearbeitet hatte.

Auch ich war ein Jüngling mit lockigem Haar

Der Waffenschmied (1846) ist eine Liebes- und Verkleidungskomödie um den Grafen von Liebenau, der sowohl als Graf wie in der Verkleidung eines Schmiedegesellen um Marie, die Tochter des Waffenschmiedes Stadinger, wirbt. Die Handlung beruht auf einem beliebten Lustspiel jener Zeit mit dem Titel *Liebhaber und Nebenbuhler in einer Person*, was die wesentliche Konstellation bündig umschreibt. Stadinger will die Hand seiner Tochter weder dem Grafen noch dem »Gesellen« geben. Auch Marie ist unschlüssig, welchem von »beiden« sie den Vorzug geben soll. Vor lauter Hin und Her kommt es zu regelrechten Tumulten. Nach einer gehörig durchzechten Feier zu seinem 25-jährigen Meisterjubiläum willigt Stadinger auf Druck des hohen Rats der Stadt Worms in die Vermählung ein und erinnert sich während des Brautzuges zur Kirche im 3. Akt an seine eigene Jugend: »Auch ich war ein Jüngling mit lockigem Haar.«

Albert Lortzing (1801–1851), der aus einer Schauspielerfamilie stammte und von Kindesbeinen an selbst als Schauspieler und Sänger auf der Bühne stand, verfasste die Libretti zu seinen Opern selbst, aber der Text zu dem Jünglingslied stammt von seinem Freund Philipp Jakob Düringer. Lortzings berühmteste Oper *Zar und Zimmermann* um Zar Peter den Großen war schon 1837 herausgekommen und hatte ihn bekannt gemacht. Als Republikaner stand der beim Publikum sehr beliebte und mit seinen Opernproduktionen stets erfolgreiche Lortzing in ständiger Auseinandersetzung mit der Theaterzensur während der Biedermeierzeit.

Mein lieber Schwan

Die verwaiste Fürstentochter Elsa von Brabant befindet sich in ärgster Bedrängnis. Sie wird vor dem Gericht unter dem Vorsitzenden Richter König Heinrich von dem familienfremden Thronprätendenten Telramund beschuldigt, ihren jüngeren Bruder Gottfried entführt und womöglich umgebracht zu haben, um »offen des geheimen Buhlen pflegen« zu können. Hilflos und verzückt blickt die unschuldige Elsa in die Runde und hofft auf den Ritter/Retter, der für sie streiten soll – denn sie hat ihn bereits im Traum gesehen. Dann geschieht tatsächlich das Wunder am Ufer der Schelde: »Ein Schwan zieht einen Nachen dort heran!«, ruft der Chor (das Volk), und in dem Nachen steht der ersehnte Ritter in silberschimmernder Wehr. In die erstaunte Stille hinein verabschiedet der Ritter den Schwan mit den Worten: »Nun sei bedankt mein lieber Schwan! Zieh durch die weite Flur zurück [...] kehr wieder nur zu unsrem Glück« – womit der Spannungsbogen für die gesamte Oper *Lohengrin* von Richard Wagner aufgebaut ist.

Denn das Publikum fragt sich: Was ist in Wahrheit passiert? Werden die beiden ein Paar?

Nie sollst du mich befragen

noch Wissens Sorge tragen. / Woher ich kam der Fahrt, / noch wie mein Nam' und Art« stammt ebenfalls aus der oben beschriebenen Szene aus *Lohengrin*. Natürlich besteht in so einer Situation Erklärungsbedarf, aber nachdem der Ritter Elsa auferlegt hat, nie nach seinem Namen zu fragen, weist er lediglich den vorlauten Telramund in die Schranken, womit alle zufrieden sind. Dann wird umgehend die Hochzeit zwischen Elsa und dem Ritter vorbereitet. Nachdem die beiden zu Beginn des 3. Aktes ins Brautgemach »treulich geführt« wurden und nun endlich allein sind, kann sich Elsa nicht mehr bremsen und fragt ihren Bräutigam doch nach seinem Namen.

Richard Wagner (1813–1883) hat sich in seinen als Großallegorien angelegten Opern vieler Mythen und Legendenmotive bedient und daraus eigenständige Werke geformt. Die Einbettung in mittelalterliche Szenerien entsprach dem Zeitgeschmack und die locker adaptierten Legendenstoffe ermöglichten es, eine Handlung auf die Bühne zu bringen. Beim *Lohengrin* handelt es sich um Wagners erstes durchkomponiertes Musikdrama (Uraufführung 1850), eine Gattung, die er neu erfunden hat. Im Mittelpunkt steht in der Tat das Frageverbot. Dahinter verbirgt sich der Gedanke, dass es für den Menschen unmöglich, ja »tödlich« ist, Gott oder die Sphäre des Göttlichen zu erkennen. Dementsprechend erzählt der Ritter, dessen Namen wir nicht nennen, am Schluss der Oper über seine Herkunft: »In fernem Land, unnahbar euren Schritten, liegt eine Burg, die Monsalvat [= Berg der Erlösung] genannt. Ein lichter Tempel [!] stehet dort inmitten.« Und was sich dort an Wunderbarem alles ereignet, kann der Mensch eben nicht »schauen« (lateinisch *videre* = sehen entstammt der gleichen Wortwurzel wie die »Veden« das »heilige Wissen« der Inder). Der Mensch kann und darf es also nicht wissen. Die »heil'ge Kraft« kann daher auch nur unerkannt, unwissentlich, also gnadenhalber gewährt werden und wirken. Auch der Ritter, der dem Gral dient, darf nicht erkannt werden, denn – so erklärt er den Umstehenden in der letzten Szene des *Lohengrin* – »Erkennt ihr ihn – dann muss er von euch ziehen«. Der Ritter leitet also am Schluss umgehend die Scheidung von Elsa ein.

La donna è mobile

Die meisten kennen und verstehen diese Arienzeile aus Giuseppe Verdis *Rigoletto* – auch diejenigen, die kein Italienisch können oder sich nicht so sehr für Oper interessieren. Für diejenigen Leser, die mitsingen wollen, lautet der vollständige Satz: *La donna è mobile, qual piuma al vento* (Frauen sind unbeständig, gleich einer Feder im Wind). In der Oper wird die Arie intoniert vom Herzog von Mantua, in dem Augenblick, als er – nichtsahnend einem Mordanschlag entgangen – eine Schenke verlässt, wo Rigolettos Tochter Gilda kurz darauf an seiner Stelle erstochen wird. Das Spottlied des Herzogs auf die Frauen steht also in völligem Kontrast zu dem tragisch-dramatischen Höhepunkt der Oper.

Der Gedanke *Varium et mutabile semper femina* wurde schon in der Antike von dem Dichter Vergil in seinem Rom-Epos *Aeneis* vorformuliert: »Wankend und veränderlich ist stets die Frau.« Weniger vornehm ausgedrückt: Sie sind launisch. In der *Aeneis* wollte die karthagische Königin Dido eigentlich ihrem verstorbenen Mann treu bleiben. Sie hatte sich dann aber mit dem Trojaner-Prinzen und späteren Rom-Gründer Äneas eingelassen, der auf seiner Kreuzfahrt im Mittelmeer einen Zwischenstopp bei Karthago eingelegt hatte. Die beiden hatte es zwar schwer erwischt, aber den Göttern war wohl doch zu unsicher, wie sich Dido letztlich entscheiden würde, und sie mahnten Äneas via Traumbild zum Aufbruch. Er hatte ja noch eine Mission in Rom zu erfüllen.

Die geläufige deutsche Übersetzung der Textzeile aus *Rigoletto* »O wie so trügerisch sind Weiberherzen« trifft es daher nicht ganz genau, denn sie unterstellt so etwas wie eine böse Absicht. Was natürlich nie zutrifft.

Verdi (1813–1901) komponierte die Oper auf Bestellung des Teatro La Fenice in Venedig für die Karnevalssaison 1851. Den Text erstellte der Librettist Francesco Maria Piave (1810–1876), der mehrere Operntexte für Verdi schrieb. Als Vorlage diente die Novelle *Le roi s'amuse* von Victor Hugo, dem berühmten Autor des *Glöckner von Notre-Dame*. Novelle und Oper sind deftige, mit starken Effekten arbeitende Schauerstücke, in denen Intrigen, Verkleidungen, Entführungen und Rachsucht die wesentlichen Elemente bilden. Die gesamte Handlung wird bestimmt durch die Verfluchung eines der vom Herzog gehörnten Ehemänner.

Die österreichische Zensur hatte viel an dem Stück auszusetzen. (Venedig gehörte damals, wie große Teile Norditaliens, zum österreichischen Kaiserreich.) Nach den Vorstellungen der damaligen Zeit durfte ein Herrscher nicht als Frauenverführer und Wüstling dargestellt werden. Das galt als Gesellschafts- und Systemkritik. Fürsten hatten erhaben und würdig zu erscheinen. In Hugos Novelle war der *Roi* noch ein historischer König (der Renaissance-Herrscher Franz I.), auch dessen Hofnarr Triboulet war eine historische Figur. Sie wurden zu einem fiktiven Herzog von Mantua und Rigoletto (italienisch = Spaßvogel) verändert. Die Theaterleitung und Verdi hatten selbst Bedenken, ob eine bucklige Außenseiterfigur wie der Hofnarr Rigoletto vom Publikum akzeptiert würde. Aber das war kein Problem. Die Oper wurde sogleich ein triumphaler Erfolg, die »realistische« Darstellungsweise akzeptiert. Der Sänger der Arie *La donna è mobile* musste diese bis zur Uraufführung geheim halten, damit sie nicht vorzeitig als Opernschlager bekannt würde, zu dem sie dann auch umgehend wurde.

Die Macht des Schicksals

Die Vorlage für die von Francesco Maria Piave (1810–1876) verfasste Verdi-Oper war ein Schauspiel des spanischen Dramatikers Ángel de Saavedra y Ramírez de Baquedano (1791–1865) mit dem Titel *Don Álvaro o la fuerza del sino* aus dem Jahr 1835. Don Alvaro ist ein junger Halb-Inka, Geliebter der spanischen Adelstochter Leonora. Dass diese Beziehung nicht gut ausgehen kann, lag angesichts des Migrationshintergrundes des Geliebten für das damalige Publikum gleichsam auf der Hand. Gleich zu Beginn verzögert ausgerechnet die gegenseitige Versicherung der beiden Liebenden, dass keine Macht des Schicksals sie trennen könne, die geplante gemeinsame Flucht. Leonoras Vater erscheint und wird bei dem unweigerlich ausbrechenden Streit durch einen sich versehentlich lösenden Pistolenschuss getötet. Sterbend verflucht er seine Tochter – Flüche sind ein bei Verdi häufig verwendetes dramaturgisches Mittel (s.a. »La donna è mobile«, S. 246). Der Rest ist eine Geschichte von getrennter Flucht und Vertreibung, Zuflucht in Klöstern und allerlei Zufällen und Ungereimtheiten. Die Wiedervereinigung am Schluss erfolgt angesichts der Tragik des Ganzen nur, damit Leonora vom eigenen Bruder, der sie die gesamte Oper hindurch aus Rachsucht gesucht hat, mit dessen letztem Atemzug erstochen werden kann, nachdem er selbst von Don Alvaro im Zweikampf tödlich verwundet wurde – Macht des Schicksals einer verkorksten Operndramaturgie.

Verdis Stammlibrettist Piave verfasste dazu das Textbuch; der im Allgemeinen wenig libretto-kritische Verdi konnte die Ungereimtheiten des Stücks selbst kaum ertragen. Die gleichwohl gefeierte Uraufführung fand 1862 in St. Petersburg statt.

Glücklich ist, wer vergisst, was doch nicht zu ändern ist

Die Silvester-Operette schlechthin im deutschsprachigen Raum mit spritzigen Dialogen und moussierenden Melodien von Johann Strauß (1825–1899) ist *Die Fledermaus*, das bekannteste Bühnenwerk des Wiener Walzer-Königs. *Die Fledermaus* spielt zwar keineswegs explizit am Silvesterabend, wird aber wegen des im Verlauf der Handlung reichlich genossenen Champagners und wegen des leicht frivolen, komödiantischen Spiels von den Opernhäusern an diesem Tag gerne ins Programm genommen – oder während des Karnevals.

Gabriel von Eisenstein, von Beruf: wohlhabend, soll wegen Beamtenbeleidigung eine achttägige Arreststrafe antreten, wird aber unmittelbar zuvor von seinem Freund, dem Notar Dr. Falke, zu einem Fest bei dem reichen russischen Großfürsten Orlofski mitgenommen. Falke und Eisenstein freuen sich klammheimlich auf die vielen dort vermuteten »Ballerinen« und »angehenden Künstlerinnen«, damals ein Synonym für außereheliche Vergnügungen.

Davon ausgehend, ihr Mann begebe sich bereits in den achttägigen Arrest, hat Eisensteins Gattin Rosalinde ihn mit Krokodilstränen verabschiedet, freut sich ihrerseits nun aber schon auf den Besuch ihres Verehrers, den Gesangslehrer Alfred. Kaum hat ihr der Galan seine Aufwartung gemacht, erscheint der Gefängnisdirektor Frank, um den geschätzten Arrestling standesgemäß in seiner Kutsche abzuholen. Um keinen Skandal zu verursachen, muss sich Alfred als Eisenstein ausgeben und abführen lassen. Resigniert nehmen Rosalinde und Alfred angesichts dieses von Vergnügen zu Missvergnügen gewendeten Schicksals Abschied: »Glücklich ist, wer vergisst, was doch nicht zu ändern ist!«

Chacun à son goût

Im 2. Akt der *Fledermaus* (s.o.) tauchen alle bereits genannten Akteure wieder auf, außer dem armen Alfred, der an Eisensteins Stelle im Arrest schmachten muss. Sie werden von dem Gastgeber Prinz Orlofski in seiner Villa begrüßt: »Ich lade gern mir Gäste ein.« Orlofski bekennt, dass er sich trotz der von ihm veranstalteten rauschenden Feste »oft bis zum hellen Tag« dabei langweilt, »was man auch treibt und spricht«. Um die Stimmung stets auf dem Siedepunkt zu halten, darf sich bei ihm jeder amüsieren, wie er mag (*chacun à son goût*), unter der einzigen Bedingung, dass viel getrunken wird: »Und schenke Glas um Glas ich ein, duld ich nicht Widerspruch.«

Einer der köstlichsten von vielen wunderbaren Einfällen und Dialogen in dieser Operette ist die anschließende Begegnung zwischen Eisenstein und Rosalinde, die mit einer Maske als »ungarische Gräfin« auf dem Fest erscheint. Eisenstein ist von der »schönen Unbekannten« entzückt und macht seiner eigenen Frau wie ein Verführer den Hof. »Die Fledermaus« ist Dr. Falke, Eisensteins Freund, der die ganze Kabale eingefädelt hat, um sich für einen »Scherz« zu rächen, bei dem Eisenstein ihn nach einem Maskenball in seinem Fledermauskostüm bloßgestellt hat.

Der als Walzer- und Polka-Komponist sehr geschätzte und erfolgreiche Johann Strauß hatte sich erst nach langem inneren Zögern und letztlich dank der Aufmunterung des in Paris mit seinen komischen Opern so erfolgreichen Jacques Offenbach zur Komposition eines Bühnenwerks entschlossen. Den Ausschlag gab das geniale Textbuch von Carl Haffner (1804–1876) und Richard Genée (1823–1895), zwei im besten Sinne des Wortes routinierten Librettisten. Für die Handlung fusionierten sie Elemente aus zwei erfolgreichen Bühnenstücken. Strauß war davon sofort hingerissen und komponierte offenbar in relativ kurzer Zeit die Melodien. Die Uraufführung wurde zeitlich nur gering durch den Wiener Börsenkrach am »Schwarzen Freitag« 1873 verzögert, dem Auslöser jener ersten Weltwirtschaftskrise, mit der die Gründerzeit endete. Gerade die verschwenderische und genusssüchtige Leichtlebigkeit dieser soeben stark angekratzten Belle Epoque, in der die bürgerliche Moralfassade gleichwohl nach außen noch hochgehalten wurde, bildet den Hintergrund der wahrhaft göttlichen Komödie *Die Fledermaus*.

Auf in den Kampf

Die betörend schöne Carmen weiß um ihre Wirkung auf Männer, genießt ihre Freiheit und will sich durch die Liebe nie einengen lassen. Obwohl er sich anfangs unbeeindruckt gibt, ist auch der einfache, unerfahrene Sergeant José von Carmen hingerissen. Carmen zögert zunächst, ob sie sich auf ihn einlassen soll. In einer durch Wein und

Tanz aufgepeitschten Stimmung in einer Schenke verdreht Carmen ihm schließlich den Kopf, obwohl sie der kurz zuvor mit demonstrativem Selbstbewusstsein aufgetretene Torero Escamillo auch nicht unbeeindruckt gelassen hat. Bei seinem schmissigen ersten Auftritt zu Beginn des 2. Aktes vergleicht Escamillo den Mut des Toreros mit dem Kampfesmut von Soldaten: *Toréador, en garde!* (wörtlich: Sei wachsam und zum Kampf bereit, Torero). Wobei die Fortsetzung des Arientextes »Die Liebste wartet schon, und […] verheißt dir süßen […] Liebeslohn« die bestimmte Vermutung nahelegt, dass es sich hier um einen Kampf um die Frauengunst handelt.

Am Ende ersticht der rasend eifersüchtige José Carmen vor der Stierkampfarena, während von drinnen noch einmal das triumphale *Toréador, en garde!* erklingt.

Georges Bizet (1838–1875) war bereits schwer krank, als er die Musik zu *Carmen* schrieb. Er starb nur drei Monate nach der Uraufführung der Oper, die ihn unsterblich machen sollte. Allerdings war sie nicht sofort ein Erfolg, weil sie in ihrer sehr realistischen, modernen Erzählweise mit einer »skandalösen« Hauptfigur und weiteren Akteuren aus der Unterschicht (Fabrikarbeiterinnen, Schmugglern, einfachen Soldaten) sowie Außenseitern (Zigeunern) nicht den Erwartungen des Premierenpublikums entsprach. Außerdem hat die Oper alles andere als ein Happy End. Dennoch entwickelte sich *Carmen* zur beliebtesten Oper der Welt. Das Libretto stammt von den erfahrenen Theaterdichtern Henri Meilhac (1831–1897) und Ludovic Halévy (1834–1908), die auch für andere bekannte Komponisten wie Jacques Offenbach, Jules Massenet oder Johann Strauß Texte oder Handlungsvorlagen lieferten. Die Handlung der *Carmen* beruht auf der gleichnamigen literarischen Novelle von Prosper Mérimée (1803–1870). Bizet hat vor der musikalischen Komposition selbst sehr intensiv an der Ausarbeitung des Librettos mitgearbeitet.

Wie sich die Bilder gleichen

Die Tosca war eine der Glanzrollen von Maria Callas, die neben ihrer überragenden Gesangskunst wie kaum eine andere rasende Eifersucht und zarteste Liebe sowie feinsinnige künstlerische Empfindung in einer Person glaubwürdig verkörpern konnte – worauf es gerade in der *Tosca* in hohem Maße ankommt. Die berühmte Sängerin Floria Tosca liebt in dieser Oper den Maler Cavaradossi, der im 1. Akt gerade damit beschäftigt ist, in einer Seitenkapelle der Kirche Sant' Andrea della Valle in der Altstadt von Rom ein Altarbild zu gestalten. Die Kapelle wurde von der Adelsfamilie Attavanti gestiftet. Für seine Darstellung der Büßerin Maria Magdalena hat Cavaradossi eine unbekannte blonde Beterin in der Kapelle porträtiert. Cavaradossi zieht ein Medaillon-Bild seiner brünetten Geliebten Floria Tosca hervor und stellt fest, wie ähnlich sich die beiden Frauen sehen: *Recondita armonia di belleze diverse!* (wörtlich: Welch große Übereinstimmung zweier so verschiedener Schönheiten). In der geläufigen, der Musik angepassten Übersetzung: »Wie sich die Bilder gleichen.«

Sogleich erscheint auch Floria Tosca und macht ihrem Geliebten eine Szene, weil sie wiederum die Ähnlichkeit zwischen der Büßerin Magdalena auf dem Altarbild und einer stadtbekannten Gräfin, der Marchesa Attavanti, bemerkt hat. Voller Eifersucht vermutet sie sofort ein Liebesverhältnis zwischen »der Attavanti« und Cavaradossi, was allerdings völlig aus der Luft gegriffen ist. Cavaradossi hat vielmehr in den Wirren um das kurz zuvor von Napoleon besetzte Rom einen geflüchteten republikanischen Gefangenen versteckt. Im weiteren Verlauf von Giacomo Puccinis (1858–1924) hochdramatischer Oper aus dem Jahre 1900 entdeckt der skrupellose monarchische Polizeichef Scarpia Cavaradossis Verwicklung in die Flucht seines politischen Gefangenen.

Die lustige Witwe

Für manche Frauen soll das Leben erst lustig werden, wenn der Ehemann frühzeitig verstorben ist, insbesondere dann, wenn er reich war. So ist es im Prinzip auch für die pontevedrinische Bankierswitwe Hanna Glawari, deren Gatte schon in der Hochzeitsnacht das Zeitliche gesegnet hat. Die schöne und geistreiche junge Witwe wäre nun »frei« für Graf Danilo, der sie bereits liebte, als sie noch ein einfaches Bauernmädchen war, sie damals jedoch aus Standesgründen nicht ehelichen durfte. In Paris begegnen sich die beiden wieder, doch Danilo zögert, ihr einen Antrag zu machen. Alle anderen

Männer – sehr viele – machen Hanna nur wegen ihres Geldes den Hof. Danilo liebt sie noch, doch er fürchtet, sie könnte ihn für einen Mitgiftjäger halten. Erst als Hanna durchblicken lässt, dass sie im Falle einer Wiederverheiratung ihr Vermögen verliert, also wieder »arm« ist, gesteht Danilo ihr seine Liebe. Hanna hat ihm allerdings verschwiegen, dass ihr Vermögen im Falle einer Wiedervermählung an ihren Ehegatten fällt. Das Geld bleibt also »in der Familie«.

Franz Lehárs (1870–1948) mitreißende Operette sprüht mit Gesangsnummern, von denen viele zu Schlagern wurden: *Da geh ich zu Maxim; Lippen schweigen; Ja, das Studium der Weiber ist schwer.* Dem überaus erfolgreichen und mehrmals verfilmten Stück liegt ein Lustspiel von Henri Meilhac (1831–1897) zugrunde. Meilhac hat mehrere erfolgreiche Operntexte für Jacques Offenbach verfasst sowie das Libretto für *Carmen* (s. S. 251). *Die lustige Witwe* wurde 1905 in Wien uraufgeführt. Es war die Zeit, als starke Frauen titelgebend die Opernbühne betraten. Die erste war *Carmen* (1875). Bei Richard Strauss traten Frauen in der Titelrolle zunächst noch etwas verschleiert auf, als biblische (*Salome* 1905) oder mythologische (*Elektra* 1909) Figuren, später dann auch als weltweise Marschallin, der Hauptfigur im *Rosenkavalier* (1911), der bekanntlich auch eine Sopran-Rolle ist.

Titel von Musicalsongs, die zu Redewendungen wurden

Anything goes

Der Titel der »Musical Comedy«, wie es damals noch hieß (später einfach: Musical) ist mittlerweile zum philosophischen Begriff avanciert. Cole Porter komponierte und textete für sein 1934 in New York uraufgeführtes Musical die Gesangsnummern, zu denen neben *Anything goes* auch das nicht minder berühmte *I get a kick out of you* zählt, das allerdings nicht redensartlich wurde.

Auf einem Transatlantikdampfer mit dem beziehungsreichen Namen *S. S. America* reist eine buntgemischte Gesellschaft teils zwielichtiger, teils ehrwürdiger Gestalten nebst einem blinden Passagier, der im Lauf der Handlung in allerlei Verkleidungen schlüpft und verschiedene Identitäten annimmt. Mehrere mehr oder weniger liierte Paare tauschen im Verlauf der turbulenten Reise die Partner und finden damit jeweils den Richtigen oder die Richtige. Der Songtext beschreibt an einer Fülle von Beispielen, dass heutzutage nichts mehr unmöglich ist: *Anything goes.*

Cole Porter (1891–1964) war einer der produktivsten, erfolgreichsten und witzigsten Autoren von Unterhaltungsmusik (und Texten). Er schuf rund vierzig Musicals und zahlreiche Evergreens, die zum Repertoire großer Weltstars gehörten. *Kiss me, Kate* (s. u.) war sein letzter großer Erfolg.

Der aus Österreich stammende Philosoph Paul Feyerabend (1924–1994) benutzte das Schlagwort *Anything goes*, um seine Ansicht auf den Punkt zu bringen, dass es in der Wissenschaft keine allgemeingültigen wissenschaftlichen Methoden des Erkenntnisgewinns gibt. Gerade produktive Wissenschaft müsse auch offen für neue Methoden sein. Philosophisch gesprochen kann man demnach auch nicht feststellen, ob etwas wahr oder falsch ist. *Anything goes.*

There's no business like show business

»In keiner anderen Branche geht es so verrückt zu wie im Showbusiness« soll mit dieser Liedzeile ausgedrückt werden. Sie stammt aus dem Musical *Annie Get Your Gun,* uraufgeführt 1946 in New York. Darin wird die Geschichte einer amerikanischen Artistenfamilie erzählt. Vorbild für die Hauptfigur war die um 1880 in der Wildwest-Show von Buffalo Bill auftretende Kunstschützin Annie Oakley. Musik und Liedtexte stammen von Irving Berlin. Auch der Song *Anything you can do I can do better* (Alles, was du kannst, kann ich noch besser) stammt aus diesem ausgesprochen erfolgreichen Musical.

Irving Berlin (1888–1989) komponierte auch die Lieder *White Christmas* sowie *Puttin' On The Ritz*. *White Christmas* wurde für den Film *Musik, Musik* (1942) geschrieben; dafür erhielt Berlin 1943 zwei Oscars, für die beste Musik und für den besten Filmsong.

Schlag nach bei Shakespeare!

heißt es in dem Musical *Kiss me, Kate* von Cole Porter aus dem Jahr 1948, dessen Handlung auf *Der Widerspenstigen Zähmung* von William Shakespeare aufbaut. *Kiss me, Kate* war ein sehr erfolgreiches Broadway-Musical mit über tausend Aufführungen, das 1953 verfilmt wurde. Im Original lautete der Titel des Songs *Brush up your Shakespeare*. Welchen Sinn die literarische Bildung durch Shakespeare hat, ergibt die zweite Zeile: »Schlag nach bei Shakespeare, bei dem steht was drin! / Kommst du mit Shakespeare, sind die Weiber gleich ganz hin.«

Money makes the world go around

Es hätte das Motto der spätestens seit den 1980er-Jahren zum reinen Selbstzweck gewordenen Finanzindustrie sein können, stammt aber schon aus den 1960er-Jahren. Von 1966–1969 lief das Musical *Cabaret* mit großem Erfolg am Broadway. Ihm lag das Buch *Goodby to Berlin* des englischen Literaten Christopher Isherwood zugrunde. Isherwood hatte vor der Machtergreifung der Nationalsozialisten einige Jahre im damals sehr turbulenten, teilweise auch dekadenten Berlin verbracht.

Das Musical wurde 1972 von dem amerikanischen Regisseur Bob Fosse sehr erfolgreich verfilmt (8 Oscars, 3 Golden Globes): Es zeigt eine hetero-/homosexuelle Dreiecksgeschichte zwischen der Tingeltangelsängerin Sally Bowles (Liza Minnelli), dem jungen armen Englischlehrer Brian Roberts (Michael York) und dem reichen deutschen Baron Maximilian von Heune (Helmut Griem). Am Schluss wird Sally schwanger, weiß aber nicht, von welchem der beiden Männer, die auch miteinander etwas hatten. Sie lässt das Kind abtreiben. Vor dem Druck der immer gewalttätiger und judenfeindlicher auftretenden Nazis verlassen alle Berlin und gehen getrennte Wege. *Money makes the world go around* (Alles in der Welt dreht sich nur ums Geld) ist eine der Gesangsnummern, die Minnelli bei ihren zahlreichen im Film gezeigten Kabarett-Auftritten singt.

Der Komponist John Kander und sein Texter Fred Ebb (1928–2004) hatten bereits kurz zuvor mit der jungen Liza Minelli zusammengearbeitet und setzten diese Zusammenarbeit auch später mit ihr fort. Die Musik und die Lieder zu *Cabaret* waren ihr größter Erfolg – natürlich neben einem weiteren Hit von Kander/Ebb, den Minnelli 1977 in dem Scorsese-Film *New York, New York* erstmals sang und den Frank Sinatra zum Welthit machte: »Start spreadin' the news, I'm leaving today / I want to be part of it: New York, New York.«

Don't cry for me Argentina

Das Leben der argentinischen Präsidentengattin Eva Perón war bereits vor seiner musikalischen Ver-Dichtung durch Andrew Lloyd Webber (*1948, Musik) und Tim Rice (*1944, Text) eine Legende. Die blonde Eva Perón (1919–1952) war vom unehelichen Kind über Zwischenstationen auf diversen Besetzungscouchen (als Model, Radiomoderatorin, Filmschauspielerin) zur Präsidentengattin avanciert. Eine Art argentinische Grace Kelly aus einfachen Verhältnissen. Sie engagierte sich auch politisch (für die Armen), trat öffentlich auf und unterstützte massiv ihren Mann Juan Perón. Da sie ihre Wurzeln nicht verleugnete, was ausdrücklich auch in dem berühmten Lied anklingt, wurde die stets hochelegant auftretende, jugendlich-schöne Eva Perón von den Massen verehrt. Im Volk wurde sie Evita genannt. Ihrem Einfluss verdanken die Argentinierinnen das Frauenwahlrecht. Juan Perón war ein Populist mit faschistischen Zügen. Gemeinsam hatte sich das Paar gegen die reiche (Grundbesitzer-) Oberschicht und das Militär durchgesetzt. Das waren die Einzigen, die Eva Perón hassten. Eva Perón hatte großen Einfluss auf die Entscheidungen ihres mehr als zwanzig Jahre älteren Mannes. Schon vor ihrem frühen Krebstod mit 33 Jahren wurde sie zur Kultfigur.

Die Handlung des 1978 in London uraufgeführten Musicals beginnt mit der Nachricht von Evitas Tod 1952. In einem Kino in Buenos Aires bekommt der junge Che Guevara die aufgepeitschte Trauer mit und führt anschließend den Zuschauer durch die Handlung. Evitas Leben wird im Rückblick erzählt. Es beginnt mit der Bitte an das Volk: »Trauere nicht um mich, Argentinien.« »Nimm es dir nicht so zu Herzen« ist der redensartliche Sinn von *Don't cry for me Argentina* im Deutschen. In der Verfilmung des Musicals (1996) spielte die Unterhaltungskünstlerin Madonna die Rolle der Evita.

Webber und Rice hatten bereits vorher bei Musicals zusammengearbeitet, am erfolgreichsten war *Jesus Christ Superstar* (1970). Rice, der ebenfalls komponiert, gilt als einer der besten Kenner der Popmusikgeschichte. Er war auch an bedeutenden Disney-Produktionen beteiligt (*Die Schöne und das Biest, Der König der Löwen, Aladdin*).

Zitate rund um Musik & Oper

Beckmesserei

Ein Sängerwettstreit spielt in der Wagner-Oper *Die Meistersinger von Nürnberg* eine zentrale Rolle. Die singenden Handwerksmeister pflegen ihre Kunst nach strengen Regeln einer »Tabulatur«. Aufgabe des Stadtschreibers von Nürnberg, Sixtus Beckmesser, ist es, als »Merker« bei den Vorträgen nicht regelkonforme »Fehler« anzukreiden: Er schreibt sie mit Kreide auf eine Tafel. Die Oper dreht sich thematisch um die »Kunst« im Spannungsfeld zwischen Regelhaftigkeit und freier Erfindung. Beckmesser ist von seiner Aufgabe als »Kunstrichter« zutiefst durchdrungen. Richard Wagner (1813–1883) karikiert ihn als engstirnig und kleinlich. Sein Antipode in der Oper ist der kreative Ritter Stolzing, der in freier Erfindung das schönste Lied erschafft, die *Morgentraum-Deutweise*. Der Preis des Wettbewerbs ist die Hand der schönen Meisterstochter Eva Pogner – für die sich natürlich auch Beckmesser lebhaft interessiert. Solche Rivalitäten geben jedem Stück eine gewisse Würze, spiegeln den Konflikt auf der menschlichen Ebene wider. In seiner Unfähigkeit, ein ihm von Hans Sachs zugespieltes Liedfragment zu einem klangschönen Lied zu formen, macht sich Beckmesser doppelt lächerlich: Weil er einen anderen Künstler plagiiert und weil er nur Misstöne produziert. »Beckmesserei« ist also die sich an Regeln und Althergebrachtes (»Haben wir immer schon so gemacht«) klammernde, unkreative Besserwisserei. Hans Sachs, der Schuster und Poet, nimmt in dem Streit die entscheidende vermittelnde Rolle ein.

Da schweigt des Sängers Höflichkeit

Die Formulierung stammt aus einem Gedicht unbekannter Herkunft aus der Zeit um 1800. Allerdings heißt es dort: »[...] verschweigt des Dichters Höflichkeit«. Das ist kein Widerspruch. Von Anbeginn waren die Dichter auch »Sänger«, denn in der Antike wurde Dichtkunst in einer Art Sprechgesang »gesungen« (und musikalisch begleitet). Man legte sehr viel Wert auf den Wohllaut der gereimten oder durch Jamben oder ähnliche Versmaße rhythmisierten Sprache. Diese gebundene Sprache half auch als Gedächtnisstütze, solange man die Texte nicht aufschrieb. (Danach natürlich auch noch. Gedichte auswendig zu lernen, ist keine schlechte Übung für die geistige Fitness.)

In den gesungenen Messen der katholischen und der orthodoxen Kirche und in den Opernrezitativen hat sich etwas von diesem antiken Sprechgesang erhalten – zumindest bekommt man ansatzweise einen Eindruck davon. In der Antike wurden beispielsweise auch Gerichtsreden oder wichtige Ansprachen auf diese Weise vorgetragen. Alles, was bedeutsam war, sollte auch in eine sprachlich schöne Form gegossen werden. Der Sinn dafür, für schöne, musikalische Sprache, ist uns weitgehend verloren gegangen. Der musikalischste Schriftsteller der jüngeren Vergangenheit war kein »Dichter«, sondern ein Prosa-Autor: der große Richard-Wagner-Verehrer Thomas Mann. Seine Romane sind regelrechte Sprachopern.

In der Vergangenheit von der Antike bis in die Frühe Neuzeit kam den Dichtern übrigens auch der höchste Rang unter den Künstlern zu: Da hohe Wortkunst und sprachlicher Erfindungsreichtum ja nicht jedermanns Sache ist, galten sie als besonders, ja manchmal als »göttlich« inspiriert. Mit diesem Ansehen standen sie in der Alten Welt einzigartig da. Bis zum großen Durchbruch des freien Künstlertums in der Kulturrevolution um 1800 galten die Vertreter aller anderen künstlerischen Berufe – die Maler, Baumeister, Schnitzer, Steinmetze, Goldschmiede, Bronzegießer, selbst die Tonsetzer und Sänger – als »Handwerker«. Ganz deutlich war das im Mittelalter. Seit der Renaissance entwickelten bedeutende Handwerker-Künstler bereits ein vormodernes Selbstbewusstsein, bis hin zum »Malerfürsten«, und machten ihren Dichterkollegen allmählich ihren »Rang« streitig, bis solche Rangordnungen insgesamt obsolet wurden.

Die Stimme seines Herrn

His master's voice war eines der frühesten Schallplattenlabels. Es gehörte seit 1899 der amerikanisch-britischen Gramophone Company. Sie hatte das Bild sowie die Abbildungsrechte des vor einem Grammofon-Trichter sitzenden Hundes von dem Maler Francis Barraud für 100 englische Pfund erworben. So wurde es das berühmteste Bild des englischen Malers, der seinen Hund namens Nipper so dargestellt hatte. Allerdings wurde der Edison-Phonograph auf dem Originalbild durch ein Berliner-Grammofon übermalt, denn der Inhaber der Gramophone Company war der deutsch-amerikanische Schellack-Schallplatte- und Grammofon-Erfinder Emil Berliner (1851–1929). Es ging also sowohl um die Vermarktung des Geräts (Hardware) als auch der Schallplatte (Software) aus einer Hand. Später teilten sich diese Gewerbezweige bekanntlich. Übrigens stammt auch das Wort »Schallplatte« von Berliner.

Die Deutsche Grammophon Gesellschaft wurde 1898 von Emil Berliners Bruder Josef in Hannover mitgegründet und geleitet. Heute ist die Deutsche Grammophon nur noch ein Label des amerikanischen Musikkonzerns Universal, seinerseits wiederum nur ein Teil des französischen Medienkonzerns Vivendi.

Ich hab mein Herz in Heidelberg verloren
Zitate aus Liedern & Schlagern

Patriotische & politische Lieder

Rule Britannia!

Der britische Feldmarschall General Wellington besiegte 1815 Napoleon endgültig in der Schlacht von Waterloo. Schon anlässlich einer 1813 von Wellington gewonnenen Schlacht bei der baskischen Stadt Vitoria komponierte Ludwig van Beethoven (1770–1827) ein Orchesterstück mit dem Titel *Wellingtons Sieg oder die Schlacht bei Vitoria*. Es beginnt mit einem Trommel- und Trompetenwirbel, dann folgt der Marsch *Rule Britannia*. Der Text dieses berühmten Triumphliedes von James Thomson stammt bereits aus dem Jahr 1740: *Rule, Britannia, rule the waves; / Britons never will be slaves* (Herrsche, Britannia, herrsche über die Meere / Nie und nimmer werden Briten Sklaven sein) lautet der Refrain der sechs Strophen, der heute in der Regel in etwas abgewandelter Form gesungen wird – allerdings nicht mehr auf die Originalmelodie aus einer englischen Barockoper, sondern seit 1813 nur noch zu dem Thema von Beethoven. Die kolossale Uraufführung des *Vitoria*-Stückes mit Riesenorchester in Wien anlässlich des, verglichen mit Waterloo, noch bescheidenen britischen Triumphs über Napoleon, war ein bejubelter Erfolg für Beethoven. Es musste mehrere Male wiederholt werden.

Rule Britannia! ist die inoffizielle Nationalhymne Großbritanniens. Es ist fester Bestandteil der Promenadenkonzerte »Last Night of the Proms« und wird auch immer bei Spielen der englischen Fußballnationalmannschaft von den Fans zu Gehör gebracht. Selbst viele Briten wissen nicht, dass die Musik zu dieser populären Hymne von Beethoven stammt.

Heil dir im Siegerkranz

Herrscher des Vaterlands / Heil Kaiser dir«, war der Anfang der inoffiziellen Nationalhymne im Deutschen Kaiserreich. Gesungen und gespielt wurde diese »Kaiserhymne« zur selben Melodie wie *God save the Queen.*

Heil dir im Siegerkranz beruht auf einer fast wortgleichen Hymne auf den (geisteskranken) Dänenkönig Christian VII. (Regierungszeit 1765–1784). Verfasser des Textes war Dr. Balthasar Gerhard Schumacher. Erstmals öffentlich gesungen wurde die Hymne am 25. Mai 1795 anlässlich des Geburtstags von Friedrich Wilhelm II., dem Neffen und Nachfolger Friedrichs des Großen als preußischer König.

Die meisten Hymnen im 19. Jahrhundert waren Kaiserhymnen. Nationalstaaten im modernen Sinn gab es damals überwiegend noch nicht, erst recht nicht im Vielvölkerreich des österreichischen Kaisers. In den älteren (Großbritannien, Österreich) oder jüngeren Monarchien (Deutsches Reich) pries man die Könige oder Kaiser als Symbol der nationalen Einheit.

... über alles

Die Musik zur gegenwärtigen deutschen Nationalhymne entstand schon 1797. Sie entstammt der Kaiserhymne »Gott erhalte Franz, den Kaiser« von Joseph Haydn (1732–1809). Gemeint war Kaiser Franz II., der knapp zehn Jahre später (1806) die deutsch-römische Kaiserkrone niederlegte und damit das Ende des Heiligen Römischen Reiches besiegelte. Zur Melodie des jetzigen *Deutschlandliedes* sang man in der Habsburgermonarchie wie folgt (erste Strophe): »Gott erhalte Franz den Kaiser, / Unsern guten Kaiser Franz! / Lange lebe Franz, der Kaiser / In des Glückes hellstem Glanz!«

Der Dichter des *Lieds der Deutschen*, August Heinrich Hoffmann von Fallersleben (1798–1874) gehörte seit seiner Studentenzeit zu jenem Kreis von Burschenschaftlern und bedeutenden Intellektuellen, die spätestens seit den Befreiungskriegen gegen Napoleon die Idee eines national geeinten Deutschlands mit verfassungsmäßig garantierten Freiheitsrechten propagierten. Der emphatische Auftakt »Deutschland, Deutschland über alles« richtete sich gegen die deutsche Kleinstaaterei.

Die zweite wichtige politische Forderung wird am Beginn der dritten Strophe deutlich artikuliert: »Einigkeit und Recht und Freiheit«. Gemeint sind Rechtsstaatlichkeit als Schutz vor Fürstenwillkür und Polizeistaat und bürgerliche Freiheiten nach dem Vorbild der Französischen Revolution und der amerikanischen Verfassung.

Das in bester nationaler und demokratischer Tradition entstandene Lied wurde 1922 zur Nationalhymne der Weimarer Republik erklärt, während der Zeit des Nationalsozialismus wurde nur die erste Strophe gesungen und seit 1952 singt man nur noch die dritte Strophe »Einigkeit und Recht und Freiheit«. Nach der Wiedervereinigung 1990 wurde diese Strophe zur Nationalhymne erklärt.

Von Hoffmann von Fallersleben stammen noch eine ganze Reihe weiterer sehr bekannter Liedtexte: *Alle Vögel sind schon da; Ein Männlein steht im Walde; Summ, summ, summ, Bienchen summ herum; Kuckuck, Kuckuck ruft's aus dem Wald.*

Die Engländer haben aufgrund der Zeile »Deutschland, Deutschland über alles« ein ausgesprochenes Faible für das Wort »über« entwickelt, auf Englisch = *uber*. Vor allem in Wortzusammensetzungen wie *Uber-Babe, uber-charming, Uber-Boss* oder in Formulierungen wie *markt-dogma uber alles*. Die Deutschen wiederum scheinen Wörter mit dem englischen *under* zu lieben wie Understatement, Undercover, Underdog, Underground, underdressed.

Lieb Vaterland magst ruhig sein

Zuerst im *Tuttlinger Grenzboten* wurde 1840 ein Gedicht von Max Schneckenburger (1819–1849) gedruckt, dessen erste Strophe und Refrain lauten: »Es braust ein Ruf wie Donnerhall / wie Schwertgeklirr und Wogenprall: /Zum Rhein, zum Rhein, zum deutschen Rhein! / Wer will des Stromes Hüter sein?« – »Lieb Vaterland magst ruhig sein, / lieb Vaterland magst ruhig sein: / Fest steht und treu die Wacht / die Wacht am Rhein!« Auch **Die Wacht am Rhein** und **Es braust ein Ruf wie Donnerhall** wurden später zu Redewendungen.

Schneckenburgers Gedicht, 1854 vertont von dem Krefelder Chordirigenten Karl Wilhelm, avancierte zu einer inoffiziellen Nationalhymne im Bismarck'schen Kaiserreich (so wie *Rule Britannia!* in Großbritannien, s. S. 260, und *Va, pensiero* in Italien, s. S. 263). Es entstand als dichterische Reaktion auf die 1840 erhobene Forderung der französischen Regierung nach dem Rhein als französischer Ostgrenze. Gleichzeitig war in Deutschland das romantische Rhein- und Burgeninteresse erwacht und im Zusammenhang damit das historische und nationale Bewusstsein über die Bedeutung linksrheinischer Städte wie Köln, Mainz, Trier und Speyer für die deutsche Geschichte. Auch ein Mann wie der Schriftsteller und Paulskirchen-Abgeordnete Ernst-Moritz Arndt forderte, der Rhein müsse »Deutschlands Strom, nicht Deutschlands Grenze« sein. Er war allerdings auch ein ausgewiesener Franzosenhasser.

Schneckenburger, der als junger Mann eine Eisengießerei in der Schweiz gründete und schon mit dreißig Jahren starb, ist nur durch dieses eine überpatriotische Gedicht in Erinnerung geblieben. Es hatte allerdings erst in der Vertonung Wilhelms und im Zusammenhang mit dem deutsch-französischen Krieg 1870 Erfolg. Eine frühere Vertonung war nicht auf großen Anklang gestoßen. *Die Wacht am Rhein* kannte in jener Zeit ein jeder in Deutschland. Auch die Nationalsozialisten ließen es natürlich ständig grölen. Sie setzten Schneckenburger 1937 ein Denkmal in Tuttlingen. Das martialische Wortgeklirr spiegelt die Stimmung der unheilvollen Zeit der beiden Weltkriege wider: 2. Strophe: »Durch Hunderttausend zuckt es schnell / und aller Augen blitzen hell / der Deutsche, bieder, fromm und stark / beschützt die heil'ge Landesmark.« 4. Strophe: »Solang ein Tropfen Blut noch glüht / noch eine Faust den Degen zieht / und noch ein Arm die Büchse spannt / betritt kein Feind hier deinen Strand.«

Va, pensiero

Der nationale Einigungsprozess in Italien (*Risorgimento*) unter der intellektuellen und politischen Federführung des piemontesischen Ministerpräsidenten Camillo Benso von Cavour entzündete sich am Kampf gegen die damalige österreichische Herrschaft in großen Teilen Norditaliens, die von den Italienern als eine Art Besatzung empfunden wurde. Viele der frühen Opern Giuseppe Verdis (1813–1901) sind absichtlich patriotisch gestimmt: Die Italiener erkannten sich im Kreuzfahrerchor der *Lombarden* (aus der Oper *I Lombardi alla prima crociata*, 1843) wie in der Verschwörungsszene gegen Karl V. (aus der Oper *Ernani*, 1844) als auch in der vaterländischen Grundstimmung des *Attila* wieder (Attila als Fremdherrscher in Italien; Oper aus dem Jahr 1846). Am deutlichsten wird das nationale Freiheitsstreben in der Oper *Nabucco* artikuliert – nach der berühmten Episode des Alten Testaments, als das Volk Israel vom chaldäischen Gewaltherrscher Nebukadnezar (italienisch = Nabucco) nach Mesopotamien verschleppt und »an den Wassern Babylons« geknechtet wurde und sich nach Freiheit sehnte (wie das italienische Volk angesichts der Österreicher). Dieser Freiheitswunsch wird gleich zu Beginn des 3. Aktes in der bewegenden Chorszene *Va, pensiero, sull'ali dorate* (Flieg, Gedanke, auf goldenen Schwingen) zum Ausdruck gebracht und wurde sofort nach der Premiere 1842 als Freiheitslied überall gesungen. Es gilt bis heute als inoffizielle Nationalhymne Italiens.

Auf zum letzten Gefecht

»Völker hört die Signale! Auf zum letzten Gefecht! Die Internationale erkämpft das Menschenrecht« lautet in der deutschen Textfassung von Emil Luckhardt (1880–1914) das Kampflied der internationalen sozialistischen Arbeiterbewegung. Es war von dem Belgier Pierre Degeyter 1888, ein Jahr vor der Gründung der Zweiten Sozialistischen Internationale, komponiert worden. Der französische Ursprungstext war 1871 nach der Niederschlagung der Pariser Kommune entstanden, die auch das Ende der marxistisch-anarchistischen Ersten Internationale besiegelte. Die Zweite Internationale von 1889 war ein Zusammenschluss sozialistischer und sozialdemokratischer Parteien unter wesentlicher Beteiligung von Karl Liebknecht. Sie zerfiel bei Beginn des Ersten Weltkriegs. In der 1919 von Moskau begründeten Dritten – kommunistischen – Internationale (Komintern) spielte das Lied als internationale Hymne weiter eine bedeutende Rolle – bis weit in die Nachkriegszeit. Sozusagen als Schlager der Studentenbewegung ist es noch frisch in Erinnerung.

Marschiert im Geiste mit

Wenn man diese Redewendung gedankenlos gebraucht, möge man sich daran erinnern, dass sie aus dem Kampflied der nationalsozialistischen SA stammt, dem sogenannten »Horst-Wessel-Lied« (*Die Fahne hoch*), das zur Parteihymne der NSDAP und im Dritten Reich zu einer inoffiziellen Nationalhymne wurde. Gemäß dem Text der ersten Strophe marschieren die in den blutigen Straßenkämpfen von »Rotfront und Reaktion« erschossenen SA-Kameraden bei den SA-Aufmärschen »im Geist in unser'n Reihen mit«. Wessel wurde unter nicht ganz geklärten Umständen im Januar 1930 von einem KPD-Mitglied in den Kopf geschossen, starb im Februar an einer Blutvergiftung und wurde zum Märtyrer stilisiert, was auch zur Umbenennung von Straßen und Plätzen in vielen deutschen Städten führte.

Auferstanden aus Ruinen

Die DDR-Hymne entstand 1949 im Auftrag des Politbüros des Zentralkomitees der SED. Den Text verfasste Johannes R. Becher (1891–1958), ein expressionistischer Schriftsteller der Weimarer Zeit und Kulturfunktionär in der sowjetischen Besatzungszone. In der 1949 begründeten DDR war Becher von 1954–1958 Kulturminister. Die Musik wurde von Hanns Eisler ebenfalls im Herbst 1949 komponiert. Die Formulierung knüpft direkt an eine Zeile aus Schillers *Wilhelm Tell* an: »Das Alte stürzt, es ändert sich die Zeit / und neues Leben blüht aus den Ruinen« (s. S. 192). Becher dichtete an dieser Stelle weiter: »Auferstanden aus Ruinen / und der Zukunft zugewandt, / lass uns dir zum Guten dienen, / Deutschland einig Vaterland.«

Am 7. November 1949 wurde die Hymne beim Staatsakt zum 32. Jahrestag der russischen Oktoberrevolution in der Staatsoper Unter den Linden erstmals aufgeführt.

Die Partei, die Partei, die hat immer recht

Louis Fürnberg (1909–1957) und seine Frau Lotte stammten beide aus wohlhabenden, bürgerlichen Verhältnissen in der damaligen Tschechoslowakei, wurden aber nach dem »Anschluss« (1938) wegen ihrer jüdischen Abstammung und wegen ihrer kommunistischen Gesinnung von den Nationalsozialisten hart verfolgt. Dem konnten sie sich erst 1940 entziehen. Nach dem Krieg kehrten sie nach Prag zurück und gingen später in die DDR. Fürnberg betätigte sich als Kulturdiplomat und Schriftsteller, immer im Sinne des Kommunismus, obwohl er als Jude auch in der Zeit Stalins unter Druck stand. Das *Lied der Partei* entstand 1949 anlässlich des Parteitags der tschechoslowakischen Kommunistischen Partei, zu dem Fürnberg nicht eingeladen war. Gekränkt schrieb er daraufhin das Lied, das sich sowohl als unterwürfige Haltung wie als Trotzreaktion interpretieren lässt. Seit 1950 war es die Parteihymne der SED. Mehrmals wird wiederholt, dass die Partei immer recht hat, weil sie für das Recht kämpft. Die Musik, ebenfalls von Fürnberg, klingt wie ein strammes Marschlied.

Der Osten ist rot

chinesisch *Dongfang hong* war die inoffizielle Nationalhymne Rotchinas aus der Zeit der Kulturrevolution. (Die ersten beiden Liedzeilen lauten:»Der Osten ist rot, die Sonne geht auf / China hat Mao Tse-tung hervorgebracht.«) Der Titel war geradezu paradigmatisch für den gesamten »Ostblock« während des Kalten Krieges. Für viele begann der »rote Osten« von Bonn aus gesehen bereits an der Elbe.

We shall overcome

Das bereits 1903 von dem Pfarrer Charles A. Tindley getextete Gospellied wurde schon vor dem Zweiten Weltkrieg gelegentlich bei Arbeiterstreiks im amerikanischen Süden gesungen – damals noch unter dem Titel *We will overcome some day*. Nach dem Krieg wurde das Lied von einigen Folk-Sängern übernommen und geringfügig bearbeitet, insbesondere von Pete Seeger (*1919). Aber vor allem Joan Baez (*1941) machte *We shall overcome* als Bürgerrechtshymne der Schwarzen in den USA berühmt und wurde damit identifiziert. Sie sang es erstmals am 28. August 1963 bei einem Bürgerrechtsmarsch auf der Mall vor dem Lincoln-Memorial in Washington, später bei weiteren Demonstrationen und 1969 auf dem Woodstock-Festival. Joan Baez engagierte sich leidenschaftlich gegen die Rassentrennung und gegen den Vietnamkrieg und wurde die gesangliche Ikone der Protestbewegung der 1960er-Jahre in den USA. Auch im Zusammenhang mit der Anti-Apartheid-Bewegung in Südafrika spielte das Lied eine politische Rolle.

Liedanfänge & Liedtitel, die zu Redewendungen wurden

Auf, auf zum fröhlichen Jagen

von Gottfried Benjamin Hancke (1724) geht auf ein französisches Jagdlied zurück. Der Text bringt die Freude an der Jagd zum Ausdruck, in jener Zeit ein adeliges Privileg und Vergnügen. Hancke schrieb das Lied zu Ehren des böhmischen Grafen Franz Anton Sporck. Der Dichter, Offizier und Goethe-Schiller-Herder-Freund Friedrich de la Motte-Fouqué, der in den Befreiungskriegen Rittmeister bei den Freiwilligen Jägern war, lehnte sich im Jahr 1813 an diese Vorlage mit einem fast gleichlautenden Gedichtanfang an. Allerdings gestaltete er das Gedicht als »Kriegslied«, das mehr auf das Jagen der Franzosen gemünzt war.

Morgen, morgen, nur nicht heute

sagen alle faulen Leute«. Im Original lautet der zweite Teil: »… sprechen immer träge Leute«. Das Kinderlied *Der Aufschub* wurde von dem sächsischen Schriftsteller Christian Felix Weiße (1726–1804) getextet, einem bedeutenden Pädagogen, der als Begründer der deutschen Jugendliteratur gilt. Weiße war nicht nur in pädagogischen, sondern auch in literarischen Fragen eine Institution in Deutschland, allerdings mit einem rückwärtsgewandten Geschmack, wie bereits die Zeitgenossen beklagten. Auch als Singspiel-Librettist war er sehr erfolgreich. Man stelle sich einen Literaturpapst vom Schlage Marcel Reich-Ranickis in Personalunion mit einem Pädagogikpapst vom Schlage Hartmut von Hentigs vor, der Schlagertexte wie *Schön sind Rosen und Jasmin* oder *Als ich auf meiner Bleiche ein Stückchen Garn begoss* verfasste und damit im Sinne des Wortes in aller Munde war. Dann hat man einen Begriff von diesem in seiner Zeit berühmten Gelehrten.

Weiße war ein Generationsgenosse Lessings, die beiden aufklärerischen Denker und Schriftsteller kannten sich persönlich. Adelige Grafenfamilien unterstützten und förderten Weiße, indem sie ihn als Hauslehrer und Gesellschafter beschäftigten. Durch seine *Kinderlie-*

der, seine pädagogischen Sachbücher, seine Zeitschrift *Der Kinder-freund* und nicht zuletzt aufgrund seiner persönlichen Liebenswür-digkeit galt seine eigene Familie als vorbildhaft in ganz Deutschland.

Üb immer Treu und Redlichkeit

bis an dein kühles Grab« ist die Anfangszeile des Gedichtes *Der alte Landmann an seinen Sohn* von Ludwig Hölty (1748–1776), das Mozart in enger Anlehnung an die Papageno-Arie *Ein Mädchen oder Weib-chen* (*Die Zauberflöte*) vertonte. In der kurz vor Ende des Zweiten Weltkriegs zerstörten Garnisonskirche in Potsdam erklang dieses Lied als Glockenspiel seit 1797 jeweils zur halben Stunde und galt den Generationen des 19. und der ersten Hälfte des 20. Jahrhunderts als Inbegriff preußischer Moral. Die Potsdamer Garnisonskirche hatte als Begräbnisstätte der preußischen Könige Friedrich Wil-helm I. (»Soldatenkönig«) und seines Sohnes, Friedrichs des Großen, einen nicht zu überschätzenden Rang als preußische Memorial-stätte. Friedrich Wilhelm hatte die Barockkirche ab 1730 errichten lassen. Sie brannte im April 1945 völlig aus. Die Ruine wurde auf Beschluss der SED-Führung erst 1968 abgetragen.

Morgen Kinder wird's was geben

Das Adventslied ist genau genommen ein Heiligabendlied, denn es kündigt den bevorstehenden Weihnachtstag an (»Einmal werden wir noch wach, / Heißa dann ist Weihnachtstag«). In der Alltagssprache werden mit diesem Zitat alle möglichen »großen Ereignisse« an-gekündigt. Die Melodie komponierte 1809 der sächsische Lehrer und Musiker Carl Gottlieb Hering, von dem übrigens auch *Hopp, hopp, hopp, Pferdchen lauf Galopp* stammt. Den Text ersann Philipp Bartsch, er entstand möglicherweise schon vor 1795. Da es zu jener Zeit noch kein Urheberrecht (Copyright) gab, sind Angaben zur Ent-stehungszeit von Texten, die nicht im Zentrum der Literaturwissen-schaft stehen, nicht immer zuverlässig datierbar.

Als wär's ein Stück von mir

Die Textzeile stammt aus dem Gedicht *Der gute Kamerad* des Tübin-gers Ludwig Uhland (1787–1862), das von Friedrich Silcher (s. u.)

vertont wurde, als Lied aber eher unter der ersten Zeile *Ich hatt' einen Kameraden* bekannt ist. Im Trauerzeremoniell der Bundeswehr und des österreichischen Bundesheers spielt es eine fast mit der Nationalhymne vergleichbare Rolle. In der zweiten Strophe schildert der Text die enge Verbundenheit der beiden Kriegskameraden: Es ist der Kamerad, der von der Kugel getroffen stirbt. Sie hätte auch den Erzähler treffen können, der sich dem Gefallenen so nah fühlt, als wäre dieser ein Stück von ihm selbst.

Entstanden ist Uhlands Gedicht vor dem historischen Hintergrund des Aufstands der Tiroler unter Führung von Andreas Hofer gegen die napoleonische Besetzung. Dieser Aufstand gilt als Fanal für die späteren Befreiungskriege. Der Jurist und Dichter Uhland war später Mitglied der Paulskirchenversammlung und als Nationaler und Demokrat über seinen Tod hinaus äußerst populär.

Ich weiß nicht, was soll es bedeuten

Heinrich Heines bekanntestes Gedicht von der *Lore-Ley* (1824) greift die Sage von der schönen, nur mit langem Haar bedeckten Jungfrau auf, die auf dem eindrucksvollen heutigen UNESCO-Weltkulturerbe, dem bekannten Felsen am Rhein bei Sankt Goarshausen sitzt. Mit Sirenengesang lockt sie die Schiffer an den Schiefer. Betört achten sie der Untiefen an dieser gefährlichen Stelle des Mittelrheins nicht und zerschellen am Felsen. Dass dies eine traurige Geschichte sei, konstatiert Heine (1797–1856) mit leichter Ironie in den ersten Zeilen: »Ich weiß nicht, was soll es bedeuten / Dass ich so traurig bin ...«

Zum Lied vertont wurde die im 19. Jahrhundert äußerst populäre Ballade mehrdutzendfach, die bekannteste Version stammt von Friedrich Silcher (1837). Silcher komponierte auch die Melodien zu *Alle Jahre wieder*, ebenfalls ein geradezu sprichwörtlicher Liedanfang, sowie zu *Am Brunnen vor dem Tore*, *Ännchen von Tharau*, *Ich hatt' einen Kameraden* und *Muss i denn, muss i denn zum Städtele hinaus*, eigentlich ein Liebes- und Wanderlied mit einem Heiratsversprechen (»Über's Jahr [...] Stell' i hier mi wiedrum ein [...] dann [...] soll die Hochzeit sein«), aber auch eine fröhliche Emigrantenhymne. Neben etlichen Schlagersängern (Gus Backus, Vico Torriani, Heino,

Karel Gott) hat vor allem der »King of Rock 'n' Roll«, Elvis Presley, das *Städtele*-Lied im 20. Jahrhundert international bekannt gemacht.

Das Wandern ist des Müllers Lust

»Alles fließt« lautet, kurz gesagt, der Inhalt dieses berühmten Kunst- und Volksliedes aus dem Gedichtzyklus *Die schöne Müllerin*: Wasser, Räder, selbst die Steine sind beständig auf *Wanderschaft* – so der Titel des Liedes mit seiner sprichwörtlichen ersten Zeile. Der Gedichtzyklus schildert das romantische Wander- und unglückliche Liebesleben eines Müllergesellen. Immerfort wandernd unterwegs zu sein, ist das Ziel des Müllergesellen – oder des Autors Wilhelm Müller (1794–1827). Der Sohn eines Schneiders aus Dessau machte bis zu seinem frühen Tod im Alter von dreiunddreißig Jahren eine Karriere bis zum preußischen Hofrat und war Dauergast in den literarischen Salons von Berlin wie im schwäbisch-romantischen Dichterkreis. Der Gedichtzyklus *Die schöne Müllerin* wurde durch die Vertonung von Franz Schubert (1823) im wahrsten Sinne des Wortes unvergessen und unsterblich. Auch Müllers Gedichtzyklus *Winterreise* wurde durch Schubert für die Ewigkeit imprägniert. Das Gedicht *Der Lindenbaum* mit der berühmten ersten Zeile »Am Brunnen vor dem Tore« stammt aus der *Winterreise,* die ebenfalls von einer Wanderschaft zu unerfüllten Hoffnungen handelt – es geht um enttäuschte Liebe sowie enttäuschte politische Hoffnungen der Aufbruchsgeneration nach den Befreiungskriegen.

Alles neu macht der Mai

Hermann Adam von Kamp (1796–1867) war ein Lehrer und Lokalhistoriker in Mühlheim an der Ruhr, der außerdem Kinder- und Jugendbücher schrieb. Sein 1818 verfasstes populäres Gedicht *Der Mai* fasst die frühlingshafte Aufbruchstimmung nach dem Winter in die jedem bekannten Anfangsworte: »Alles neu macht der Mai, macht die Seele frisch und frei«. In drei Strophen verdichtet findet sich die gesamte romantische Naturkulisse (Sonnenschein, Vogelsang, blühende Haine, Waldespracht, rieselnde Quellen, weiches Moos) als Sinnbild einer durchaus religiös gemeinten (»Widerschein der Schöpfung«) Wiederauferstehungsszenerie im Frühling.

Schwamm drüber!

Gegen Ende des 2. Aktes der Operette *Der Bettelstudent* von Karl Millöcker (1842–1899) aus dem Jahre 1882 singt der aufgeblasene Oberst Ollendorf ein liedhaftes Couplet (»Seit ich als Feldherr tätig / ist mir der Kriegsgott gnädig«), in dem er seine wechselvolle Karriere ironisch schildert. Jede der drei Strophen endet mit »Schwamm drüber!« – so wie man auch heute noch manche »alte Geschichte« für beendet erklärt. Ollendorf ist in dem Stück, das während der Regentschaft Augusts des Starken in Polen spielt, der Gouverneur von Krakau. Mithilfe eines »Bettelstudenten« und Rädelsführers eines polnischen Aufstands gegen die Sachsen will er sich an einer polnischen Gräfin rächen, die ihn blamiert hat. Der Bettelstudent soll sich als polnischer Fürst ausgeben, da sich die Gräfin einen solchen als Schwiegersohn wünscht. Ihre Tochter und der vermeintliche Fürst und bettelarme Aufständische verlieben sich jedoch tatsächlich.

Das Libretto stammt von dem erfolgreichen Duo Camillo Walzel (1829–1895) und Richard Genée (1823–1895), beide tragende Säulen der Blütezeit der Wiener Operette in der zweiten Hälfte des 19. Jahrhunderts. Genée war auch Co-Autor der *Fledermaus* (s. a. »Glücklich ist, wer vergisst ...«, S. 249 und »Chacun à son goût«, S. 249).

O sole mio

Immer gern zitiert, wenn die Sonne scheint, setzt der Liedtext zwar mit einem Lobpreis der Sonne am Himmel nach einem stürmischen Tag bei klarer, frischer Luft ein, aber die schönste Sonne ist natürlich die Angebetete. *O sole mio* bedeutet »Meine Sonne« und nicht »O meine Sonne«, denn das neapolitanische *O* entspricht dem italienischen Artikel *Il*. Der Text wurde von dem neapolitanischen Journalisten und Theaterdichter Giovanni Capurro (1859–1920) geschrieben, die Musik stammt von Eduardo Di Capua (1865–1917), ebenfalls ein Neapolitaner, der das Lied 1898 komponierte. Es ist also kein Volkslied. Von Caruso über Peter Alexander, Elvis Presley (*It's now or never*) und Andrea Bocelli haben sehr viele Interpreten diesen Welthit gesungen. Caruso, der Inbegriff eines neapolitanischen Tenors, nahm ihn 1916 erstmals auf Schallplatte auf. Die Urheber verkauften ihre Rechte an dem Lied für 25 Lire. Die Einnahmen daraus belaufen sich immer noch auf schätzungsweise 250 000 Dollar – pro Jahr.

It's a long way to Tipperary

Weltweit bekannt und auch im Deutschen Ausdruck dafür, dass man noch einen langen und ungewissen Weg vor sich hat, entstammt diese Redewendung einem englischen Marschlied des Varietésängers Jack Judge (1878–1938). Es entstand im Jahr 1912 und wurde im Ersten Weltkrieg ein britischer Soldatenschlager. Es handelt in witzig-ironischer Weise von dem irischen Soldaten Till Paddy, der das lustige Leben in London rund um Piccadilly in vollen Zügen genießt, aber sein Mädchen in der irischen Heimat (Tipperary) nicht vergessen hat und ihr aus London gutgelaunt einen Brief schreibt. Sie antwortet, dass bereits ein anderer um ihre Hand anhält, und dass er besser schleunigst zurückkehren sollte, falls er sie noch liebt. *It's a long way to Tipperary* ist der Refrain zwischen den Strophen.

Wie einst Lili Marleen

»Vor der Kaserne / vor dem großen Tor / stand eine Laterne / und steht sie noch davor. / So woll'n wir uns da wieder sehn / bei der Laterne wollen wir steh'n / wie einst Lili Marleen.«

Das zunächst nicht besonders erfolgreiche Soldatenlied aus dem Ersten Weltkrieg (1915) von Hans Leip wurde in einer von Lale Andersen 1939 für Electrola eingespielten Version vom Frühjahr 1941 an vom »Besatzungssender Belgrad« ausgestrahlt (die deutschen Truppen hatten Radio Belgrad besetzt). Mangels eines großen Schallplattenfundus spielte man das Lied regelmäßig kurz vor Sendeschluss um 22 Uhr. Die Radiowellen reichten bis nach Tobruk in Nordafrika, wo Rommels Truppen den Briten gegenüberstanden. Von der anderen Seite der Front ertönte dann der Ruf »Comrades, louder, please!« (Stellt das Radio bitte lauter, Kameraden), weil die gegnerische Truppe es auch hören wollte. Die Waffen schwiegen dann. *Lili Marleen* zählt neben dem Deutschlandlied und *Stille Nacht* auch heute noch zu den bekanntesten deutschen Liedern im Ausland. Leip hatte mit seinem Text im Ersten Weltkrieg angeblich die Erinnerung an zwei Freundinnen (Lili und Marleen) miteinander verschmolzen. Die Vertonung (1937) stammt von dem Komponisten Norbert Schultze, der für die Nationalsozialisten Märsche schrieb (»Bomber-Schultze«). Die Nationalsozialisten versuchten zunächst, die Aufführung des Liedes zu verhindern, und verfolgten Andersen persönlich, mussten die Ausstrahlung dann aber doch wieder zulassen.

Ich küsse Ihre Hand, Madame

war sozusagen die Verfilmung eines Schlagers und einer der letzten Stummfilme (mit Marlene Dietrich in einer ihrer ersten Rollen). Die ganze Handlung ist auf den Schlager ausgerichtet, den Schlager, der von dem von den Frauen abgöttisch verehrten Opern- und Schlagersänger Richard Tauber gesungen (aber nicht dargestellt) wurde. Das Tangolied war von Ralph Erwin (1896–1943) komponiert und von Fritz Rotter (1900–1984) getextet worden: »Ich küsse Ihre Hand, Madame / und träum', es wär Ihr Mund. / Ich bin ja so galant, Madame, / und das hat seinen Grund …«. Dargestellt wurde der exilierte russische Graf Lerski, der sich in Paris als Kellner durchschlagen muss und sich in eine schöne Dame verliebt, von dem Schauspieler Harry Liedtke. Eine kleine Tonspur brachte nur das Lied zu Gehör, das sofort ein Schlager wurde und nach dem Krieg durch Bing Crosby ein Welthit.

Von Rotter stammen u.a. auch die Texte von *Wenn der weiße Flieder wieder blüht* (1929; ebenfalls ein Filmtitel), *Veronika, der Lenz ist da* (für die Comedian Harmonists) oder *Was macht der Mayer am Himalaya*.

Erwin, Rotter, Tauber – sie alle mussten als Juden wie so viele andere Kreative in der Zeit des Nationalsozialismus emigrieren. Der überaus populäre Tauber wurde noch kurz vor seiner Emigration vor dem Kempinski-Hotel in Berlin belästigt und sogar niedergeschlagen.

Ich hab mein Herz in Heidelberg verloren

in einer lauen Sommernacht«. Dieses Lied endet mit der fast ebenso bekannten Liedzeile: »Mein Herz, es schlägt am Neckarstrand«, wodurch »Neckarstrand« zu einem Synonym für Heidelberg wurde. Der

Text von Fritz Löhner-Beda (1883–1942) und Ernst Neubach (1900–1968) steht in einer langen Tradition von Heidelberg-Gedichten, die mit Goethe und Hölderlin beginnt.

Johann Wolfgang von Goethe, der dort 1814 und 1815 bei den Brüdern Boisserée am Karlsplatz zu Gast war, vermerkte: »Ros' und Lilie morgentaulich / Blüht im Garten meiner Nähe; / Hintenan, bebuscht und traulich, / Steigt der Felsen in die Höhe; Und mit hohem Wald umzogen, / Und mit Ritterschloss gekrönet, / Lenkt sich hin des Gipfels Bogen, / Bis er sich dem Tal versöhnet.« Friedrich Hölderlin prägte in seiner Ode *Heidelberg* die sprachlich etwas umständliche Charakterisierung »Du, der Vaterlandsstädte / Ländlichschönste, so viel ich sah«. Auch Clemens Brentano, Gottfried Keller, Victor von Scheffel (»Alt-Heidelberg du feine«) und etwas spöttisch Kurt Tucholsky (»… Heidelberg in Wien am Rhein«) thematisierten die Stadt in ihren Texten. Die Musik dieses Liedes komponierte 1925 Fred Raymond, ein österreichischer Operetten- und Schlagerdichter (*Ich hab' das Fräulein Helen baden sehen*).

Löhner-Beda, der jüdischer Abstammung war (Friedrich Löwy), war ein in den 1920er- und 1930er-Jahren sehr gefragter und erfolgreicher Textdichter (*In der Bar zum Krokodil, Du schwarzer Zigeuner, Drunt' in der Lobau, Ausgerechnet Bananen, Was machst du mit dem Knie lieber Hans?, Dein ist mein ganzes Herz*). Er wurde in Auschwitz von SS-Schergen zu Tode geprügelt.

Ein Lied geht um die Welt

war ein Schlagertitel in dem gleichnamigen deutschen Spielfilm von 1933. Es geht um die Konkurrenz zweier Sänger, gespielt von dem damals sehr beliebten jüdischen Tenor Joseph Schmidt, der am Tag nach der Uraufführung aus Deutschland fliehen musste, sowie von Viktor de Kowa. Die anfängliche Freundschaft der beiden Sänger in Armut zerbricht, als sie gemeinsam Erfolg haben und sich in dieselbe Frau verlieben.

Das *Lied* war der größte Erfolg des Filmkomponisten Hans May, der ebenfalls 1933 Deutschland verließ. Der Text stammt von Ernst Neubach, einem im deutschen Unterhaltungsfilm der Vor- wie der Nachkriegszeit vielbeschäftigten Drehbuchautor.

Ich bin von Kopf bis Fuß auf Liebe eingestellt

denn das ist meine Welt / und sonst gar nichts.« Der näselnde Brust-ton-Sprechgesang von Marlene Dietrich als Lola Lola in dem Film *Der blaue Engel* (1930) hat diesem Lied von Friedrich Hollaender ein so unverwechselbares Timbre gegeben, dass man Szene und Ton sofort abrufen kann. Mit der Rolle des langbeinigen Revue-Girls, das in dem Tingeltangel »Der blaue Engel« dem biederen, verklemmten Gymnasialprofessor Rath mit größtmöglicher Coolness den Kopf verdreht, begann die Dietrich unter der Regie von Josef von Stern-berg ihre Weltkarriere. Der verwirrte, dickliche und schwitzige Rath (Emil Jannings) ist der Professor Unrat aus dem gleichnamigen Ro-man von Heinrich Mann, auf dem der Film beruht. Er gibt für Lola seine spießbürgerliche Existenz auf und heiratet sie. Aber nachdem sein Geld aufgebraucht ist und Rath zusehends verkommt, bändelt Lola mit dem gutaussehenden Artisten Mazeppa (Hans Albers) an. In rasender Eifersucht will Rath Lola töten. »Männer umschwirrn mich wie Motten das Licht, / doch wenn sie verbrennen, dafür kann ich nicht«, lauten zwei weitere Textzeilen des Liedes.

Friedrich Hollaender (1896–1976), der in dem Film auch unauf-fällig als Barpianist mitwirkte, war unter all den vielen guten Schla-gerdichtern der Jahrzehnte vor und nach dem Zweiten Weltkrieg zweifellos der literarisch bedeutendste. Seine Texte sprühen vor geistvollen erotischen Anspielungen und sind nie abgedroschen (*Die Kleptomanin, Die Notbremse, Johnny*). Hollaender stammte aus einer jüdischen Berliner Theaterfamilie und war fest etabliert in der Kultur- und Kabarett-Szene der 1920er-Jahre. Im Dritten Reich emigrierte er nach Hollywood, kehrte 1955 zurück, konnte aber an die großen Vorkriegserfolge nicht mehr anknüpfen, da die Zeit der großen Revuen und Kabaretts vorbei war.

Unmittelbar nach der Premiere des Films ging Meisterregisseur Sternberg übrigens mit der Dietrich nach Amerika und formte dort ihre Weltstarrollen. Vor dem *Blauen Engel* war sie unbekannt. Co-Autor des Filmdrehbuchs war Carl Zuckmayer. Auf dem Zusammen-wirken solcher bedeutender Künstler beruhte eben auch die Qua-lität der damaligen Film- und Musikproduktionen in Deutschland. Ohne die alberne Trennung von »U« und »E«.

Davon geht die Welt nicht unter

Bruno Balz (1902–1988) war einer der produktivsten und besten Schlagerdichter der Jahrzehnte vor und nach dem Zweiten Weltkrieg. Er verfasste circa 1000 Titel und arbeitete insbesondere mit den Komponisten Lothar Brühne (dem Ehemann von Vera Brühne) und Michael Jary eng und erfolgreich zusammen.

Balz wurde 1941 – nicht zum ersten Mal – von der Gestapo wegen seines hautnahen Umgangs mit jungen Männern verhaftet – und diesmal auch gefoltert. Er kam nur durch die Intervention Michael Jarys bei Goebbels wieder frei und schrieb innerhalb der ersten 24 Stunden nach seiner Freilassung die beiden Lieder *Ich weiß, es wird einmal ein Wunder gescheh'n* und *Davon geht die Welt nicht unter*. Beide Lieder wurden von Zarah Leander in dem Film *Die große Liebe* (1942) gesungen.

Von Bruno Balz stammen außerdem Schlager mit so bekannten Liedanfängen wie *Ich brech' die Herzen der stolzesten Frau'n*, gesungen von Heinz Rühmann in dem Film *Fünf Millionen suchen einen Erben* (1938; Musik Lothar Brühne), oder *Das kann doch einen Seemann nicht erschüttern* (Musik Michael Jary), gesungen von Heinz Rühmann, Josef Sieber und Hans Brausewetter in dem Film *Paradies der Junggesellen* (1939). Und das ist noch nicht das Ende der Liste sehr bekannter Lieder von Balz. Auch einige andere haben den Charakter von Redewendungen: *Wir wollen niemals auseinandergehn, Das machen nur die Beine von Dolores* oder *Kann denn Liebe Sünde sein*. Der letzte große Erfolg von Bruno Balz war *Mama*, gesungen von dem holländischen Kinderstar »Heintje« (Hendrik Simons). Die Musik zu diesem Ohrwurm war ein bereits 1938 komponiertes italienisches Lied, zu dem Balz dann 1967 den deutschen Text schrieb.

Sag mir, wo die Blumen sind

Der englische Text und die Musik stammen von dem Amerikaner Pete Seeger (*1919), der die Idee dazu im Jahre 1955 nach einer Lektüre des Romans *Der stille Don* von Michail Scholochow hatte. Die deutsche Textfassung schrieb Max Colpet (1905–1998), von der Seeger selbst sagte, sie sei besser als seine eigene. Vor allem durch Marlene Dietrich wurde das Lied 1962 ein Welthit.

Der russisch-deutsche Jude Max Colpet (bürgerlich: Max Kolpe-
nitzky) schrieb übrigens auch die deutsche Textversion zu Jacques
Brels *Ne me quitte pas* (Bitte geh nicht fort), ersann den Hans-Al-
bers-Schlager *Hoppla, jetzt komm ich*, schrieb den deutschen Text
zur *West Side Story* und war überdies Texter für die Münchner Lach-
und Schießgesellschaft.

Que será, será

wurde extra für den Hitchcock-Film *Der Mann, der zu viel wusste*
(1956) von Ray Evans und Jay Livingston komponiert. Doris Day
spielt darin die Frau eines amerikanischen Arztes (James Stewart).
Das Ehepaar McKenna wird während eines Marokkourlaubs durch
Zufall in ein Attentatskomplott verwickelt. Der Sohn der beiden
wird entführt. Die Entführer drohen, den Jungen zu töten, falls die
McKennas ihr Wissen um das Attentat preisgeben, das bei einem
Konzert in London auf einen ausländischen Staatsmann verübt werden soll. In London kann Jo McKenna das Attentat in letzter Sekunde
verhindern. Bei einem Empfang in der Botschaft des Staatsgastes
singt sie das Lied, das der dort versteckte Junge mitpfeift, so dass
man ihn in dem weitläufigen Gebäude finden kann.

Doris Day sträubte sich ursprünglich dagegen, in dem Film zu
singen, willigte dann aber doch ein. *Que será, será* erhielt 1957 den
Oscar in der Kategorie Bester Song und wurde der größte Hit in der
Karriere von Day als Sängerin.

Musik liegt in der Luft

Der Text stammt von Kurt Feltz (1910–1982) für einen Schlager von
Caterina Valente. Feltz war ein äußerst produktiver Schlagertext-
autor, der für viele Komponisten schrieb (zum Beispiel für Willy
Richartz, Nico Dostal, Fred Raymond) und deutsche Textversionen
für international erfolgreiche Musiktitel verfasste, wie etwa *Ganz
Paris träumt von der Liebe* (1954 ebenfalls für Valente). Nach dem
Krieg wurde Feltz auch ein sehr rühriger Rundfunk- und Fernseh-
produzent und Musikverleger beim damaligen NWDR in Köln und
so Mitbegründer des medialen Unterhaltungsstandortes Köln. Alle
führenden Unterhaltungsstars der Zeit von Peter Alexander über

Gus Backus bis zu Vico Torriani sangen erfolgreiche Texte von ihm. *Musik liegt in der Luft* prägte sich auch als Titel einer Unterhaltungs-show im Fernsehen nachhaltig ein.

Von Feltz stammen außerdem so bekannte Titel wie: *Wer soll das bezahlen* (zusammen mit Jupp Schmitz 1949), *Der Theodor im Fuß-balltor* (1948 zunächst von Margot Hielscher gesungen, dann 1950 von Theo Lingen), *Maria aus Bahia* (1950 für René Carol), *Man müss-te nochmal zwanzig sein* (1953 für Willy Schneider), *Kriminaltango* (1959 für Hazy Osterwald).

Am Tag, als der Regen kam

war der Titelsong zu dem gleichnamigen Film aus dem Jahr 1959. Der Film aus dem Halbstarken-Milieu in West-Berlin ist trotz Star-besetzung (Mario Adorf, Gert Fröbe, Christian Wolff, Elke Sommer) mittlerweile vergessen, nicht aber das von Gilbert Bécaud kompo-nierte Lied *Le jour où la pluie viendra*. Es wurde von Dalida gesun-gen, später auch von Bécaud selbst (»Monsieur 100 000 Volt«). Beide waren in der Nachkriegszeit jahrzehntelang gefeierte Entertainer, auch in Deutschland. Die deutsche Textfassung erstellte Ernst Bader (1914–1999). Bader war auch ein sehr erfolgreicher Schlagertexter: *Tulpen aus Amsterdam*, *Die Welt ist schön Milord*.

Ich hab' noch einen Koffer in Berlin

Der Liedanfang wird gelegentlich zitiert, um ein bisschen Heimweh nach Berlin zum Ausdruck zu bringen. Textautor war der ebenfalls produktive Ralph Maria Siegel (1911–1972), Vater des Schlagerkom-ponisten und Eurovision-Song-Contest-Paten Ralph Siegel. Ralph Maria Siegel war bereits unter den Nationalsozialisten ein erfolgrei-cher Theatermann und Musikunternehmer. Die *Capri-Fischer* und *C'est si bon* entstammen ebenfalls seiner Feder.

Ohne Krimi geht die Mimi nie ins Bett

Der gleichnamige »Unterhaltungsfilm auf unterstem Niveau« von Franz Antel aus dem Jahr 1962 wurde auf Betreiben des Constantin-Verleihs nach dem populären Schlager betitelt. Bill Ramsey singt – und spielt den Ehemann von Mimi. Mehr Inhalt, als der Titel preisgibt, hat der Song nicht. Der Film ist eine Klamotte um eine geplante Eheanbahnung, die durch unvorhersehbare Ereignisse so aus den Fugen gerät, dass die richtigen Herzen zueinanderfinden – wie in so mancher Oper. Zu der beeindruckenden Starbesetzung zählen bedeutende Namen der damaligen Unterhaltungs- und Gesangsbranche wie Heinz Erhardt, Harald Juhnke, Trude Herr, Gus Backus, Bill Ramsey und Edith Hancke – sie spielte die Mimi.

Das hab' ich von Papa gelernt

ist sowohl Film- wie Schlagertitel. Vater-Sohn-Traumpaare sahen 1964, als der Film von Axel von Ambesser herauskam, genau so aus wie Willy und Thomas Fritsch. »Thommy« hält sich im Film allerdings nicht an den Wunsch des Papas, sich durch ein Chemiestudium auf die Übernahme der Plastikfabrik vorzubereiten, sondern spielt am Studienort lieber Theater. Ein kurzfristig angekündigter Besuch von Papa resultiert in einer komödiantischen Vertuschung der unerlaubten Freizeithandlungen. Musik und Text des Liedchens stammen von Charly Niessen (1923–1990). Weitere Werke des Komponisten sind: *Ich kauf mir lieber einen Tirolerhut, Bin i Radi, bin i König, Der Mann im Mond.*

Liebeskummer lohnt sich nicht

wurde 1964 gesungen von Siw Malmkvist nach der Musik von Christian Bruhn (*1934) und dem Text von Georg Buschor (1923–2005). Bruhn/Buschor zählten zu den erfolgreichsten Schlagerproduzenten seit den 1950er-Jahren. Ihr erster Hit war *Zwei kleine Italiener*, 1962 gesungen von Conny Froboess. Weitere Erfolgstitel von Buschor waren: *Schuld war nur der Bossa Nova* (Manuela), *Monsieur Dupont, Hinter den Kulissen von Paris* (Mireille Mathieu), *Akropolis Adieu, Wärst du doch in Düsseldorf geblieben* (Dorthe Kollo).

Prof. Christian Bruhn war bis 2009 Aufsichtsratsmitglied und Aufsichtsratsvorsitzender der GEMA. Der vielseitige Musiker komponierte auch Soundtracks für Fernsehserien sowie Werbemusik (»Milka, die zarteste Versuchung, seit es Schokolade gibt«, »Wir geben Ihrer Zukunft ein Zuhause – LBS«, aber auch Musik für Mon Chérie, Perwoll und Dutzende andere Produkte). Ebenfalls sprichwörtlich gewordene Bruhn-Titel sind *Wunder gibt es immer wieder*, gesungen von Katja Ebstein (1970), Text von Günther Loose. Katja Ebstein war die dritte Ehefrau von Christian Bruhn. Gemeinsam mit Loose entstand 1972 *Ein bisschen Spaß muss sein*, gesungen von Roberto Blanco.

Spiel nicht mit den Schmuddelkindern

In der ausklingenden Epoche der deutschen Spießigkeit benannte der Rechtsanwalt und Liedermacher Dr. Franz Josef Degenhardt (1931–2011) im Jahre 1965 einige ihrer äußerlichen Merkmale wie Tischgebet, Diener machen (»Rumpf beugen«), Haare kämmen, und verband sie in seinem Lied mit der Warnung des Refrains: »Spiel nicht mit den Schmuddelkindern, / sing nicht ihre Lieder. / Geh doch in die Oberstadt, / mach's wie deine Brüder.« Tatsächlich macht der von lauter Verboten umstellte Junge im weiteren Verlauf des Lieds »aus Rache« die Karriere zu Reichtum, flotten Frauen und Wagen, bis er, von einem Autounfall entstellt, ein Kind verführt und danach als Leiche im Rattenteich endet – umringt von lauter Schmuddelkindern. Nach seinem Ausschluss aus der SPD 1971 war Degenhardt aktives Mitglied der DKP und der Friedensbewegung.

Marmor, Stein und Eisen bricht

Die Hymne der Denkmalschutzämter kam 1965 heraus und war der größte Hit von Drafi Deutscher (1946–2006). Den Text von der unverbrüchlichen Marmorsteineisen-Liebestreue schrieb Günter Loose (*1927), von Drafi Deutscher stammte die Textzeile »Dam dam«. Ansonsten komponierte die Musik einer der erfolgreichsten Schlagerkomponisten jener Jahre, Christian Bruhn (s. o. »Liebeskummer lohnt sich nicht«).

I did it my way

bedeutet in der der deutschen Sprache eigenen Prägnanz: »Ich habe es im Leben immer so gemacht, wie ich es für richtig gehalten habe (und mich durch nichts verbiegen lassen)«, beziehungsweise im deutschen Songtext: »So war mein Leben.« Der Refrain von *My Way* ist das Motto aller eigensinnigen, großen (Staats-)Männer – wie des

Bundeskanzlers a.D. Gerhard Schröder, der das Lied für den Großen
Zapfenstreich anlässlich seines Ausscheidens aus dem Amt wählte.
Durch Frank Sinatra wurde das ursprünglich französische Chanson
Comme d'habitude (So ging's eben immer) zum Welthit. Der franzö-
sische Chansonnier Claude François (1939–1978) verarbeitete darin
Ende 1966 seine gescheiterte Beziehung zu der Sängerin France
Gall. In dem Chanson beschreibt er detailliert die gegenseitige Entfremdung in der Alltagsroutine. Die Musik blieb, der Text änderte
sich auf dem Weg zum Welthit. Claude François selbst hatte ganz am
Anfang einen englischen Text verfasst (*For You*). Dann wurde 1967
unter François' Mitwirkung der französische Chansontext erstellt.
1968 schrieb der kanadische Sänger Paul Anka einen völlig neu-
en Text mit dem Titel *My Way*, die Geschichte eines erfolgreichen
Mannes, der auf sein Leben zurückblickt und sich an alle »geraden
und krummen Wege«, »Höhen und Tiefen«, »Lachen und Weinen«
erinnert. Sinatra selbst mochte das Lied nie besonders und es war
auch nicht von Anfang an ein Hit, sondern setzte sich erst langsam
durch. Auch wenn es von Dutzenden anderer Interpreten ebenfalls
gesungen wurde, blieb *My Way* doch »der« Sinatra-Song schlechthin.

Macht kaputt, was euch kaputt macht

In drei Strophen handelt das Lied aus dem Jahr 1969 vom sogenannten Konsumterror sowie vom Arbeits- und Justizterror und fordert
in der Refrainzeile zu ziemlich aktiver Gegengewalt auf. Es wurde
schnell eine Art Hymne der APO-/Sponti-/Hausbesetzer-/68er-Be-
wegung, der Liedtitel ein oft zitierter anarchistischer Slogan. Die
Verfasser Norbert Krause (Text) und Rio Reiser (Musik) waren sehr
stark von einem Bob-Dylan-Lied mit ähnlichen Textbausteinen inspiriert; man könnte auch sagen: Sie haben abgekupfert. Aber die
Refrainzeile ist natürlich authentisch.

Diese Anarcho-Hymne entstand ursprünglich für ein Theaterstück. In der Szene, die dem Song vorausgeht, wirft ein junger
Arbeiter einen Fernseher auf den Boden, weil ihn ein Kommentar
eines rechtslastigen Journalisten wütend gemacht hat. Vorgetragen
wurde *Macht kaputt, was euch kaputt macht* von der Band Ton Steine
Scherben, die von Rio Reiser 1970 in Berlin mitbegründet worden

war. In der Wohngemeinschaft der Scherben in Berlin, dann in Nordfriesland waren Rudi Dutschke, RAF-Leute, Nina Hagen und Claudia Roth zu Gast. Rio Reiser starb, vom Alkohol buchstäblich zerstört, mit Mitte vierzig. Von ihm stammen auch die Songs *Keine Macht für Niemand* und *König von Deutschland*.

Keine Macht für Niemand

Die Band Ton Steine Scherben (s. o.) prägte sich auch mit diesem Lied- und Albumtitel redensartlich in den Zitatenschatz der deutschen Sprache ein. Der Titel aus dem Jahr 1972 war aus einer kleinen Zeitschrift adaptiert und schaffte es als wiederum verselbständigte Redensart 2005 auf einen *Spiegel*-Titel: nach der vorzeitigen Bundestagswahl nämlich, die keinem der beiden Lager eine wirkliche Mehrheit brachte, so dass Gerhard Schröder und Joschka Fischer ihre Ämter verloren und Angela Merkel eine große Koalition bildete. Der Text von *Keine Macht für Niemand* stammt von Rio Reiser (1950–1996) und wendet sich gegen alle, die sich anmaßen, über andere bestimmen und regieren zu wollen. Erfolgreichster aller Reiser-Titel war übrigens *König von Deutschland* mit dem Refrain: *Das alles, und noch viel mehr / würd' ich machen, wenn ich König von Deutschland wär'* (1975 entstanden, 1986 erschienen).

Der Mörder ist immer der Gärtner

Der Rechtsanwaltssohn und Absolvent des Französischen Gymnasiums in Berlin Reinhard Mey (*1942) gilt als Hauptvertreter der generationenspezifischen deutschen Version des französischen Chansons in Form des »Liedermachens« seit den 1970er-Jahren. Die Inhalte seiner Werke sind meistens ein bisschen kritisch (*Annabelle, ach Annabelle,* 1972 – aber nicht für die Kritiker), ein bisschen freiheitsliebend (*Über den Wolken,* 1974 – vor allem für Pilotenscheinbesitzer wie Mey selbst) und meistens immerhin ironisch (*Die heiße Schlacht am kalten Buffet,* 1972). Ironie ist die seltenste Gabe im deutschen musikalischen Unterhaltungsgeschäft.

Der Mörder ist immer der Gärtner (1971) persifliert gängige Handlungsklischees aus Krimiserien à la Maigret, Agatha Christie oder Edgar Wallace: Man weiß schon im Voraus, wer der Schuldige ist.

Make love, not war

Mind Games war 1973 das erste von John Lennon (1940–1980) selbst produzierte Soloalbum. Texte und Musik entstanden im Sommer 1973 unmittelbar vor der ersten Trennung von seiner Frau Yoko Ono. Unter dem Einfluss von Yoko Ono begann Lennon, sich auf seine Weise zunehmend zu politisieren, beginnend mit dem legendären, einwöchigen »Bed-in« im März 1969 in Amsterdam: Flitterwochen im Hotelbett unter den Augen der Öffentlichkeit und der Weltpresse. Also keine Vision, sondern eine sehr konkrete Manifestation dessen, was man sich unter *Make love, not war* vorzustellen hat. Politisch gesehen waren Lennon und Ono vor allem friedensbewegt und protestorientiert – ganz auf der Höhe der Zeit. Unmittelbar vor der Arbeit an *Mind Games* hatten die beiden sogar den egalitären utopischen Staat »NUTOPIA« ausgerufen. Die Liedzeile *I want you to make love, not war* wurde emblematisch für die gesamte Protestbewegung der Jugend in der westlichen Welt und auf unzählige Buttons und Plakate gedruckt.

Alles klar auf der Andrea Doria

Weil er so schön norddeutsch singt, reimt sich bei Udo Lindenberg »klaa« auf »Doriaa«. Der Lindenberg-Klassiker aus dem Jahre 1973 beginnt mit der Zeile »Bei Onkel Pö spielt 'ne Rentnerband / seit zwanzig Jahren Dixieland«. Dann folgen sämtliche Versatzstücke, die man mit dem größten lebenden deutschen Rocker nach Mick Jagger assoziiert: Groupie, Go-go, Klavier, Korn und Bier, Dröhnung. Nur das Lieblingswort Panik fehlt. Es kommt aber indirekt in der Refrainzeile vor: Das Luxuspassagierschiff *Andrea Doria*, Stolz der italienischen Flotte, sank 1956 nach einer Kollision vor der amerikanischen Küste. 1660 Menschen wurden in einer dramatischen Aktion gerettet, 46 starben. Die schnell eingeleitete Evakuierung war aber besonders schwierig, da das Schiff starke Schlagseite hatte. Einige Passagiere sprangen in Panik über Bord. In dem Lindenberg-Lied von der beschaulichen Rentnerband schwingt auch noch die Erinnerung an den Untergang der *Titanic* mit, wo das Bordorchester fast bis zum Schluss weitergespielt haben soll. So halten es auch die Rentner: Sie spielen bis zum Untergang. Der genuschelte zweite Teil der Refrainzeile »… auf der Andrea Doria« wurde zum Standardan-hängsel an das fast in jeder Situation alltagstaugliche »Alles klaa?«.

Der in Westfalen 1946 geborene Allround-Künstler Udo Linden-berg lebte einmal zusammen mit Otto Waalkes und Marius Müller-Westernhagen in einer WG. Heute residiert er im Atlantic-Hotel in Hamburg. Legendär sind auch seine Annäherungsversuche an Erich Honecker. Dafür erhielt er das Bundesverdienstkreuz.

Wann wird's mal wieder richtig Sommer?

Seit 1966 war Rudolf Wijbrand Kesselaar (1934–2006) dem deut-schen Fernsehpublikum bekannt. Sein Künstlername war Rudi Car-rell. Den hatte er von seinem Vater »geerbt«, der auch schon Enter-tainer war. *City of New Orleans* war ein von Steve Goodman 1971 komponierter amerikanischer Countrysong, den mehrere amerika-nische Sänger dieses Genres gecovert hatten, darunter auch Johnny Cash und Willie Nelson, der damit einen Nr. 1-Hit landete. Mit einem inhaltlich völlig anderen Text wurde *City of New Orleans* als *'t Is weer voorbij, die mooie zomer* (Der schöne Sommer ist wieder vorbei) 1973 ebenfalls ein Top-Hit in den Niederlanden, und daraus machte zwei Jahre später der Fernsehredakteur Thomas Woitkewitsch (*1943) das bekannteste Lied von Rudi Carrell. In diesem Klimawandelsong aus dem Jahr 1975, lange bevor das Wort in Umlauf kam, erinnern sich die Leute in der kalten Gegenwart dankbar an den »Sommer, wie er früher einmal war«, als das »Freibad […] schon im Mai« auf-hatte und »es bis zu 40 Grad im Schatten« gab.

Das geht seinen sozialistischen Gang

Wolf Biermann, geboren 1936 in Hamburg, entschied sich als 17-Jähriger 1953 für ein Leben in der DDR. Nach seinem Studi-um (Politik, Wirtschaft, Philosophie, Mathematik) wandte er sich der Theaterarbeit zu, durfte aber schon bald nicht mehr auftreten oder veröffentlichen (einzige Ausnahme das Plattenalbum *Chaus-seestraße 131* im Jahr 1968). Die Aufnahme in die SED wurde ihm 1963 verweigert. Allerdings trat er gelegentlich in der BRD auf. So auch am 13. November 1976 bei einem Konzert in Köln, wo er unter anderem das Lied mit dem Titel *Das geht sein' sozialistischen Gang* vortrug – mittlerweile ein Inbegriff für verkrustete Strukturen nicht nur im Kommunismus. Drei Tage danach wurde Biermann aus der DDR ausgebürgert. Das war der Anlass für viele DDR-Intellektuelle, sich vom SED-Regime zu distanzieren oder soweit möglich zu emigrieren – darunter auch Biermanns Stieftochter Nina Hagen mit ihrer Mutter und der Schauspieler Manfred Krug.

Aber bitte mit Sahne!

Der Österreicher Udo Jürgen Bockelmann (*1934) stammt aus einer bedeutenden deutschen Familie, die nach dem Krieg in Kärnten ansässig wurde. Seine eindrucksvolle Karriere begann um 1959 mit Songs wie *Jenny, Warum nur, warum?* und dem von ihm komponierten Shirley-Bassey-Hit *Reach for the stars*. Mit *Merci Chérie*, dem Gewinnerlied beim damals noch »Grand Prix de la Chanson« genannten Schlagerspektakel gelang ihm 1966 in Luxemburg der Durchbruch. *Aber bitte mit Sahne!* (1976) ist »die« Udo-Jürgens-Redewendung schlechthin trotz unendlich vieler weiterer bekannter Titel. Die Menge der von vier Damen in einer Konditorei verspeisten Torten und Kuchen ist so übermäßig, dass schließlich der Tod absahnt. Auch am Grab wird gebetet, »dass der Herrgott den Weg in den Himmel ihr bahne / aber bitte …«

Der Text stammt von dem Kabarettisten, Kolumnisten, Drehbuchautor und Songwriter Eckart Hachfeld (1910–1994), der etliche Texte für Jürgens geschrieben hat. Jürgens ist hauptsächlich Schlagerkomponist. Er schrieb über 900 Titel, verkaufte über 100 Millionen Tonträger und füllt auch nach fünfzig Berufsjahren in einem sehr jugendbetonten Gewerbe die Hallen. Mick Jagger ist fast zehn Jahre jünger.

No future!

1977 feierte die britische Königin Elisabeth II. ihr 25-jähriges Thronjubiläum. Die Punkband Sex Pistols begleitete dieses gediegene Ereignis des britischen Establishments mit einem Konzertspektakel in einem Boot auf der Themse, wo auch die Songs eines Albums mit dem Titel *God save the Queen* aufgeführt wurden. Dazu gehörte auch der Song *No future!*. Diese Aussage wurde zum Motto der Punkbewegung. Gemeint war, im Sinne der Punks, dass die auf manche etwas altmodisch wirkende Institution der Monarchie und England insgesamt keine Zukunft (*no future*) mehr hätten. Die unglückseligen Punks mit ihrem krassen Auftreten, ihren Irokesenfrisuren und ihren bodenlangen schwarzen Gewändern bezogen die Aussage aber auch auf sich selbst.

Der Text ist eine Gemeinschaftsarbeit der Sex-Pistols-Mitglieder Johnny Rotten, Steve Jones, Glen Matlock und Paul Cook.

We are the champions

erschien 1977 auf einem der erfolgreichsten Alben der Rockgruppe Queen, *News of the World*. Der Song von Freddie Mercury (1946–1991) wurde binnen kurzer Zeit zum zeitgenössischen Schlachten- und Triumphgesang sämtlicher Sportstadien. Bekannt ist auch die Textzeile: »no time for losers«. Der Songinhalt entspricht ungefähr dem von *My Way*: Man hat sich viele Fehltritte geleistet, war nicht auf Rosen gebettet und ist auf Nebenwegen gegangen, aber schließlich doch ans Ziel gelangt und Meister geworden, ja eigentlich sogar »Weltmeister« (»champions of the world«). Freddie Mercury, der stark behaarte und ziemlich exhibitionistische Leadsänger der Gruppe, war ein Superstar der Popmusik und eine schwule Ikone. Er pflegte sich auf der Bühne ziemlich vehement und mit ausladender Gestik zu bewegen. Mercury lebte und arbeitete zeitweise in München.

Reif für die Insel

ist einer, der das ganze Jahr über mehr fürs Finanzamt als für sich selbst arbeitet, der mehr ausgibt, als er verdient, aber zu feig ist auszusteigen – so der Inhalt von *Reif für die Insel*, ein Zustand mit hohem Wiedererkennungswert. Der österreichische Liedermacher Peter Cornelius (*1951) schuf damit eine bündige Formel für die Sehnsüchte unserer Zeitgenossen.

Neue Männer braucht das Land

In der historischen Umbruchphase im Herbst 1989, am Ende der DDR, verwendete Beinahe-Bundespräsident Joachim Gauck den

Liedtitel von Ina Deter in seiner Ansprache am 26. Oktober in der Marienkirche in Rostock. Durch die Ereignisse wurde die Zeile zur seitdem gerne zitierten politischen Losung. Erich Honecker war zehn Tage zuvor abgesetzt worden. Aber auch Egon Krenz, Hans Modrow und Günter Schabowski galten den Bürgerrechtlern zu diesem Zeitpunkt nicht mehr als akzeptable Gesprächspartner. Man wollte bereits einen radikalen, freiheitlich-demokratischen Neuanfang. Dass es gut zwei Wochen später zum Mauerfall kommen sollte, konnte Gauck zu diesem Zeitpunkt nicht ahnen.

Der Liedermacherin Ina Deter (*1947) aus Berlin gelang mit dem Lied 1982 der Durchbruch. Auch ihr drittes Album *Frauen kommen langsam – aber gewaltig* (1986) hat sich als zitierfähig erwiesen. *Neue Männer …* war allerdings nicht so politisch gemeint, wie die spätere Verwendung der Zeile suggeriert. So heißt es im Lied etwa: Der Neue »muss nett sein, auch im Bett«, »Große Chancen haben Hünen« und »Notfalls würd' ich einen kaufen«.

Völlig losgelöst

Mit dem Song *Major Tom*, der 1982 auf dem Album *Fehler im System* veröffentlicht wurde, schaffte Peter Schilling (*1956) im Jahr darauf auch den Sprung in die amerikanischen Charts. Es war ein internationaler Erfolg in Europa und sogar in den USA. In Spitzenzeiten erreichte der Tagesabsatz der Single 70000 Stück, eine absolute Rekordzahl. Major Tom ist ein Astronaut, der in seinem Raumschiff entschwebt: »Völlig losgelöst von der Erde schwebt das Raumschiff völlig schwerelos« – lautet der Refrain. Zunächst hat das Raumschiff einen geglückten Start, doch dann kommt es immer weiter vom Kurs ab, der Major schickt einen letzten Gruß an seine Frau und verschwindet schließlich in den Tiefen des Alls. Die Figur des Major Tom geht auf den Song *Space Oddity* von David Bowie zurück. Auch Bowie erzählt darin von einem Major Tom, der Schwierigkeiten mit seinem Raumschiff hat.

Jetzt wird wieder in die Hände gespuckt

wir steigern das Bruttosozialprodukt«: Pünktlich zum Wirtschaftsaufschwung der 1980er-Jahre veröffentlichte die Band Geier Sturzflug 1983 den bereits 1977 vom Bandleader Friedel Geratsch (*1951) getexteten Nummer-1-Hit *Bruttosozialprodukt*. Der Text war natürlich ironisch gemeint, passte aber genau in jene Wendezeit, als man sich nach Protestzeit und »Deutschem Herbst« wieder den angenehmen Dingen des Lebens zuwandte.

Männer können alles

Der Sänger und Schauspieler (*Das Boot*, 1981) Herbert Grönemeyer (*1956) hatte mit dem Album *4630 Bochum* im Jahr 1984 seinen musikalischen Durchbruch. Man fasst es nicht, dass es damals noch die schönen alten Postleitzahlen gab, die man sich noch merken konnte. Ein Song des Albums war *Männer*. Sie »geben Geborgenheit«, »weinen heimlich«, »brauchen viel Zärtlichkeit«. Vor allem sind Männer »furchtbar stark« und »bestechen durch ihr Geld und ihre Lässigkeit«. Dieser Text hatte es in sich wie lange kein anderer vor und nach ihm.

Männer sind Schweine

ist keine Texterfindung der Band Die Ärzte, aber eine Vertonung des sehr geläufigen Alltagssatzes. Der eigentliche Titel des Songs lautet *Ein Schwein namens Männer*. Er erschien auf dem Album *13* aus dem Jahr 1998 und ist mit einem kurzen Textschnipsel aus dem Film *Manche mögen's heiß* (s. S. 45) unterlegt (»Männer? Diese schrecklichen, haarigen Biester«). Im Übrigen geht es in dem Text nicht um mangelnde Hygiene, sondern um mangelnde Treue, denn – auch dies eine häufig gehörte und nunmehr vertonte Wendung –»sie wollen alle nur das Eine«. Aber das kann ja auch ganz schön sein?

Texter war Bandmitglied Jan U.M. Vetter (*1963), Künstlername Farin Urlaub (= »Fahr in Urlaub«).

Du musst ein Schwein sein

Das Thema »Männer und Schweine« beschäftigt auch *Die Prinzen*, einige Sängerknaben ostdeutscher Herkunft. Sie lernten die Sangeskunst in der Tat als Choristen im Thomanerchor (Leipzig) und im Kreuzchor (Dresden). Der Liedtitel fasst den Liedinhalt zusammen: Dissoziales Verhalten im Dienst von Aufstieg und Karriere, denn wenn man kein Schwein ist, kriegt man »nie irgend'ne Frau ins Bett«. Ferner wird proklamiert: »Bei den freundlichen Kollegen halt ich voll dagegen. Obwohl mich keiner mag, sitz' ich bald im Bundestag.« Bei diesen Prinzen ist übrigens auch *Küssen verboten*.

Forever Young

ist ein Produkt der deutschen Gruppe Alphaville in englischer Sprache (1984). Marian Gold (= Hartwig Schirbaum, *1954), Bernhard Lloyd (= Bernd Gössling, *1960) und Frank Mertens (= Frank Sorgatz, *1961) sind für die Entstehung verantwortlich. Wie nicht anders zu erwarten, trauert der Text den Freuden und dem Glanz der Jugend nach, fragt aber auch, ob man wirklich »für immer jung« bleiben will. Der Song war international und als Coverversion sehr erfolgreich. Ein weiterer Erfolgshit von Alphaville ist *Big in Japan*.

Irgendwie Irgendwo Irgendwann

1984 gesungen von Nena und fulminant gecovert von Jan Delay, wurde der Titel von der jungen Handy-Nutzer-Generation, die sich auf nichts lange im Voraus festlegt, sogleich als Ausdruck ihres Lebensgefühls erkannt. Auch wenn »die Zeit […] reif [wäre] für ein bisschen Zärtlichkeit«, wie der zweite, oftmals wiederholte Satz des Songs lautet.

Time to say Goodbye

Andrea Bocelli ist ein musikalisches Großunternehmen. Kein Tenor hat mehr Alben verkauft als er. Musikalisch bewegt sich der blinde Sänger zwischen Ramazotti und Pavarotti. Sein Lied *Con te partirò* (Mit dir werde ich fortgehen) sang er in einer »englischen« Version zusammen mit der Sopranistin Sarah Brightman zum Abschiedskampf des Boxers Henry Maske (1996). In Deutschland wurde es der meistverkaufte Titel aller Zeiten. Das Lied ist ein auf klassisch getrimmter Schlager mit mächtigem Streichereinsatz und *Bolero*-artigen Marschrhythmen des italienischen Komponisten Francesco Sartori (*1957), der erst durch Bocelli zum Hit wurde. Der italienische Text stammt von Lucio Quarantotto (*1957). Der einzige englische Text ist die neue Titelzeile.

Stichwortregister